新 版
商品先物取引法

明治大学名誉教授 河内隆史
早稲田大学法学学術院教授 尾崎安央

Commodity Derivatives Transaction Act

商事法務

新版はしがき

　本書は，商品先物取引法に関する，現在ではほぼ唯一のテキストブックであろう。

　旧「取引所法」時代には，商工省に勤務されていた岸信介氏（後に首相）が執筆された『取引所法』（1928 年，日本評論社）や田中耕太郎博士の『取引所法』（1939 年，日本評論社）などの名著が存在した。本書はそれらに及ぶべくもないが，商品外務員の研修等に商品先物取引法（当時は，「商品取引所法」）のテキストが必要であるとの要請に応えるかたちで，1993 年に『商品取引所法』として商事法務から公刊された。それが本書の初版であった。類書が乏しいこともあり，その後も法改正ごとに改訂を行ってきたが，ここ数年，重要な改正や動きがあったにもかかわらず改訂がなされてこなかった。著者らの怠慢ともいえるが，商品先物法制や業界における変化が急にすぎ，変化の先が見通せなかったことも改訂が追い付かなかった理由の 1 つである。しかし，近時，総合取引所への動きが前進し，また電力の先物，コメの先物など，商品先物を取り巻く国内外の環境が著しく変化し，旧書では対応できない部分が多くなってきたことから，旧書『商品先物取引法』の内容を全面的に見直し，新版を公刊することとした。改訂に際して，具体的なお名前は省略するが，商品取引所・清算機関・商品先物取引協会・委託者保護基金，さらには若手・中堅の法学者の方々のご協力をいただいた。本書は，旧書の内容を基本的に受け継ぎつつも，最新の状況を反映したものであることから，「新版」とさせていただいた。

　自由な交易におけるリスクの 1 つに，将来の価格変動のリスクがある。容易に思いつく例は，外国為替変動から生じるリスクであろう。たとえば，契約締結時の為替相場と決済時の為替相場の間に生じた価格変動は，企業の収益予想を下振れあるいは上振れさせる重要な要因となりうる。そのような価格変動のリスクに日頃さらされている商人たちがリスクをヘッジする手段を模索したのは当然のことであり，為替の先物取引などが生まれた。先物取引は，そのようなリスクにさらされてきた商人の叡智の産物である。

　先物取引（futures）とは，将来の価格を現在の取引価格に表現し，証拠金

取引によりレバレッジを効かし，かつ，反対売買により途中でその契約関係から離脱して差金だけを決済すればよいという仕組みをビルトインした，取引手法である。歴史的には，日本は先物取引の先進国であった。江戸時代の堂島の米相場における清算取引（先物取引）は世界的に有名である。その市場の在り方や清算の機構等は，今日の眼から見ても，先駆的であった。日本の商人の叡智に驚嘆せざるを得ない。

　そのような古くからある取引手法（先物取引）が，現在，世界的に注目され，取引の隆盛を呈している。なぜか。商の世界がグローバル化したことに伴い，いずれの国の商人たちも様々なリスクにさらされているからである。各国も，そのリスクをコントロールしながら自国の経済を発展させる目的から，先物取引の場を自国内に用意することが必要であると判断した。現在では，欧米だけでなく，アジア・アフリカでも商品取引所が存在し，さらに商品だけでなく，証券，金融などの分野でも先物取引が行われて，そのための取引所が存在する。先物取引は決して古い取引手法ではなく，まさに現在社会において最も必要とされる取引手法の１つなのである。

　そのような先物取引の現代的意義から日本の現状に目を転じれば，金融商品取引法が「デリバティブ取引」の１つとしての先物取引を規制対象に取り込んだ一方で，商品先物取引は，いわば低空飛行の状況が続いている。数多くあった商品取引所が２取引所に激減し，商品先物取引業者の数も激減した。自由主義経済のもと，商品価格に変動リスクがないわけはないとすれば，異常な事態である。その原因や解決策・対応策は様々に述べることができようが，商品先物取引それ自体を罪悪視する風潮もある。

　先物取引はそんなに悪いことなのだろうか。答えは否である。

　商品価格の変動リスクを回避したい商人たち（企業）は，先物取引の意義を十分に理解し，必要があれば，世界の先物取引所に対しても注文を出し，自らの商活動の発展を図ってきたのである。それは現在でも変わらない。上述したように，証券取引法制や金融取引法制の世界では，先物取引を含む「デリバティブ取引」が法規制の対象に加えられ，先物取引の有用性・重要性に関する認識が高まっているのである。明らかに，今もなお先物取引それ自体は，自由な経済活動において活用されるべき取引形態の１つであり，その意味では，日本国内に自国の商品先物取引市場があることのメリットを改めて認識し，活性

化すべきであろう。

投機マネーは，国境を越え，価格変動（ボラティリティ）を捉えて利益を上げることを狙って動いている。このような投機マネーの担い手（スペキュレーター，投機家）は，ヘッジャーの相手方となってくれることから，不可欠な存在であるばかりか，取引に量的な厚みを加え公正な価格形成をもたらすうえでも重要なプレーヤーである。今日では，プロの投資家だけでなく，先物取引の仕組みを理解した普通の投資家も，たとえばネット取引などを通じて，スペキュレーターとしてデリバティブ取引に参加している。新規上場商品の市場を成功に導くためにマーケットメーカーが必要・重要であるとの認識があるが，そのマーケットメーカーはまさにプロのスペキュレーターである。スペキュレーターは，スペキュレーションの意義を正しく理解し，自己責任原則のもと自己の利益を追求するものではあるが，先物取引にとって不可欠の存在なのである。したがって，投機それ自身も悪ではない。

しかし，商品先物取引のイメージを悪くしたのは，本来は知識・財力等の観点からリスキーな先物取引を行う資格を欠く者たち（非適格者）を商品先物取引に引き込み，多大な損失を被らせてきたことにある。これまでの商品先物取引法制度は，そのような問題を認識し，委託者保護の施策を拡大してきた。その現状は果たしてどうなっているか。これを知ることもまた重要であろう。

現下の世界経済を見るに，先物の隆盛はある意味で必然である。そのような世界にいる私たちは，商品先物取引が何であるか，その法制度がどうなっているのかを正しく知っておくことに意義があると考えられる。

日本の商品先物取引法制度は，明治以後に限っても，100 年以上の歴史がある。そこに生成されてきた先物取引の叡智を知ることは興味深いであろう。現在は，IT を活用してミリ秒単位での取引が行われている。しかし，歴史が長いだけに，業界用語も少なくなく，また様々な商慣習も存在する。それらが商品先物取引への理解を妨げ，誤解を生んでいる原因の1つではないかと考える。本書では，コラムなども活用して可能な限り平易に説明したつもりであるが，十分でないところがあるかもしれない。ご指摘をいただければ幸いである。

本書は，旧書と同様，株式会社商事法務にお願いした。同社社長小宮慶太氏，同社取締役（書籍出版担当）渡部邦夫氏と書籍出版部の小山秀之氏，樋元ちづる氏の励ましとお力添えがなければ本書の発行は実現しなかった。ここに改め

て感謝申し上げる。

　なお，甲南大学法学部山本真知子教授からは，数度に及ぶ原稿の読み合わせ作業に際して貴重なコメントを頂戴した。併せて感謝申し上げる。

〔追記〕　本書の最終校正の段階で，東京商品取引所（TOCOM）が日本取引所（JPX）グループの完全子会社になることが合意され，TOCOMの全株主に対する公開買付がなされるとのニュースが入ってきた。日本商品清算機構（JCCH）が日本証券クリアリング機構（JSCC）と統合されることも予定されているようである。本書の内容に影響するところが大きいと考えられたが，著者と出版社との間で協議し，商品先物取引の基本的部分は維持されるであろうし，変化があるとしても現在の商品先物取引法を詳述したものがあってよいのではないかと判断し，本書を公刊することとした。ただ，統合や移行を意識して，若干の手直しをした。2020年以降に生じた変化については，適宜，下記のURLを通じてオンライン情報として提供し，適切な時期にそれらを組み込んだ本書の改訂版を公刊することを予定している。読者にはご不便をおかけすることになろうかと思うが，おゆるしいただきたい。

　　　〈https://www.shojihomu.co.jp/〉

2019年10月

河　内　隆　史
尾　崎　安　央

は し が き

　本書は,『商品取引所法』の後継書である。旧著『商品取引所法』は,1993 年に初版が発行された後,1996 年に改訂版,2000 年に三訂版,2006 年に四訂版と版を重ねることができた。1950 年に制定された商品取引所法は,その後,頻繁に改正がなされてきたが,2009 年改正は特に重要な改正である。この改正法の内容は多岐にわたるが,3 段階に分けて施行され,2009 年 10 月 8 日,2010 年7 月 1 日,最終的に 2011 年 1 月 1 日に全面的に施行された。そして,その全面施行により,法律の名称そのものが「商品先物取引法」と変更された。本書のタイトルもそれに伴って『商品取引所法』から『商品先物取引法』へと変更することとした。

　2009 年改正法の目的とするところは,第 1 に,「使いやすい」商品先物市場を構築することにある。証券と商品の垣根を可能な限り低くするため,金融商品取引所と商品取引所の相互乗り入れなどを認めたこと,商品取引所などに対して,より広範で柔軟な自治を認めて市場の利便性の向上を目指すため,認可事項の縮小や試験上場制度の対象範囲の拡大などを行ったこと,「海外商品市場における先物取引の受託等に関する法律」を廃止して,海外商品先物の受委託に関する業規制・行為規制を取り込み,規制の一元化・横断化を図ることにより,行為規制等の面における規制のアンバランスを解消したことなどである。第 2に,「透明性の高い」商品先物市場を構築することにある。市場が複雑化して相場操縦行為が多様化しているのに対応するため,不公正取引類型を拡充するとともに,主務大臣による緊急的措置等を拡充したこと,海外の規制当局との情報交換手続を整備して,国際的協力による市場監視を可能としたこと,商品市場への信頼を高めるため,緊急時の主務大臣の是正措置など行政機関の権限強化したことなどである。第 3 に,「トラブルのない」商品先物市場を構築することである。利用者トラブルが急増していた取引所外取引や海外先物取引について,新たな参入規制を導入して行為規制を強化したこと,委託者については金融商品取引法のような「プロ・アマ」区分を設けて規制内容を細やかにしたこ

と，「不招請勧誘禁止」の立法化などにより，委託者保護を強化したことなどである。

このように多様な改正であること，施行が3段階にわたったこと，政省令や商品取引所・日本商品先物取引協会などの諸規則を可能な限り反映させたかったことなどから，最終的な施行日よりも1年以上刊行が遅れてしまった。商品先物取引はハイリスク・ハイリターンの取引の典型であるが，その仕組みはなかなか一般の理解を得にくいところである。本書が商品先物取引の法制度に対する理解の助けになるなら幸いである。

本書の刊行に当たっては，多くの方々のご協力を得た。今回も日本商品先物取引協会の方々に大変お世話になった。また株式会社商事法務社長の大林讓氏には，旧著以来，ご面倒をおかけしてきたが，今回も多忙を遅筆の口実にする筆者に温かい励ましの言葉をかけていただいた。記して謝意を表したい。

平成24年5月

河 内 隆 史
尾 崎 安 央

【凡　　例】

〈法令〉

※（　）内での表記は下記の例による。

・下記以外の法令名の略語は概ね、「有斐閣六法全書」による。

法（本文では「商先法」）	商品先物取引法（昭和 25 年法律第 239 号）
商取法	商品取引所法（「商品先物取引法」に名称変更）
施行令（本文では「政令」）	商品先物取引法施行令（昭和 25 年政令第 280 号）
施行規則（本文では「主務省令」）	商品先物取引法施行規則（平成 17 年農林水産省・経済産業省令第 3 号）
憲法	日本国憲法
民	民法
商	商法
会社	会社法
社債株式振替	社債、株式等の振替に関する法律
金商法	金融商品取引法
証取法	証券取引法
金販法	金融商品の販売等に関する法律
商品ファンド法	商品投資に係る事業の規制に関する法律
海先法	海外商品市場における先物取引の受託等に関する法律（廃止）
監督指針	商品先物取引業者等の監督の基本的な指針

〈東京商品取引所〉

東商取	東京商品取引所
東商取定款	東京商品取引所定款
東商取業務	東京商品取引所業務規程
東商取準則	東京商品取引所受託契約準則

viii　凡　　例

| 東商取紛争処理 | 東京商品取引所紛争処理規程 |
| 東商取 ADP 細則 | 東京商品取引所 ADP 実施細則 |

〈大阪堂島商品取引所〉

大商取	大阪堂島商品取引所
大商取定款	大阪堂島商品取引所定款
大商取業務	大阪堂島商品取引所業務規程
大商取紛争処理	大阪堂島商品取引所紛争処理規程

〈日本商品先物取引協会〉

日商協	日本商品先物取引協会
日商協定款	日本商品先物取引協会定款
日商協定款施行規則	日本商品先物取引協会定款の施行に関する規則
日商協紛争処理	日本商品先物取引協会紛争処理規程
日商協紛争処理細則	日本商品先物取引協会紛争処理規程に関する細則
日商協外登	日本商品先物取引協会会員等の外務員の登録等に関する規則
日商協外登細則	日本商品先物取引協会「会員等の外務員の登録等に関する規則」に関する細則
日商協苦情処理	日本商品先物取引協会苦情処理規則
日商協苦情処理細則	日本商品先物取引協会苦情処理規則に関する細則
日商協調停委規	日本商品先物取引協会あっせん・調停委員会規則
日商協準備金	日本商品先物取引協会商品取引責任準備金の積立て等に関する規則

〈日本商品清算機構（JCCH）〉

方法書	日本商品清算機構業務方法書
証拠金規則	日本商品清算機構取引証拠金等に関する規則
方法書運用要綱	日本商品清算機構業務方法書運用要綱
証拠金規則運用要綱	日本商品清算機構取引証拠金規則運用要綱
充用外貨要綱	日本商品清算機構充用外貨に関する取扱要綱

〈日本商品委託者保護基金〉

日商基金　　　　　　　　日本商品委託者保護基金

日商基金定款　　　　　　日本商品委託者保護基金定款

日商基金業務　　　　　　日本商品委託者保護基金業務規程

〈判例〉

民集　　　　　　　　　　最高裁判所民事判例集

高民集　　　　　　　　　高等裁判所民事判例集

判時　　　　　　　　　　判例時報

判タ　　　　　　　　　　判例タイムズ

金法　　　　　　　　　　金融法務事情

金判　　　　　　　　　　金融・商事判例

商事　　　　　　　　　　旬刊商事法務

税資　　　　　　　　　　税務訴訟資料

〈関連サイト〉

e-Gov 法令検索　　　　　　https://www.e-gov.go.jp/law/

経済産業省　　　　　　　　https://www.meti.go.jp

農林水産省　　　　　　　　http://www.maff.go.jp

金融庁　　　　　　　　　　https://www.fsa.go.jp

日本取引所グループ　　　　https://www.jpx.co.jp

大阪取引所　　　　　　　　https://www.jpx.co.jp/corporate/about-jpx/
index.html

日本証券クリアリング機構　https://www.jpx.co.jp/jscc

東京商品取引所　　　　　　https://www.tocom.or.jp/jp/

大阪堂島商品取引所　　　　https://www.ode.or.jp

日本商品先物取引協会　　　https://www.nisshokyo.or.jp

日本商品清算機構（JCCH）　https://www.jcch.co.jp

日本商品委託者保護基金　　http://www.hogokikin.or.jp

目　　　次

第1章　　商品先物取引の経済的意義と法規制 ……… 1

第1節　経済的意義における先物取引 ……………………………… 1

第2節　商先法上の「先物取引」………………………………… 8

　1　取引対象商品 …………………………………………………… 8

　2　商先法上の「先物取引」の種類 …………………………… 12

第3節　商品先物取引に対する法規制の必要性 ………………… 16

第2章　　商品先物取引法 ………………………………… 19

第1節　目　　　的 ……………………………………………… 19

第2節　立 法 史 ………………………………………………… 20

第3節　商先法と金商法 ………………………………………… 32

　1　近時の金商法の改正と証券取引所と商品取引所の再編・統合の促進

　　……………………………………………………………………… 32

　2　金商法上のデリバティブ取引概念と商先法上の「商品」・

　　「商品指数」等 ……………………………………………… 33

　3　市場法としてみた商先法と金商法 ………………………… 35

　4　物流としての産業インフラと広義の「金融商品」の取引市場 ……… 38

第4節　公的監督と自主規制 …………………………………… 40

　1　業法としての商先法 ………………………………………… 40

　2　行政による公的な規制 ……………………………………… 40

　3　刑罰・過料 …………………………………………………… 49

　4　商品取引所による自主規制 ………………………………… 50

　5　商品先物取引協会による自主規制 ………………………… 52

第3章　商品取引所・商品市場・商品市場における取引 …………………………………… 57

第1節　商品取引所 ……………………………………………… 57
1　諸　　説 …………………………………………………… 57
2　株式会社商品取引所 ……………………………………… 65
3　会員商品取引所 …………………………………………… 78

第2節　商品市場 ………………………………………………… 92
1　商品市場 ……………………………………………………… 92
2　外国商品市場 ………………………………………………… 93

第3節　商品市場における取引（法2条10項） …………………… 94
1　業務規程 ……………………………………………………… 94
2　商品市場における取引資格の制限 ………………………… 95
3　取引対象商品——上場商品・上場商品指数 ……………… 98
4　取引の種類 …………………………………………………… 99
5　格　　付 ……………………………………………………… 100
6　取引の期限（限月） ………………………………………… 100
7　取引の開始と終了 …………………………………………… 101
8　取引の手法 …………………………………………………… 102
9　商品市場における取引の公正確保 ………………………… 104

第4節　相場の公表等 …………………………………………… 110
1　総取引高等の公表 …………………………………………… 110
2　相場および取引高等の報告 ………………………………… 111
3　相場による賭博行為等の禁止 ……………………………… 111

第5節　取引所類似施設における取引 ………………………… 112
1　商品市場類似施設の開設・商品先物取引類似取引の原則禁止 …… 112
2　商先法6条1項の適用範囲 ………………………………… 114
3　商先法6条の適用除外 ……………………………………… 118

第4章　商品先物取引の決済 ……………………… 127

第1節　商品先物取引における決済の意義 ……………… 127

1　商品先物取引における決済の重要性 ……………… 127
2　決済の確実性の保障 ………………………………… 127
3　商品先物取引の決済の態様 ………………………… 132
4　決済業務を行う機関 ………………………………… 133
5　商品清算取引 ………………………………………… 134

第2節　商品取引清算機関と清算参加者 ………………… 135

1　商品取引債務の引受け ……………………………… 135
2　商品取引債務引受業 ………………………………… 136
3　業務方法書 …………………………………………… 138
4　清算参加者 …………………………………………… 139
5　取引成立後の債務の引受け ………………………… 142
6　店頭商品デリバティブ取引の債務引受業務 ……… 143

第3節　証拠金制度 ………………………………………… 143

1　証拠金の意義と機能 ………………………………… 143
2　事前預託金制度 ……………………………………… 144

第4節　最終決済 …………………………………………… 155

1　現物先物取引の場合——受渡しと代金の授受 …… 155
2　現金決済型先物取引・指数先物取引の場合——金銭の授受 … 157

第5節　特殊な取引の結了 ………………………………… 157

1　相互決済結了取引取決め …………………………… 158
2　脱退会員等の未決済取引の結了 …………………… 158
3　取引停止時の未決済取引の結了 …………………… 159
4　臨機の措置——建玉の解合い等 …………………… 159

第6節　債務の不履行・違約 ……………………………… 160

1　違約者・違約受渡玉・違約中間玉 ………………… 160
2　違約中間玉の処理 …………………………………… 160
3　違約受渡玉の処理 …………………………………… 161

xiv　目　　次

　　4　商品取引清算機関による違約の処理 ································ 162

第5章　商品先物取引の受委託 ···················· 165

第1節　非会員等と商品先物取引 ······························ 165

　　1　会員等と非会員等 ······································· 165

　　2　非会員等と商品先物取引 ······························· 165

　　3　商品取引契約 ··· 167

第2節　商品先物取引業者の規制 ······························ 169

　　1　商品先物取引業者規制の必要性 ·························· 169

　　2　商品先物取引業者の意義と特質 ·························· 170

　　3　商品先物取引業者の許可等 ······························ 174

　　4　商品先物取引業者の財務規制 ···························· 181

　　5　商品先物取引業者に関するその他の規制 ·················· 185

　　6　商品先物取引業者の合併・会社分割・事業譲渡 ············ 187

　　7　商品先物取引業者の監督 ······························· 188

　　8　商品先物取引仲介業者 ································· 190

　　9　外　務　員 ··· 191

第3節　商品先物取引の受委託 ······························ 198

　　1　基本契約の締結から決済までの概要 ······················ 198

　　2　受託契約準則 ··· 200

　　3　適合性の原則 ··· 201

　　4　基本契約の締結等 ······································· 204

　　5　商品先物取引の委託と執行 ······························ 209

　　6　商品先物取引の決済 ····································· 214

　　7　取引決済後の処理 ······································· 214

第4節　受委託の公正確保 ································· 215

　　1　委託者保護の要請 ······································· 215

　　2　不当勧誘等の禁止 ······································· 217

　　3　のみ行為の禁止 ··· 226

　　4　損失補てん等の禁止 ····································· 227

5　商品先物取引仲介業者・特定店頭商品デリバティブ取引業者の
　　　　禁止行為 ……………………………………………………………………… 230

　　6　商品投資顧問契約に係る業務における禁止行為 ……………………… 231

　　7　不当勧誘等・説明義務違反と損害賠償責任 …………………………… 232

　　8　特定委託者・特定当業者 ………………………………………………… 236

　第5節　委託者財産の保全 …………………………………………………… 240

　　1　総　　説 …………………………………………………………………… 240

　　2　委託者財産保全のための制度 …………………………………………… 242

　第6節　委託者保護基金制度 ………………………………………………… 247

　　1　委託者保護基金の創設 …………………………………………………… 247

　　2　委託者保護基金の設立手続 ……………………………………………… 248

　　3　会　　員 …………………………………………………………………… 249

　　4　組　　織 …………………………………………………………………… 249

　　5　財務および会計 …………………………………………………………… 250

　　6　主務大臣の監督 …………………………………………………………… 251

　　7　解　　散 …………………………………………………………………… 251

　　8　業　　務 …………………………………………………………………… 252

第6章　紛争の処理 …………………………………………………………… 263

　第1節　商品先物取引における紛争 ………………………………………… 263

　第2節　紛争解決機関 ………………………………………………………… 265

　　1　紛争解決機関の区分 ……………………………………………………… 265

　　2　商品先物取引協会による紛争・紛議の処理 ………………………… 267

　　3　商品取引所による紛争の処理 ………………………………………… 276

　第3節　商品取引責任準備金 ………………………………………………… 278

　　1　商品取引責任準備金の積立義務 ……………………………………… 278

　　2　積立金額の算定方法 ……………………………………………………… 280

　　3　責任準備金の取崩し ……………………………………………………… 281

第7章　国際商品先物取引法 ･･････････････････････････････ 285

第1節　商品市場の国際化と法規制 ･････････････････････････････ 285

1　商品先物取引の国際化と海外先物取引規制法の制定 ･･･････････ 285

2　商品先物取引法と国際市場 ･･････････････････････････････ 286

3　商品先物取引の国際ネットワークの進展 ･･････････････････ 287

第2節　諸外国の商品先物取引法規制 ･･････････････････････････ 290

1　米　　国 ･･ 290

2　欧　　州 ･･ 300

3　アジア ･･･ 305

事項索引 ･･･ 315

【主要なコラム】

フューチャーズ（futures）とフォーワード（forward）　2

先物取引と賭博　5

先物取引の会計と税制　5

レバレッジ　7

取引・受渡単位と呼値　7

EFP（Exchange of Futures for Physicals）取引・EFS（Exchange of Futures for Swaps）取引　14

CFD（Contract for Difference）取引　15

上場商品の現物取引　15

商品取引所における現物取引　15

総合取引所構想とグローバルな市場競争　38

JPXグループ　39

商品市場の不開設等による許可の取消し等　43

東京商品取引所（東商取）の自主ルール　50

取引の信義則に違反する行為　50

勧　告　51

沿革（商品先物取引協会の）　52

協会員（商品先物取引協会の）　53

特別議決事項　54

制裁事由　55

指導・勧告　56

商先法65条の解釈論　63

主な許認可事項　63

東商取の取引参加者の資格・区分・種類　74

非子会社化か認可かの選択　77

会員たる資格（会員商品取引所の）　80

商品市場における取引資格の拡大　97

試験上場制度　99

商品市場における取引等　99

限日（げんにち）取引　101

バイカイ付出し　102

特別売買 103

立会外取引 103

建玉（たてぎょく）・手仕舞い（てじまい）・両建（りょうだて） 104

商先法６条による私設市場の取締り 115

先物オプション取引だけを行う市場 117

商先法上の「商品」または「商品指数」（類似する指数を含む）に含まれていない物品等を対象とした「先物取引に類似する取引」の場合 120

第二種特定商品市場類似施設における取引対象品に関する主務省令 121

第一種特定商品市場類似施設・第二種特定商品市場類似施設の取引参加者 122

契約上の地位の「抽象」化・当事者関係の「希薄」化 128

追加証拠金の預託不履行 131

約定差金・帳入値段・帳入差金・権利行使差金・オプション対価 131

ギブアップ 142

取引証拠金の担保的機能 144

SPAN 証拠金 147

自己分の取引証拠金維持額 148

証拠金の返還 150

充用有価証券制度とLG契約締結による証拠金預託の猶予 150

直接預託と差換預託 154

早受渡し，申告受渡し，ADP（代替受渡し） 156

受渡しの当事者たる会員等が受渡しを履行しない受渡玉の処理 157

損失額 163

媒介・取次ぎ・代理 170

商品先物取引業者と問屋 171

商品仲買人・商品取引員・商品先物取引業者 173

当業者主義と商品先物取引業者 174

店頭商品デリバティブ取引業 175

受託許可と取次許可の区別の廃止 177

商品取引事故 183

顧客の判断に影響を及ぼす重要事項 186

業務停止命令の事由 189

外務員登録制度の導入 192

登録外務員以外の者に締結させた委託契約の効力 192

商業使用人・会社の使用人の代理権との比較 193

外務員と顧客との代理関係 193

外務員登録資格試験と外務員講習 195

外務員の二重登録の禁止と再登録 196

商品先物取引業者による外務員登録の抹消 197

受託契約準則と普通取引約款 200

民法改正と約款規制 201

適合性の原則（Suitability Rule）の沿革 203

契約締結前交付書面の法定記載事項 205

個人顧客の店頭商品デリバティブ取引に関する記載事項 205

差玉向かいと商品先物取引業者の説明義務 207

金商法上の委託売買と仕切売買　208
具体的な指示事項　209
指値遵守義務　210
IOSCO と誠実かつ公正の原則　217
主務省令が定める禁止行為　222
受託契約準則等による禁止事項　226
日商協の自主規制規則による禁
　止事項　226
のみ行為の私法上の効力　227
金商法における損失保証・損失
　補てんなど　230
商品取引契約の効力と商品市場
　における取引の効力　233
不当勧誘等と判例の傾向　233
金販法における説明義務　235

プロへの移行が可能な個人顧客　238
特定当業者である法人の要件　239
委託者の取戻権　242
裁判外の紛争解決手続　264
金融 ADR　264
消費生活センター等の苦情相談　266
弁護士会の紛争解決センター　266
商品取引事故　279
商品取引事故の確認を要しない
　場合　279
商品取引責任準備金導入の経緯　280
事故率　281
責任準備金取崩事由　281
責任準備金の日商協への預託　282

第1章

商品先物取引の経済的意義と法規制

第1節　経済的意義における先物取引

　先物取引（futures）とは、元来、複数の当事者が参加する市場においてなされる、①将来の一定時点の価格による、②現時点での、③一定の「商品」（「受渡対象物」）の、④一定の数量に係る、売買取引である。しかし、先物取引の特徴は、その売買取引の成立により、当該「商品」の売買取引に係る「買いのポジション（買建玉（かいたてぎょく））」または「売りのポジション（売建玉（うりたてぎょく））」を取得するにとどまり、最終取引日（「納会」）までの間に、同一「商品」に係る反対売買（買いのポジションの場合は「転売」、売りのポジションの場合は「買戻し」）を行うことでそのポジションを相殺消去し、各売買の価格間の差額（「差金」）を授受することによって、取引関係から完全に途中離脱することができる点にある（「差金決済」）。もとより、最終取引日までの間に反対売買を行わないことも可能であり、その場合は、通常の現物売買と同様に、売り方は商品を引き渡し、買い方は代金を支払うことで、当該取引関係は結了する（DVP：Delivery vs. Payment）。先物取引は、いわゆるデリバティブ取引の典型であるが、商品先物取引には、この「現物」の受渡しがある場合（後述の「現物先物取引」）が含まれる点に特徴がある。

　この先物取引の差金決済機能を前提にするならば、現実の受渡しが不可能な「商品」（たとえば指数）も先物取引の対象とすることが可能となる。最終取引日までに反対売買による相殺と差金の授受が行われるか、そうでないポジションも所定の算式により算定される金額の金銭の授受によって決済される。これを「現金決済（cash settlement）型の先物取引」といい、これに対して、上記

2　第1章　商品先物取引の経済的意義と法規制

の現物の受渡しが可能な先物取引を「現物先物取引」と呼ぶことがある。現在の「現金決済型の先物取引」は、米国で1970年代に実施された「金利の先物」や1980年代に実施された「株価指数先物取引」などを嚆矢とする。

　現物の受渡しが可能な「商品」も現金決済型で取引をすることは可能である。そのような先物取引は、すべての取引関係が金銭の授受で結了する。これも現金決済型の先物取引の一種である。このような現金決済型の先物取引が隆盛したことから、先物取引の「金融商品」的性格が強調されるところとなった。しかし、現物先物取引は、受渡しの対象とされる「物品」等の流通と密接に関係するものであり、金銭の流れだけではなく物の流れにも関わる点で、単純な「金融商品」ということはできない。

　先物取引においては、反対売買が円滑に行われ、かつ、ある当事者の債務不履行のリスクから隔離することが重要となる。そこで、1対1の当事者間の相対（あいたい）取引とは異なり、①取引当事者の個性を喪失させること、すなわち、単に一定数量の「ポジション保有者」（売建玉保有者か買建玉保有者か）にすること（「競売買」とも呼ばれる）と、②取引に参加する者や取引量が一定数以上あることが、先物取引成立の必要条件となる。それゆえ、先物取引は市場取引に整合的である。

　先物取引は、通常、「証拠金取引（margin transaction）」であり、取引参加者の手持ち金銭以上の取引をすることが可能である（梃子（てこ）効果。レバレッジ（leverage））。このことは、取引数量を増やすことに寄与する。本来、証拠金の預託は、債務不履行リスクのインパクトを軽減する担保機能を果たすもの（事前の預託金制度）として構想されたものである。たとえば、米国では、19世紀末に、CME（シカゴ・マーカンタイル取引所。Chicago Mercantile Exchange）が先物取引に証拠金を必須とし、先物清算業務を始めた。しかし、証拠金の必要額を上下させることにより、取引の騰貴を鎮静化させ、取引を活性化させることも可能である。証拠金率は、市場管理手段としても活用される。

【フューチャーズ（futures）とフォワード（forward）】
　いずれも、将来の物流価格を想定した現在の取引である点で、「先物取引」と呼ばれることがある。しかし、フューチャーズは反対売買による差金決済だけで途中離脱ができる取引形態であるのに対して、フォワードは相対の現物

第1節　経済的意義における先物取引　　3

取引の一種であり、将来の価格変動等のリスクは当初の契約当事者間で配分される（「先物」といわれることのある「青田買い」は、通常は、フォーワード取引である）。

先物取引には、次のような経済的機能がある。

①　価格発見機能・先行経済指標の提供機能（公定相場）

先物取引は、その形成された「公定相場」（先物価格）が重要である。

その理由は、第1に、この価格（多数の者が予想する当該「商品」の将来価格が現在の価格として表現されている）を前提に、将来の需給を見込んだ経済活動が可能となるからである。それゆえ、「公定相場」自体が重要な先行経済指標となる。

第2に、この「公定相場」は、当該取引時点における実物取引の価格（現物価格）の決定基準（参考価格）ともなり得る。

このように、先物市場において形成された先物価格は、経済的にきわめて有意義なものであり、それゆえに価格形成の公正性が求められ、そのようにして形成された「相場」の公表が要請されるのである。

「公定相場」の経済的重要性に鑑みると、先行指標として重要な意義を有する「商品」が先物取引の対象とされる必要がある（「上場商品」の選別）。上場手続の緩和や「試験上場」制度が設けられているのは、上場適格性に係る試行錯誤を許容している趣旨と捉えることができる。

かつて、公正な「公定相場」を形成するには、取引が大量に、かつ、一定の場所で集中的になされる必要があるとされていた。1地域内に複数の公定相場が存在することは公定相場の本来の性質に相容れないとされ、多くの参加者の投資判断が1カ所（たとえば公設・公認の取引所の商品市場）に集中されて形成される相場が「公定相場」であると理解されてきたのである（取引所集中原則）。しかし、近時、当業者などの利便性等の観点から、同一限月に係る同一商品についても、公設の商品取引所だけでなく一定の条件を充たす私設市場取引も許容されるべきであるとの考え方が有力となっている。たしかに、公設あるいは公認の市場取引のルールは、当業者にとっては「硬直にすぎる」場合があり、使い勝手のよい仲間市場・店頭市場の開設等が求められることにも理由がある。このようなニーズを容れて、法的にも、商品市場類似施設開設禁止の

「適用除外」の範囲が広がった（法331条）。その結果、公設市場とそのような私設市場等の間の価格差（「鞘」）を利用した取引が可能となるメリットも生まれ、そのような鞘取りの結果、当該「商品」に係る「公正な価格」が形成されることも期待されている。このように、公設市場にない当業者の利便性が優先することにも合理性が認められるが、そのような仲間市場等に一般の投資家を引き込むことには慎重でなければならない。

② 価格平準化機能

同一先物市場内における同一商品の限月相互間の価格差（時間的価格差）、同一商品を上場する複数の先物市場間の価格差（地域的または空間的価格差）、先物市場と現物市場間の価格差などの、いわゆる「鞘」を取る裁定取引（arbitrage）などがなされることによって、理論上、当該商品の「価格の平準化」が実現する（上記のように、公設市場と仲間市場等との間の「鞘」取り取引がなされることによる「価格平準化」もある）。先物市場での価格形成が真に公正な競争下で行われるならば、実物市場での価格形成も競争的で公正・透明にならざるを得ず、先物市場の健全な発展は現物市場にも好影響を与える。

③ リスク・ヘッジの手段を提供する機能（掛けつなぎ、保険つなぎ）

価格変動リスクをヘッジするための手段として、先物取引は活用される。先物市場は実物市場で生じ得る価格変動リスク等を第三者に転嫁するための場として機能する。

一般的にボラティリティ（価格変動：volatility）が激しい商品について、生産者、大口需要者、中間流通業者などは価格変動リスクにさらされる。しかし、次のような先物取引をすることによって、そのリスクを回避することが可能となる。すなわち、価格変動の激しい農産物を例にすると、秋に収穫する農産物の生産者が当該農産物を春の時点で先物市場において売っておく（売建玉）。かりに秋の収穫時に現物価格が下落していても、先物市場において「高い」価格で売却しているので、現物市場で安値売却をしなくても済む（もし先物の売建玉をもっていなければ、現物市場における価格下落のリスクをそのまま被る）。逆に収穫時までの時期に価格が上昇する傾向にあると判断できれば、適切な時点で保有する先物の売建玉を反対売買（買戻し）により相殺する（手仕舞い）。その限りでは損失（価格差損）が発生するが、収穫時には高値を付けている現物市場において当該農産物を売却することにより損益の相殺が可能となる（むし

ろ利益が得られる可能性が高い）。このように、当該農産物の生産者は、春の時点で秋の価格変動リスクを回避することができるのである。

　反対に、その農産物を必要とする大口需要者は、春の時点で先物取引によりその農産物を買っておく（買建玉）。かりに秋の当該「商品」の需要時に現物価格が上昇していたとしても、先物市場において「安い」価格で購入しているので現物市場で高価な農産物を買う必要がない（必要な農産物を安定した価格で入手することができる）。反対に秋の現物価格が下落していたとしても、それ以前のいずれかの時点で反対売買（転売）により買建玉を手仕舞いし、その限りでは損失（価格差損）が発生するものの、現物市場において安値で購入することで損益を相殺することができるのである。

　このようにして、先物取引をすることにより、価格変動の激しい商品の需要と供給いずれのサイドも安定した価格による需要と供給を確保することができる。すなわち、農産物生産者は先物取引コストを支払ってその農産物の売渡価格を固定することができ、またその需要者は同様にして仕入価格を固定することができるのである。これを先物取引のリスク・ヘッジ機能または保険機能という。

　このヘッジ機能が発揮される前提条件として、先物価格が最終的に現物価格に収れんすることが必要となる。この現物価格と先物価格の関係は、先物取引の対象となる「商品」の経済的属性として不可欠のものであり、「賭博」との違いでもある。

> **【先物取引と賭博】**
> 　不確定なものに資金を投じて損得を問題にする点（射幸性）で両者は類似するが、賭博が全くの偶然に賭けるのに対して、先物取引は価格形成や将来の価格変動に経済的要因が深く関わることから経済行為の一種であると理解されている。射幸性がある経済行為としては、ほかに、損害保険がある。
>
> **【先物取引の会計と税制】**
> 　ヘッジ会計に係る企業会計基準は「金融商品に関する会計基準」（企業会計基準第10号）にある（同基準Ⅵ参照）。これはIFRS（国際財務報告基準）第7号（IAS（国際会計基準）第32号・第39号参照）に対応するものであり、国際標準化が標榜される会計領域である。「金融商品に関する会計基準」では、ヘッジ会計が適用になるための条件として、ヘッジ取引時の企業のリスク管理

6 第1章 商品先物取引の経済的意義と法規制

方針に基づくものであることが客観的に認められ、リスク管理体制（内部統制）が整備されていること、以後もヘッジ対象とヘッジ手段の損益が高い程度で相殺される状況にあることを定期的に確認しなければならないこと、などが求められている（同基準31項参照）。法人税等の関係で、ヘッジを行っている先物ポジションで利益が出ているとき（他方で現物取引の損失が出ている可能性がある）、その利益に課税することの是非（損益相殺の可否）が問題となる（法人税法61条の6・61条の7参照）。東京高判平成24・5・9 LEX/DB25503493、税資262号順号11946は、課税を認めた（上告不受理：最判平成25・8・28税資263号順号12279）。先物取引をめぐる税制については、このほかに、有価証券に関する税制と商品先物に関する税制の統一化も問題となっている。

④ 資金運用手段を提供する機能

リスク・ヘッジのニーズから先物取引を行う者の取引相手方になるものとして、投機家（speculator）がいる。このようなスペキュレーターは、リスク・ヘッジのニーズから先物取引をする者に発生する先物取引上の損失（価格差損）を積極的に利益（価格差益）にしようとする者であり、価格変動の激しい商品の売買において生じる価格変動リスクを自ら負担する者として不可欠な存在である。たとえば、生産者のリスク・ヘッジのニーズに応えて買建玉をもつスペキュレーターは、価格上昇を予測していたと考えられるが、価格が逆に下落したときは、「高値で買って（先物）安値で売る（現物）」結果となり、損失を被る。しかし、逆に予測通りに価格が上昇すれば「安値で買って高値で売る」結果となることから、利益が得られる。価格変動が大きい商品ほど、価格変動リスクによる損失は大きくなるが、利益もまた大きく得られる可能性がある。このことから、スペキュレーターにとって、先物取引は格好の投機手段になるのである。そのようなスペキュレーターがいることで、ヘッジャーのヘッジ・ニーズが満たされる。

スペキュレーターの中には、いわゆる「マーケット・メーカー」が含まれる。取引があまり活発でない市場にあっては、そのように売買を成立させるプロが必要となる。そうでないと、先物価格が形成されず、またヘッジャーのニーズも満たされないからである。そのようなプロが存在することが市場の隆盛にとって必要であると、一般に理解されている。

先物取引は、上述したように、取引証拠金を用意するだけで取引を成立させ

ることができ（マージン取引、レバレッジ）、かつ、差金決済による取引関係からの途中離脱の自由があることから、スペキュレーターは、その先物取引をするのに、商品購入代金の全額（「丸代金」ともいう）を用意したり（買建玉の場合）、実際に受渡しができる商品を現実に所有（あるいは購入）したりする（売建玉の場合）必要がない。先物取引は、投機取引の典型であるとされ、レバレッジが大きいときはその投機性はいっそう高まる。

　本来的に投機の対象とされがちな、価格変動の大きい、かつ、経済的に重要な商品が先物取引の対象とされることによって、投機行為はさらに誘引される。その際、先物取引が「取引所」という公開の場（さらに公設あるいは公認の場であることが通常である）で集中的に、しかも効率的に実行されれば、取引の透明性が確保され、投機の損益は、投資者自身の経済的な投資判断の結果ということになる（自己責任）。しかし、そのリスクの大きさからすれば、本来的にはそのリスクを自覚し、かつ、負担する能力のある者のみがスペキュレーターとして取引に参加すべきであり、法規制の在り方としても、プロとアマの区別をはじめ、取引参加者の「適格性」が問題となる。

【レバレッジ】
　先物取引は証拠金取引であり、少ない資金（証拠金）で大きな金額（その取引対象の商品を同じ数量の現物取引をするために必要な資金量）の投資ができる。この比率（取引単位当たりの必要証拠金額に対する総取引金額の割合）をレバレッジ（小さな力で大きなものを動かせる「てこ」）という。東京商品取引所の「金」で40倍〜50倍、「ガソリン」で30倍〜35倍程度であり、FX取引のレバレッジが最大25倍であることから比べると、相当に高い比率となっている。

【取引・受渡単位と呼値】
　東京商品取引所の金（標準）を例にすると、売買は1枚（1単位）1kg、受渡しも1kgである。しかし、呼値は1g当たり1円刻みでなされるので、その比率は1,000倍になる。

⑤　換金機能・実物取得（現物調達）機能
　差金決済により清算されなかった「現物先物取引」（受渡しのある先物取引）の先物ポジションは、現物の「受渡し」によって取引関係が結了する。すなわち、この場合は、通常の売買と同じことになるのであって、現物市場での売買

8　第1章　商品先物取引の経済的意義と法規制

取引と同じように、売主にとっては商品の換金が可能となり、買主は現物を取得することが可能となる。現物先物取引にはこのような物流に係る重要な経済的機能があり、先物取引による現物調達機能に着目した取引参加者が増えると、現物の受渡しが増えてくることとなる。

　以上に述べた①〜⑤の先物取引の様々な経済的機能は、それらを十全に発揮できるような厚みのある公正な市場を必要とする。商品取引所は、そのような商品の公正な、アクセスしやすい市場（商品市場）を提供し、またその市場の管理等を行う組織体として機能しなければならない。商品取引所の組織・運営、あるいは商品市場の取引の管理等について定める法律として、「商品先物取引法」（以下、「商先法」という。2009（平成21）年改正前（2011（平成23）年施行部分）は「商品取引所法」（以下、「商取法」という）と称した）がある。しかし、先物取引に係る法規制としては、デリバティブ取引を規制する「金融商品取引法」（以下、「金商法」という）などもあり、現在では、先物取引法制度として法制度間の横断的な理解が必要となっている。

第2節　商先法上の「先物取引」

　商先法は、同法における「先物取引」を定義している。それは、商先法上の「商品」または「商品指数」に係る「先物取引」だけが法規制の対象となることを前提とした定義であり、上記の経済的意義における先物取引よりも範囲が狭い。したがって、たとえば「金融商品」としての先物取引は、商先法上の「先物取引」の規制対象ではなく、金商法の「デリバティブ」規制に服するのである。

1　取引対象商品

⑴　商先法上の「商品」概念（法2条1項）

　商先法上の「商品」は、「物品」または「電力」であることが基本的条件であり、大別して4種類ある。

　1990（平成2）年商取法改正前にあった「品質が比較的均等であって大量の取引に適し、かつ、相当期間の貯蔵に耐える物品であること」や、「取引の状

況を考慮して政令で定める」ことは、同年の改正により削除され、現行の商先法にも存在しない。このように「商品」たる性質に対する制限がなくなり、また政令指定が「商品」の条件とされなくなったことにより、商先法上の「商品」概念は、過去の「商品」概念に比較すると実質的に拡大された。かつては政令指定商品以外の商品等の上場はできないという制約があったが、現在ではそのような制約がなく、新規上場も相対的に容易になっている（ただし、新規上場については、主務大臣の許可（取引所の設立時）または認可（定款または業務規程の変更時）が必要である）。しかし、商先法2条1項の「商品」の定義に該当しない商品は商先法の適用がないと解されているので（法6条）、この法律の「商品」の範囲は、一般の商品概念よりも狭い。

① 1号商品

　商先法2条1項1号は、①農産物、②林産物、③畜産物、④水産物、⑤これらを原料または材料として製造・加工した物品のうち、飲食物であるもの、⑥政令で定めるその他の物品を「商品」と定義する（本書では、「1号商品」という。以下同様）。いわゆる農水省系商品のほか、毛糸などのいわゆる経産省系物品も含まれる。上述したように、現行法では「政令指定商品」概念が改められ、法律上の「商品」となるための政令指定ではなく、⑥のような「商品」に含まれるべき物品の追加指定の意味になっていることから、新規上場とは、会員商品取引所の定款または株式会社商品取引所の定款もしくは業務規程に上場すべき「商品」名を記載することと、これに対する主務大臣の認可または許可（一定の基準を充足する必要がある）を意味する。⑥の政令指定については、現在、①から③に含まれるべき物品も含めて14種類の物品（牛や豚など）が指定されている（令1条1項）。

② 2号商品

　商先法2条1項2号は、①鉱業法3条1項に規定される鉱物（金鉱や銀鉱など）、②その他政令で指定される鉱物、③これらを製錬・精製することにより得られる物品を「商品」と定義する（「2号商品」）。ここでも政令指定の意味は、1990（平成2）年改正前商取法とは異なって、「商品」に含まれるべき物品の追加的な指定の意味に改められている。また、この定義に従えば、現在「上場商品構成品」（後述(2)参照）とされている金鉱から得られる金や銀鉱から得られる銀などは、「鉱業法……第3条第1項に規定する鉱物」を「製錬し、又は

精製することにより得られる物品」であることから、独立した「商品」適格性をもつと解することが可能である。しかし、実際には「貴金属」という複合的な商品が「上場商品」とされており、金などは上述したように「上場商品構成品」である。②の政令指定については、現在、リチウム鉱やベリリウム鉱などを含めて33種類の物品が指定されている（令1条2項）。

③　3号商品

商先法2条1項3号は、国民経済上重要な原料または材料であって、その価格の変動が著しいために先物取引または先物取引に類似する取引の対象とされる、あるいは先物取引または先物取引に類似する取引の対象とされる蓋然性が高いものとして政令で指定する物品を「商品」と定義する（「3号商品」）。しかし、現在のところ、そのような政令指定がなされている「物品」はない。

④　4号商品（一定の条件を充たす電力）

商先法2条1項4号で定義される「電力」、すなわち「一定の期間における一定の電力を単位とする取引の対象となる電力」も商先法上の先物取引の対象となり得る。これは、電力の先物取引の開始を視野に入れたものであり、2014（平成26）年の商先法改正により追加された。なお、後述するように、「上場商品」を定義する商先法2条7項では「商品たる物品又は電力」と規定されることから明らかなように、「電力」は「物品」ではない。

(2)　上場商品構成品

商先法では「上場商品構成品」という語が用いられている（法10条2項1号など）。電力が2014（平成26）年改正で追加されるまでは、上場商品に含まれる物品を「上場商品構成物品」と定義していたが、「商品」に電力が追加されることにより、上場商品に含まれる物品または電力を呼称する概念として「上場商品構成品」との用語に改められた。

「上場商品構成品」とは、「上場商品」に含まれる物品または電力をいい、たとえば「上場商品」が「貴金属」の場合には、その具体的な取引物品である「金」「銀」「白金」「パラジウム」を表現するときに、これらを「上場商品構成品」と呼ぶ。また、「上場商品」である「農産物」に対して、「大豆」「小豆」「米穀」などがそれに該当する。これは上場商品構成品間の鞘取り取引（ストラドル）などを「上場商品」の価格形成に取り込む趣旨であると理解され、「上場

商品」の設計は「商品」に該当するものであれば、これを単一で上場しようと複合的なものとして上場しようと、各取引所が自由に上場商品の設計を行えるようにしている（ただし、繰り返し述べるように、上場については主務大臣の許認可が必要である）。商先法上の「商品」単位で「上場商品」としなければならないということではない。

(3) 商先法上の「商品指数」概念（法2条2項）

商先法上の「商品指数」は、2以上の「商品」（商先法が定義する「商品」のこと）たる物品または電力の価格の水準を総合的に表した数値、1の「商品」たる物品または電力の価格と他の「商品」たる物品または電力の価格の差に基づいて算出された数値その他の2以上の「商品」たる物品または電力の価格に基づいて算出された数値をいう。このように「商品指数」は、前述した商先法上の「商品」である物品または電力を前提にしたものであり、その価格水準や価格差等を基礎にしなければならないのであって、商先法上の「商品」以外の商品を前提とした指数は商先法上の「商品指数」ではない。それらは、商品取引所に上場することができない。

(4) 上場商品指数対象品

商先法では、前記(2)で述べた「商品」に対する「上場商品構成品」に対応する、「商品指数」に対する「上場商品指数対象品」という語が用いられている（法10条2項2号）。これは、当該上場商品指数が算出される際に基礎になった各「商品」たる物品または電力を表現するものである。

(5) 取引対象商品（法2条27項）

商先法上、商先法が定義する「商品デリバティブ取引」（法2条15項）、すなわち、「商品市場における取引」（同条10項）、「外国商品市場取引」（同条13項）、「店頭商品デリバティブ取引」（同条14項）について、その取引対象となる「商品」（同条1項）またはこれらの取引の対象となる「商品指数」（同条2項）を「取引対象商品」という（同条27項）。現実に上場されて取引の対象となっている「商品」ではなく、取引の対象となり得る「商品」の呼称である。

2　商先法上の「先物取引」の種類

　商品取引所は、商品または商品指数の先物取引を行うために必要な市場の開設を主たる目的としているが（法2条5項・6項）、商品の現物取引を行うことも可能である。

　商品取引所が行うことができる「先物取引」は、商先法上、7種類が定義されている（同条3項）。明文では特に規定されていないが、そのいずれにも共通する要素として、①商品取引所が定める基準および方法に従うこと、②「商品市場」においてなされること、がある。また、③差金決済で売買を結了させることができること、④証拠金（margin）制度が認められることなども、先物取引の本質的属性として当然有していなければならないと解される。なぜなら、商先法上の「先物取引」も、経済的な意味における先物取引（futures）であることが当然の前提となるからである。

　商先法が定める「先物取引」は、以下のものである。

(1)　1号先物取引（法2条3項1号）

　古くから商品取引所で行われてきた格付先物取引や銘柄別先物取引のことである。当事者が将来の一定の時期において「商品」およびその対価の授受を約する売買取引であって、当該売買の目的物となっている「商品」の転売または買戻しをしたときは差金の授受によって決済することができる取引をいう（本書では、「1号先物取引」という。以下同様）。この「転売又は買戻しによる差金決済が可能」という点が、前述したように、狭義の先物取引の基本的性質である。1号先物取引は、「現物の受渡しの約束」が条件となっている点で、後述の現金決済型の先物取引（2号先物取引）と区別される。その現金決済型の先物取引と区別するために、1号先物取引を「現物先物取引」ということがある。

(2)　2号先物取引（法2条3項2号）

　「約定価格」（当事者が「商品」についてあらかじめ約定する価格（1の「商品」の価格の水準を表す数値その他の1の「商品」の価格に基づいて算出される数値を含む））と現実価格（将来の一定の時期における現実の当該商品の価格）の差に基づいて算出される金銭の授受を約する取引をいい、いわゆる現金決済（cash settlement）型の先物取引であって、現物の受渡し（delivery）を全く行わないものである（「2号先物取引」）。この現物の受渡しを伴わない先物取引は古く日本にも存在したが、現在の現金決済型先物取引は米国で株価指数先物取引を行う際に考案されて世界的に広まったものである。もとより、2号先物取引も先物取引であることから、1号先物取引と同様に「転売又は買戻しによる差金決済」を行って取引関係から途中離脱することが可能である。商先法2条3項2号で現金決済型先物取引を定義しているのは、現物の受渡しが可能な商品についても現金決済型先物取引を行うこと（そのような「上場商品」を設計すること）が可能であることを明らかにする趣旨である。

(3) 3号先物取引（法2条3項3号）

商品指数先物取引である。すなわち、当事者が「商品指数」についてあらかじめ約定する数値（約定数値）と将来の一定の時期における現実の当該「商品指数」の数値（現実数値）の差に基づいて算出される金銭の授受を約する取引である（「3号先物取引」）。

(4) 4号先物取引（法2条3項4号）

いわゆる「先物オプション取引」のことである。すなわち、当事者の一方の意思表示により当事者間において「先物取引」を成立させることができる権利（オプション）を相手方が当事者の一方に付与し、当事者の一方がこれに対して対価を支払うことを約する取引である（「4号先物取引」）。上記(1)〜(3)の「先物取引」と、以下の(5)と(6)に述べる2009（平成21）年商取法改正により新たに認められた2種類の「先物取引」について（1号先物取引を除いて「これに準ずる取引で商品取引所の定めるものを含む」）、オプション取引が可能であることを明らかにしている（法2条3項4号イからホ）。4号の「先物オプション」の権利行使者は、その購入したオプションの種類に従い、その取引対象となっている（underlying）先物取引上のポジションを、コール・オプションのときは買い方として、プット・オプションのときは売り方として取得することになる。

(5) 5号先物取引（法2条3項5号）

いわゆる「商品スワップ取引」のことである（「5号先物取引」）。すなわち、

当事者が数量を定めた商品について当事者の一方が相手方と取り決めた当該商品の価格の約定した期間における変化率に基づいて金銭を支払い、相手方が当事者の一方と取り決めた当該商品の価格の約定した期間における変化率に基づいて金銭を支払うことを相互に約する取引をいう。2009（平成 21）年商取法改正で新設されたものである。

⑹　6 号先物取引（法 2 条 3 項 6 号）

いわゆる「商品指数スワップ取引」のことである（「6 号先物取引」）。すなわち、当事者が数量を定めた商品について、当事者の一方が相手方と取り決めた当該商品指数の価値の約定した期間における変化率に基づいて金銭を支払い、相手方が当事者の一方と取り決めた当該商品指数の価値の約定した期間における変化率に基づいて金銭を支払うことを相互に約する取引である。これも2009（平成 21）年の改正商取法で新設されたものである。

⑺　7 号先物取引（法 2 条 3 項 7 号）

「前各号に掲げる取引に類似する取引であつて政令で定めるもの」として、いわゆる「バスケット条項」がある。新しい動きに政令指定で機動的に対応できるようにする趣旨であると解される。現時点では政令の定めはない。

【EFP（Exchange of Futrures for Physicals）取引・EFS（Exchange of Futures for Swaps）取引】

これらの取引は、2004（平成 16）年に東京商品取引所に導入されたものである。「EFP 取引」とは、現物先物取引および現金決済先物取引において、現物取引の売買契約を締結した者が、現物取引の売契約者の商品取引所における買付注文と、現物取引の買契約者の当該商品取引所における売付注文を、同一価格において、同一限月（げんげつ）かつ同一数量につき、当該注文の売買約定を成立させる取引をいう。また「EFS 取引」とは、現物先物取引および現金決済先物取引において、現物取引の売買契約に付随する変動価格と固定価格を交換する取引（スワップ取引）の契約を締結した者が、固定価格の売契約者の商品取引所における買付注文と、固定価格の買契約者の当該商品取引所における売付注文を、同一価格において、同一限月かつ同一数量につき、当該注文の売買約定を成立させる取引をいう。EFP 取引が、現物ポジションと先物ポ

ジションの交換ができる取引であり、先物ポジションの契約あるいは決済に用いられるのに対し、EFS取引は、スワップ・ポジションと先物ポジションの交換ができる取引である。

なお、これらの取引については、通常の立会取引ではなく、当事者間の合意に基づき立会外で取引を成立させている。

【CFD（Contract for Difference）取引】

現金決済先物取引の新たな形態として、「商品CFD取引」と呼ばれる取引が急速に拡大している。「CFD取引」とは、直訳すると「価格差の契約取引」という意味であるが、一般的なCFD取引では、取引対象となっている商品の受渡しは行わずに、単に買った時の契約価格と売った時の契約価格の差額を授受することで取引が完了する。このため「差金決済取引」と呼ばれることもある。取引の対象となる原資産としては、為替、株価指数、金や原油など様々なものがある。取引の仕組みは、差金決済を行った場合の先物取引と似ており、あらかじめ証拠金を預託し、原資産の価格変動によって生じる差金を授受する。このため、特に外国為替を原資産とするCFD取引は、「外国為替証拠金取引」（いわゆる「FX取引」）とも呼ばれている。反対売買をしない限り、取引が終了せず、かつ損益も確定しないため、先物取引のように期限が到来すると取引が自動的に終了してしまう取引とは異なり、取引終了のタイミングを取引者が自由に決めることができ、しかも原資産の受渡しをしなくてもよい点が、個人投資家に受け入れられて、人気を博している。CFD取引は、業者が自らの顧客に対して相手方となって取引を成立させる「店頭取引」形態をとることが多いが、最近はCFD取引を上場している取引所もある。たとえば、東京金融取引所では外国為替証拠金取引や株式指数のCFDが、東京商品取引所では金と白金が「限日取引」として、上場されている。

【上場商品の現物取引】

上場商品の実物（現物）取引も、商品先物取引の付随的な取引として「商品市場における取引」（法2条10項）となる。現在、東京商品取引所が開設する金現物市場がこれに該当する。

【商品取引所における現物取引】

東京商品取引所においては、2017（平成29）年1月11日から石油製品のスポット市場（現物取引）を開始した。ガソリン・灯油等の石油製品は、「連産品」という特性や季節要因および天候の変動等により需要と供給のアンバランスが生じることは避けられず、こうした需給のギャップを調整する場、すなわち、スポット市場は世界の石油産業では不可欠な存在となっている。この東京

> 商品取引所の石油製品のスポット市場は、取引の成立、清算（受渡し）までを一貫して行う商先法が規定する「商品市場」とは異なり、現物取引の相手方を探すという機能を提供するものであり、商先法3条1項但書の認可を受けて兼業業務として運営されている。
>
> なお、「現物取引」を合意した者は当事者間で受渡しを行い、受渡代金の清算は与信または「COD（Cash on Delivery）」で行う者が多い。しかし、こうした清算方法が適当でない場合には、当事者は、取引所取引を活用し、日本商品清算機構（Japan Commodity Clearing House：JCCH）が決済を保証することによって相手方の信用リスクを遮断する方式で決済が行われている（「立会外取引」）。

第3節　商品先物取引に対する法規制の必要性

　先物取引の経済的機能や仲間市場へのニーズなどを考えると、最も商品先物取引を必要とする者は、当該商品に関係する「当業者」である。彼らは当該商品の安定的需給に直接関わる者であり、「将来」という不確実要素から生じる価格変動リスクや物流に生じるリスクなどにさらされている。その意味では、商品先物取引は、ニーズがあるところに自然に生まれたものともいえ、そのルールは基本的に商慣習として形成され、生産や取引などにおけるテクノロジーの発展に伴い、それらに適合すべく変化し、取引対象とされる商品も、当業者のニーズに合わせて新陳代謝を繰り返してきた。そこには、法規制の必要性は特に意識されない（「当業者主義」）。

　しかし、国民経済上、安定的需給が重要な商品については、公正な市場での取引がなされ、公正な価格形成がなされることが「公序」と意識されるに至り、そこに法規制の必要性が生まれた。商品市場を提供する取引所規制、商品市場への上場規制などであり、商品市場での取引ルールやクリアリングなどは、上述のように、基本的には自主規制（ソフト・ロー）が尊重されるとはいえ、重要なもののいくつかは法規制（ハード・ロー）の下に置かれている。

　また、当業者だけの取引では、リスク・テイクにとって取引量などの点で限界があることから、そのリスクを利益に転嫁することを意図するスペキュレーターの拡大が求められた。その結果、スペキュレーターとして投資大衆が登場

するところとなったが、反面、当業者だけを考えて法制度を設計するわけにはいかなくなり、委託者保護のための法規制の必要性が生まれることとなった。

第2章

商品先物取引法

第1節 目 的

　商先法1条は、法目的を次のように規定している。

　「この法律は、商品取引所の組織、商品市場における取引の管理等について定め、その健全な運営を確保するとともに、商品先物取引業を行う者の業務の適正な運営を確保すること等により、商品の価格の形成及び売買その他の取引並びに商品市場における取引等の受託等を公正にするとともに、商品の生産及び流通を円滑にし、もつて国民経済の健全な発展及び商品市場における取引等の受託等における委託者等の保護に資することを目的とする。」

　商先法は、直接には、「商品取引所の組織、商品市場における取引の管理等について定め〔る〕」法律である。その目的とするところは、商品取引所の「健全な運営を確保するとともに、商品先物取引業を行う者の業務の適正な運営を確保する」ことにある。

　それらが確保される結果として、「商品の価格の形成及び売買その他の取引並びに商品市場における取引等の受託等」が「公正」になり、さらに「商品の生産及び流通」が円滑になり、「もつて国民経済の健全な発展及び商品市場における取引等の受託等における委託者等の保護に資する」ことになる。

　以上の関係を逆から表現すると、この法律の究極の目的は、最後の個所にある、①「国民経済の健全な発展」と、②「商品市場における……委託者等の保護」の2つにあると理解される。法目的のうちの①は、金商法などの他の経済

法規にも見られる法目的であり、商先法の核心ともいうべきものである。一方、②の法目的は、条文としては1990（平成2）年の商取法改正によって初めて設けられたものであるが、それ以前の旧取引所法から現行商先法まで一貫して、主要な法原則であると理解されているものである。

これら①②の究極の法目的を実現する手段が、(a)「商品の価格の形成」の「公正」性、(b)「売買その他の取引」の「公正」性、(c)「商品市場における取引等の受託等」の「公正」性の確保である。この3つの「公正」性の確保こそが、この法律の各条文を貫く直接的な指導原理である。そして、この3つの「公正」性を確保するための前提が、(i)商品取引所の「健全な運営」の確保と、(ii)「商品先物取引業を行う者の業務の適正な運営」の確保である。

もっとも、(i)商品取引所の健全な運営も、(ii)商品市場における取引の受託等を行う商品先物取引業者の業務の適正な運営も、(a)から(c)の3つの「公正」性の確保、さらには①②の2つの究極の法目的を確保・実現する手段にすぎない。そのことからすれば、(i)(ii)以外の方法をもって、3つの「公正」性を確保する施策を採用することや、①②の「法目的」をより直截的に実現するための法規定を設けることは、ことさら排除されるものではない。

第2節　立　法　史

日本の商品先物取引の歴史は、江戸時代にまで遡ることができる。幕府公許の大坂堂島米会所で行われた「帳合米商内（ちょうあいまいあきない）」や幕末期の「石建米商内（こくだてまいあきない）」が差金決済による取引（清算取引）であったことが知られている。当時、先物取引に係る特段の法令があったわけではない。

明治期に至り、一時期先物取引は賭博行為の1種と考えられて禁止された。しかし、その後再び認められることとなり、従来の伝統のうえに立つ法規制として「米商会所条例」が制定された（1876（明治9）年）。1878（明治11）年には、「米商会所条例」にならって「株式取引所条例」も公布された。他方、これとほぼ同時期にヨーロッパの法制度にならった法規制もわが国に導入された。ロンドンの株式取引所規約に範をとる「株式取引条例」（1874（明治7）年。前掲の「株式取引所条例」によって廃止）やベルリンの取引所規則にならった

「取引所条例」（1887（明治20）年。いわゆるブールス条例）がその例である。

　1893（明治26）年に至り、「取引所法」（旧法）が制定された。この法律は、それ以前の米商会所条例、株式取引所条例、取引所条例の3つを折衷・統一したものである。その内容は、商品先物取引と証券取引の特段の分化が見られず、取引所形態として株式会社組織と会員組織の選択を認めるとともに、1地域1取引所とし、取引所における売買については、直取引、延取引、定期取引の3種類とする、などの規定が含まれていた。この旧法もいくどか改正がなされたが、とりわけ大正期の2回の改正（1914（大正3）年と1922（大正11）年）は重要である。1914（大正3）年改正取引所法では商品仲買人（現在の「商品先物取引業者」）に関する諸改正が含まれ、1922（大正11）年改正取引所法では株式会社組織の取引所と会員組織の取引所についての規制の分化が見られた。一方、商品取引所法制と証券取引所法制の分化は、第2次世界大戦期になされた。たとえば1943（昭和18）年制定の「日本証券取引所法」である。

　取引所法は第2次世界大戦後も効力を有していたが、1948（昭和23）年の証券取引法（新法。証券取引法は1947（昭和22）年制定の旧法がある。以下、新法を「証取法」という）の制定に際して名実を一致させるために「商品取引所法」と名称が変更された（昭和23年証取附則3）。しかし、1950（昭和25）年に「商品取引所法」（新法）が制定され、旧法（「商品取引所法」）は廃止された。形式的には、この新法は旧法の全面改正の体裁をとった。法律名は同じであるが、実質的に見れば、全く新しい構想のもとに制定された別物と考えられる。

　「商品取引所法」（新法）は、その後、大小数十回の改正がなされて後、2009（平成21）年の法改正により法律名が「商品先物取引法」に改められた（この名称変更部分は2011（平成23）年施行）。しかし、法の基本的性格は大きく変わっていない。「商品取引所法」時代の改正の多くは、業者規制や委託者保護のためのものであった。たとえば1967（昭和42）年改正商取法は、従来からの商品仲買人の呼称を「商品取引員」に改めたうえで登録制を許可制とする規制強化を行い、不当勧誘行為の禁止に関する規定を導入し、さらに受託業務保証金制度を創設するなどした。1975（昭和50）年改正商取法も、委託に際しての説明書交付義務を課し、指定弁済機関の制度化などを実現した。1990（平成2）年改正商取法では、法1条の法目的に「委託者の保護」が加えられ、2009（平成21）年改正商取法では、不招請勧誘規制が導入された。

22　第2章　商品先物取引法

他方、この間に、商品市場の活性化・国際化が進み、そのような動きを意識した改正がなされたことはいうまでもない。具体的には、現金決済制度の導入、試験上場制度の導入、商品取引所の合併規定の創設、外国法人への会員資格の開放などである。このうち、1998（平成10）年の商取法改正は、いわゆる「金融ビッグ・バン」の流れに沿う名実ともに「新時代の商取法に向けた改正」ともいうべき大改正であり、手数料の自由化や取次業者の承認、自主規制機関としての商品先物取引協会の創設などが含まれ、商品先物市場の利便性の向上・信頼性の向上が重要な政策課題であると認識された。また2004（平成16）年改正商取法は、リスク管理ニーズの高まり、国際的な市場間競争の激化、商品先物業界における競争環境の変化を前提に、商品取引所を中心とした市場機能の向上、商品取引員（現在の「商品先物取引業者」）による市場仲介機能の適正化、取引所外取引（OTC）の市場機能の適正化が目指され、市場類似施設に関する規制の見直し等もなされた。

商品先物取引法（商品取引所法）の主要な改正について

改正（公布）日 （施行日）	主　な　改　正　点
1951（昭和26）年 6月1日 （同日施行）	○主務大臣が政令案や省令案の立案、商品取引所、商品仲買人の登録等を行う場合に決議を必要とするとされていた商品取引所審議会の所掌事務に関する規定を削除し、行政委員会から主務大臣の諮問機関にすることとした。 ○商品取引所が定款の規定に基づいて紛争の調停を行っていたことから、通商産業省の附属機関である商品取引所取引紛争審査会を廃止することとした。
1952（昭和27）年 4月12日 （同日施行）	○商品取引所は、定款により、会員の数および商品仲買人の数の最高限度を設けることができることとした。 ○商品仲買人の使用人で、かつ、商品取引所の登録を受けた者をして委託の勧誘に従事させること、商品取引所は定款において委託の勧誘に従事する者の資格および登録に関する事項を定めることとした。

	○商品仲買人の登録に関して商品取引所の事前承認制とし、商品仲買人の主務大臣への届出書は商品取引所を経由することとした。
1954（昭和29）年 5月10日 （同年6月1日施行）	○登録制であった商品取引所の設立を主務大臣の許可を受けなければならないこととした。 ○商品取引所が定款等を変更しようとするときは、主務大臣の認可を受けなければならないこととした。
1967（昭和42）年 7月29日 （1968（昭和43）年 1月27日施行）	○登録制であった商品仲買人を上場商品ごとに主務大臣の許可を受けなければならないこととし、商品取引員と改称することとした。 ○商品市場ごとに政令で定める商品取引員の純資産の基準額について、許可を受けている商品市場のすべてについて合算した額とすることとした。 ○商品取引員が法人である場合、その役員についても外務員の登録を要することとした。 ○商品取引員の財産（負債比率、流動比率）または業務の状況に応じて、主務大臣は改善を命じることができることとした。 ○商品取引員が商品取引所に預託する受託業務保証金を法制度化し、その金額を増額するとともに、委託者が商品取引所に払渡しを請求することができることとした。 ○商品取引員に対する禁止行為として、断定的判断の提供、無断売買等の不当な勧誘等を明示した。 ○登録外務員が商品取引所法に違反し、または商品取引所の定款で定める不適当な行為をしたときは、商品取引所は登録の取消し、または委託の勧誘の制限をしなければならないこととした。 ○商品取引所が業務規程または受託契約準則を変更しようとするときは、すべて主務大臣の認可を受けなければならないこととした。 ○商品取引員が1966（昭和41）年度から積み立ててきた商品取引責任準備金について、その根拠を商品取引所の定款から法律の規定に基づいて積み立てることとした。

1975（昭和50）年7月15日（1976（昭和51）年1月14日施行）	○商品取引員の許可は、4年ごとにその更新を受けなければならないこととした。 ○商品取引員の兼業業務、他の法人に対する支配関係について、主務大臣に届出書を提出しなければならないこととした。 ○登録外務員に商品市場における売買取引の受託を行わせることができるものとし、その所属する商品取引員に代わって売買取引の受託または勧誘に関し、一切の裁判外の行為を行う権限を有するものとみなすこととした。 ○登録外務員は、商品市場における売買取引の受託に際し、その相手方に対し、あらかじめ受託の条件等を記載した書面を交付し、その内容を説明しなければならないこととした。 ○商品取引員は、委託者から預託を受けた金銭、有価証券等の価額に相当する財産を主務省令の定めるところにより管理しなければならないこととした。 ○商品取引員が商品市場における売買取引の受託により生じた債務を弁済できない場合に、その商品取引員に代わって債務を委託者に対して弁済する業務について、主務大臣が指定する機関が行うこととした。
1990（平成2）年6月27日（同年12月29日施行）	○従来の先物取引に加え、商品の現在と将来の一定の時期との価格の差に基づいて算出される金銭の授受を約する取引（価格先物取引）、商品指数の現在と将来の一定の時期との数値の差に基づいて算出される金銭の授受を約する取引（指数先物取引）およびこれらの取引を成立させることができる権利に係る取引（オプション取引）を定義することとした。 ○商品取引所の定款において、商品取引所の存立時期または商品市場の開設期限（試験上場制度）、会員に代わって商品市場における取引に基づく債権または債務について引き受けること（クリアリングハウス）を定めることができることとした。

○上場商品構成物品等の公正な価格の形成に資するものとして外国法人等について商品取引所の会員資格を得られるようにするとともに、国内法人等と同様の会員の欠格事由を定めることとした。

○130人以上の登録外務員によって受託業務を行う商品取引員とそれ以外の商品取引員とに区分して許可を行うとともに、前者は5億円（改正法の施行から満4年を経過するまでは3億円）以上の資本の額を有する株式会社であること、後者は法人であることとした。

○商品取引所が行う外務員登録について、定款で登録の有効期間を設けること（登録更新制）とした。

○商品取引員が営む商品市場に相当する外国の市場での先物取引の受託等の一定の兼業業務について、主務大臣に届出書を提出しなければならないこととした。

○主務大臣は、商品取引員に対し委託者の保護等のため、一定の資産を国内において保有することを命じることができることとした。

○商品取引員は、委託者の保護を図るとともに、商品市場における取引の受託に係る事業の健全な発展に資することを目的に、商品取引員を会員とする商品取引員協会を設立することができ、法令を遵守させるための協会員に対する指導・勧告等のほか、委託者等からの苦情の解決を業務とすることとした。

○商品取引員は、受託契約を締結しようとするときは、あらかじめ顧客に受託契約の概要等を記載した書面を交付しなければならないこととした。

○商品取引員は、委託者から預託を受けた金銭、有価証券等の委託者の計算に属する金銭、有価証券等の価額に相当する財産、を商品取引員のその他の財産から分離して保管する措置（銀行等の金融機関に預託、指定弁済機関との分離保管弁済契約）により保全しなければならないこととした（1991（平成3）年4月1日施行）。

1998（平成 10）年 4 月 22 日 （1999（平成 11）年 4 月 1 日施行）	○存立時期を定めた商品取引所の設立または開設期限を定めた商品市場の開設（試験上場制度）について、その許可または定款変更の認可に係る基準を緩和することとした。 ○商品市場における取引の公正の確保を図るため、商品取引所に市場取引監視委員会を設置することとした。 ○商品取引員は、許可を受ければ商品市場における取引の委託の取次ぎを引き受けることができることとした。 ○商品取引員の許可を主務省令で定める一または二以上の商品市場によって構成される許可の種類ごととし、商品取引所の会員であることを要しないこととした。 ○商品取引員の許可の更新期間を 4 年から 6 年に延長することとした。 ○商品取引所の行っていた外務員登録を主務大臣が行うこととし、商品先物取引協会に所属する商品取引員の外務員の登録事務を同協会に行わせることができることとした。 ○商品取引員並びにその役員および使用人は、顧客に対して誠実かつ公正な業務を遂行しなければならないこと（誠実かつ公正の原則）とした。 ○主務大臣は、商品市場における取引の受託等について、委託者の知識、経験および財産の状況に照らして不適当と認められる勧誘を行って委託者の保護に欠けることとなっており、または欠けることとなるおそれがあるような受託業務の運営を行っている商品取引員に対し、業務の改善等を命じることができることとした。 ○商品取引員は、商品市場における取引の受託等を公正かつ円滑ならしめ、かつ、委託者の保護を図ることを目的とする商品先物取引協会を、主務大臣の認可を受けて設立することができ、協会員に対する制裁や監査、苦情、紛争の解決等を業務とすることとした。 ○上場商品構成物品等の売買等を業として営んでいる者

	を相手方として、商品市場における取引によらないで、商品市場における相場を利用して店頭商品先物取引を行うことができることとし、店頭商品先物取引を営業として行おうとする者は主務大臣に届け出なければならないこととした。
（2004（平成16）年 12月31日施行）	○商品取引員が受託契約準則の定めるところにより委託者から手数料を徴収しなければならないとする規定を削除することとした。
2004（平成16）年 5月12日 （2005（平成17）年 5月1日施行）	○商品取引所について、会員組織の商品取引所と株式会社の商品取引所とにすることとした。 ○委託証拠金および受託業務保証金制度を廃止し、商品市場における取引について、商品取引所は委託者等から取引証拠金等の預託を受けなければならないこととした。 ○商品取引所を全部または一部の当事者とする合併（合併後存続する者または合併により設立される者が商品取引所であるものに限る）について、主務大臣の認可を受けなければならないこととした。 ○商品市場における取引に基づく債務の引受けを行う商品取引清算機関は、主務大臣の許可を受けた株式会社または承認を受けた商品取引所でなければならないこととした。 ○商品取引清算機関は、債務の引受けを行う商品市場における取引について、委託者等から取引証拠金等の預託を受けなければならないこととした。 ○登録外務員の人数によって区分していた商品取引員の許可の区分を廃止し、商品市場における取引等（商品清算取引を除く）の委託を受ける営業（商品取引受託業務）を行う商品取引員は主務大臣の許可を受けた株式会社でなければならないこととした。 ○商品取引員は、純資産額の、その商品市場において行う取引につき発生し得る危険に対応する額に対する比

率（純資産額規制比率）が 120 ％を下回らないように
しなければならないこととした。

○勧誘を受ける意思を確認しないで勧誘すること、委託
を行わない旨の意思表示をした顧客への勧誘、両建て
（同一市場の同一商品で同一限月・同一枚数の売り玉と買
い玉を保有すること）の勧誘等を不当な勧誘行為等と
して禁止することとした。

○商品取引員は、顧客の知識、経験および財産の状況に
照らして不適当と認められる勧誘を行って委託者の保
護に欠け、または欠けることとなるおそれがないよう
に、商品取引受託業務を営まなければならないこと
（適合性の原則）とした。

○商品取引員に、受託契約の締結前に顧客に当該契約内
容等を記載した書面の交付およびその説明を義務付け
るとともに、一定の事項を説明しなかったときは、当
該受託契約につき生じた顧客の損害を賠償する責めに
任ずることとした。

○商品取引員は、委託者から預託を受けた金銭、有価証
券等の委託者の計算に属する金銭、有価証券等の価額
に相当する財産を、商品取引員のその他の財産から分
離して保管する措置（信託会社等に信託すること、委託
者保護基金に預託すること等）により保全しなければな
らないこととした。

○委託者保護会員制法人は一般委託者に対する支払い、
返還資金融資その他の業務（委託者保護業務）を行う
こととし、商品取引員の加入を義務付けることとした。

2009（平成 21）年 7 月 10 日 （同年 10 月 8 日施行）	○商品取引所（会員商品取引所、株式会社商品取引所）は、 上場商品または上場商品指数の範囲の変更が行われる 期間を定めることができることとした。 ○株式会社商品取引所は、業務規程で定めるところにより、 その開設する商品市場における取引を行おうとする者 に対して取引資格を与えることができることとした。 ○何人も、商品市場における取引をする場合に、当該商

第 2 節　立 法 史　29

	品市場における相場を変動させる目的をもって、商品市場外で上場商品構成物品等の売買その他の取引をしてはならないこととした。 ○主務大臣は、一定の場合において、商品市場における秩序を維持し、かつ、公益を保護するため必要があると認めるときは、商品取引所または商品取引清算機関に対して、取引証拠金の額の変更等を命じることができることとした。 ○主務大臣は、外国の商品先物取引規制当局から、行政上の調査に関し、協力の要請があった場合において、当該要請に応じることが相当と認めるときは、当該外国にある者を相手方として商品デリバティブ取引を行う者等に対して、参考となるべき報告等を命じることができることとした。
（2010（平成 22）年7 月 1 日施行）	○株式会社商品取引所を子会社とする株式会社であって、主務大臣の認可を受けて設立され、または主務大臣の認可を受けているものを「商品取引所持株会社」と定義することとした。 ○商品取引所は、主務大臣の認可を受けた場合には、商品市場開設業務に関連する業務、算定割当量に係る取引を行う市場の開設の業務、金融商品市場の開設の業務（株式会社商品取引所が行う場合に限る）または金融商品債務引受業務等を行うことができることとした。 ○商品取引所は、主務大臣の認可を受けた場合には、商品市場開設業務に関する業務、算定割当量に係る取引を行う市場の開設の業務または取引所金融商品市場の開設の業務等を行う会社を子会社とすることができることとした。 ○商品取引所は、商品市場における取引を公正にし、および委託者を保護するため、自主規制業務を適切に行わなければならないこととした。 ○株式会社商品取引所の議決権について、商品取引所、商品取引所持株会社等が取得し、または保有する場合

を除き、何人も、総株主の対象議決権の100分の20以上の数の議決権を取得し、または保有してはならないこととした。

○株式会社商品取引所は、定款の定めるところにより、自主規制委員会を置くことができることとした。

○株式会社商品取引所を子会社としようとする者または株式会社商品取引所を子会社とする会社の設立をしようとする者は、その者が商品取引所、金融商品取引所等である場合を除き、あらかじめ、主務大臣の認可を受けなければならないこととした。

○商品取引所持株会社の議決権について、商品取引所または金融商品取引所が取得し、または保有する場合を除き、何人も、総株主の対象議決権の100分の20以上の数の議決権を取得し、または保有してはならないこととした。

○主務大臣は、取引所金融商品市場の開設の業務を行う会社を子会社としようとする商品取引所持株会社に係る認可の取消し等の一定の処分をする場合には、あらかじめ、内閣総理大臣に通知することとした。

(2011（平成23）年1月1日施行)	○商品取引所法の法律名を「商品先物取引法」に改めることとした。 ○「外国商品市場取引」「店頭商品デリバティブ取引」を定義するとともに、「商品取引受託業務」を「商品先物取引業」とし、外国商品市場取引の委託を受ける行為、店頭商品デリバティブ取引を行う行為等を追加することとした。 ○商品先物取引業を行うことについて主務大臣の許可を受けた者を「商品取引員」から「商品先物取引業者」とするとともに、商品先物取引業者の委託を受けて商品市場における取引の委託の媒介等を業として行うことを「商品先物取引仲介業」とし、主務大臣の登録を受けた者を「商品先物取引仲介業者」とすることとした。

	○商品取引清算機関は、清算参加者を相手方として店頭商品デリバティブ取引に基づく債務の引受けを行う業務を営むこと、主務大臣の承認を受けて、金融商品債務引受業等を営むことができることとした。
	○「特定委託者」および「特定当業者」を定義し、それらに該当する者に対する商品先物取引業者の禁止行為等の一部を適用除外とするとともに、それ以外の顧客との移行手続に係る規定を整備することとした。
	○商品先物取引業者は、商品取引契約のうち委託者の保護を図ることが特に必要なものについて、その締結の勧誘の要請をしていない顧客に対し、訪問し、または電話をかけて勧誘してはならないこと（不招請勧誘の禁止）とした。
	○委託者保護基金は、一般委託者に対する支払いその他の業務を行うことにより委託者の保護を図り、もって商品市場に対する信頼性を維持することを目的とすることとし、設立手続、主務大臣に対する認可の申請、主務大臣の認可基準等についての規定を整備することとした。
	○商品市場における取引によらないで行う、商品市場における相場を利用した差金の授受を目的とする行為について、商品先物取引業者等を相手方として行う場合は禁止の対象外とすることとした。
	○特定店頭商品デリバティブ取引を業として行おうとする者について、一定の事項を主務大臣に届け出なければならないこととし、主務大臣による監督等の規定を整備することとした。
2014（平成 26）年6 月 18 日（2016（平成 28）年4 月 1 日施行）	○「商品」「上場商品」「商品市場における取引」について、電力を加えて定義するとともに、電力を取り扱う法人のうち、特定当業者の範囲を定義することとした。
	○会員商品取引所を設立する際の発起人である当業者の範囲を規定するなど商品取引所に関連する規定を整備することとした。

第3節　商先法と金商法

1　近時の金商法の改正と証券取引所と商品取引所の再編・統合の促進

　近年、金商法の改正が数次にわたって行われ、金商法も先物取引法としての性格を有するようになる（デリバティブ取引など）とともに、証券取引所等と商品取引所の接近ないし統合が法制度上は容易になってきた。

　まず、2009（平成21）年の金商法の改正では、取引所の経営基盤の強化と利用者の利便性の向上等の観点から、金融商品取引所（証券取引所・金融先物取引所）と商品取引所の相互乗入れ（参入）がその本体、子会社形態、持株会社形態のいずれにおいても可能になった（金商87条の2・87条の3等）。

　次いで、2012（平成24）年の金商法の改正では、第1に、金融商品取引所と商品取引所との合併に関する規定が置かれ、金融商品取引所が商品取引所を吸収合併した場合の取扱いが明確になった（金商142条5項・9項）。第2に、上述したように金融商品等の定義が拡大され、金融商品取引所市場において商品のうち一定の要件を充たすものに係る「商品デリバティブ取引」も行うことができることとされた（金商2条21項・24項）。第3に、「商品デリバティブ取引」の取扱いを第一種金融商品取引業と位置付けることにより、金融商品取引所の取引参加者である第一種金融商品取引業者（証券会社）に加え、商品先物取引業者等も広くその取引に参加することが可能になっている（金商28条1項等）。

　さらに、2017（平成29）年の金商法改正においては、取引所グループの業務範囲について、システム開発業務などのグループ内の一体的かつ効率的な運営に特に資する「共通・重複業務」の集約が認められ、認可を前提に取引所本体での実施が可能になるなど種々の柔軟化が図られるとともに（金商87条の2等）、改正時の参議院財政金融委員会の附帯決議では、「総合取引所」の早期実現に向けての対応の強化等について配慮が求められた。

　以上のように、金商法上、総合取引所に向けた制度整備がなされてきたとはいえ、「商品関連市場デリバティブ取引」のみを行う市場は、金商法上の「金

融商品市場」には当たらず（金商2条14項）、その市場は商先法の規制対象として、農林水産大臣と経済産業大臣の監督を受けている。そして、金商法上の「店頭デリバティブ取引」および「外国市場デリバティブ取引」には、商品・商品に係る金融指標を原資産・参照指標とする取引は含まれていない点（同条22項・23項）や、金商法では「商品デリバティブ取引」に関して、市場開設の免許、上場廃止命令、業務規程の変更の認可、業務方法書の変更の認可、業者に対する業務停止命令や取引資格の取消し等といった種々の状況において、農林水産大臣および経済産業大臣との事前協議等（同意条項・通知条項等）が必要とされている点など（金商194条の6の2・194条の6の3）、証券・金融分野と商品分野の間の垣根は、なお残されている。

2　金商法上のデリバティブ取引概念と商先法上の「商品」・「商品指数」等

　金商法上の「デリバティブ取引」には、①先物取引、②オプション取引、③スワップ取引、④クレジット（信用）デリバティブ、の4つが含まれる（金商2条21項・22項）。「デリバティブ取引」はさらに、市場デリバティブ取引、店頭デリバティブ取引、外国市場デリバティブ取引の3つに分類される（同条20項）。この点は商先法の区分・分類とほとんど違いはなく、対象商品が異なっているだけともいえる。しかし、以下の点に注意が必要である。

⑴　金商法上の「デリバティブ取引」における「金融商品」と「商品」

　金商法上のデリバティブ取引の対象（原資産・参照指標）は、金融商品と金融指標の2つである。ここに「金融商品」とは、①有価証券、②預金契約に基づく債権その他の権利または当該権利を示す証券もしくは証書であって政令で定めるもの、③通貨、④後述する商先法上の「商品」、⑤同一の種類のものが多数存在し、価格の変動が激しい資産のうち政令で定めるもの、⑥市場デリバティブ取引の円滑化のため利率・償還期限その他の条件を標準化して設定した標準物、である（金商2条24項）。たとえば、外国為替証拠金取引（FX取引）は③に当たる。なお、2019（令和元）年6月の金商法改正により、「暗号資産」が追加された。

　注意すべき点は、④である。すなわち、デリバティブ取引の原資産となる「金

融商品」には、「商品先物取引法……第2条第1項に規定する商品のうち、法令の規定に基づく当該商品の価格の安定に関する措置の有無その他当該商品の価格形成及び需給の状況を勘案し、当該商品に係る市場デリバティブ取引により当該商品の適切な価格形成が阻害されるおそれがなく、かつ、取引所金融商品市場において当該商品に係る市場デリバティブ取引が行われることが国民経済上有益であるものとして政令で定めるもの」が含まれている（金商2条24項3号の2。当面、コメ等の特定の商品を除く。「総合的な取引所検討チーム取りまとめ」(2012年2月24日) 参照)。「政令指定」という条件は付されているが（金商2条24項3号の2 (2019 (令和元) 年の改正金商法施行後は3号の3) 括弧書)、「商品」については、商先法だけでなく、金商法でも取り扱うことが可能となっている。

(2) 金商法上の「デリバティブ取引」における「金融指標」と「商品指数」

金商法上の「デリバティブ取引」における「金融指標」とは、①金融商品の価格またはその利率等、②気象の観測の成果に係る数値、③事業者の事業活動に重大な影響を与える指標または社会経済の状況に関する統計の数値であって政令で定めるもの、④①〜③に基づいて算出した数値、である（金商2条25項)。②は天候デリバティブを、③はGDP（国内総生産）などの指数を対象とするものである。

注意すべき点は、商先法上の「商品」の価格およびそれに基づいて算出した数値と「金融指標」の関係である（金商2条25項1号・4号参照)。

この点は、商先法上の「商品指数」は、2以上の商品たる物品の価格に基づいて算出された数値であり、単一の商品たる物品の価格は含まないが（法2条2項)、金商法にはそうした制限はない。したがって、金商法上の「金融指標」としては、単一の商品の価格も金融商品の価格に包含されるようにみえる（金商2条25項1号)。しかし、第1に、「政令指定」を受けた「商品」は除かれる（金商2条25項1号括弧書)。第2に、「政令指定」を受けていない「商品」を基礎にした「利率等」は金商法上の「金融指標」となり得ない。

要するに、商先法上の「商品」は、「政令指定」を条件に「金融商品」にはなり得るが、「金融指標」の基礎にはなり得ないのである。

なお、商先法上の先物取引の1つである「商品スワップ取引」は、想定元本

として数量を定めるものとされていることから（法2条3項5号・6号）、金商法上もそれに相当する市場スワップ取引である「商品スワップ取引」については、他の市場スワップ取引とは異なり、想定元本として当事者が数量を定めるものとするとともに（金商2条21項4号の2）、商品スワップ取引に準ずる取引で金融商品取引所の定めるものもオプション取引の対象に含まれる（同項3号ロ）。

⑶　金商法上の「商品関連市場デリバティブ取引」規制

　金商法上の「金融商品」である商品や「金融指標」（当該金融商品の価格、これに基づいて算出した数値に限る）に係る「市場デリバティブ取引」は、金商法上、「商品関連市場デリバティブ取引」と呼ばれて、金商法上の業者規制等にも取り入れられている。

　第1に、商品デリバティブ取引の取次ぎ等を業として行うことを「第一種金融商品取引業」（証券会社）と位置付け（金商28条1項1号の2等）、有価証券等管理業務上の顧客資産の分別管理規制等を及ぼすとともに（金商2条8項16号・28条5項等）、業者破綻の際の補償を担う投資者保護基金の適用範囲に含むこともできるものとされている（金商79条の20以下）。商品先物取引に係る上記部分については、金商法の規律に服するということである。

　第2に、「商品関連市場デリバティブ取引」は、のみ行為の禁止を含め金商法上の不正取引の禁止等の範囲に多数取り入れられている（金商40条の6・159条1項等）。この点も、金商法による規律に服する部分があるということである。

　第3に、「自己の計算」による「商品関連市場デリバティブ取引」は、金融商品取引行為とは位置付けられていない。その結果、当業者等が金融商品取引所の業務規程等で取引資格を認められれば、金商法上の業者登録を行うことなく、総合取引所において直接に商品関連市場デリバティブ取引を行うことも可能ということである（金商2条8項1号）。

3　市場法としてみた商先法と金商法

　商先法と金商法は、広義の「市場」に関する法規として、密接な関係にある。上述のように、ここ数年、数次の法改正を経て両法の規制内容や規制水準はかなり接近し、金商法は徐々に金融商品等のなかに商品先物取引の一部を取り込

36　第2章　商品先物取引法

みつつある。商先法と金商法は、広義の「金融商品」に係る取引・清算等と受委託などを規制し、業者等の関係者を規律する法（業法）という面で、多くの類似性を有する。しかしながら、相違点も少なくない。

(1)　業法としてみた商先法と金商法

　業法としてみた場合、形式的には、商先法は商品取引所・商品市場・商品先物取引業者等を対象とし、「商品取引所」が開設する「商品市場」における取引の公正性確保を目的とした法であるのに対し、金商法は金融商品取引所・金融商品・金融商品取引業者等を規制対象とし、「資本市場」における公正性確保を目的とした法である。しかし、このような先物取引に係る業法を、商品と証券とに区分して規律する立法形式は必ずしも普遍的なものではなく、比較法的に見ても、「先物契約法」といった形で横断的に規律し、業者規制も横断的に行っている例も少なくない。

　業者規制の対象となる「業者」は、商先法では「商品先物取引業者」、金商法では「金融商品取引業者」である。デリバティブ取引の受委託に係る規律において、金商法と商先法にさほど違いはないはずである。「リスク商品」の販売を業とする限りは、金融商品取引業者と商品先物取引業者の規律の内容は近似してもよい。

　しかし、相違点も少なくない。たとえば市場のプラクティスや受渡しの実務などである。それらには、対象商品の性格による独自性に由来するものも含まれ、一概に商慣習を否定することがよいとはいえない。また取り扱う対象によって、業者が有すべき要件（財務・知識など）に違いがあるのは当然であろう。

　共通する部分では合理化を図りつつも相違点を検証して、存続させるか、改善するかなどを検討することが望まれる。たとえば、同一業者あるいは同一自然人（外務員）が保有するライセンスの種類の違いを設けるなど（海外では、株式・デリバティブ・投資助言など種別を設けてライセンスを取得した者だけが業を行えるなどとしている例もある）、現物取引の受委託にない部分（証拠金取引（レバレッジなど））、値洗い制度などでは、むしろ現物取引を想定してきた金商法の該当部分が改められる必要がある。

(2) 当業者主義と大衆参加

商先法は、沿革的理由もあって、伝統的には、取引対象品の「当業者」の取引上の便宜（価格変動に対するヘッジ機能や物の調達機能など）を図るプロの法であった。これに対し、金商法は、沿革的には、第2次世界大戦終結後の日本の証券民主化策を背景として立法されたことから明らかなように、証券取引の公正性確保だけでなく、投資者保護、特に大衆投資者の保護を当初から目目的としていた点に特徴がある。もっとも、商品先物取引についても、スペキュレーターの拡大を図る趣旨で、1960年代に一般投資者を「委託者」として大きく取り込んだことから、受委託に係る法規制を必要とすることとなり、「委託者」保護は、金商法のいう「投資者」保護と大差がなくなってきた。むしろ、商品先物取引の特質である証拠金取引、レバレッジの存在により、投機損が一般委託者の予想を超える大きなものとなってしまう危険を伴うことから、一部の商品先物取引業者（当時は「商品取引員」）の手数料追求の営業姿勢も影響して、一般投資者からの損害賠償などの訴訟が増加し、社会問題・政治問題化した。戦後の商先法の立法は、部分的には、委託者保護の強化の歴史であったともいえる。その結果として、商先法と金商法は、委託者保護と投資者保護という点で、共通する部分が多くなったのである。特に、金商法が先物取引やオプション取引などを「デリバティブ取引」として規制対象に含めて以来、その投資者保護が商品先物取引における「委託者保護」に類似する性格を有するに至り、政策的課題においても共通する部分が少なくなくなってきている。

(3) プロ・アマ

近時、投資者・委託者のプロあるいはセミプロ化への対応という問題も生じている。たとえば金商法では、金融商品取引のプレーヤーとしての「機関投資家」の台頭があり、投資者保護の在り方として、プロとアマとの区分が必要となっている（特に開示規制）。同様に、商先法においても「当業者」や投資のプロにとっては、むしろ利便性の高い市場法制への要請が高まっており、プロ・アマの区分によるきめ細やかな規律が必要ではないかといった議論がなされるようになっている（たとえば仲間市場や第一種・第二種店頭市場）。

38　第2章　商品先物取引法

4　物流としての産業インフラと広義の「金融商品」の取引市場

　金融商品あるいは金融取引の多様化を背景に、株式等の有価証券の現物取引を主たる対象としてきた証券取引法制は、株価指数の先物取引などの「デリバティブ取引」をも含むようになり、その結果、上述したように、「金融商品取引法」へと変容した。日本では現在、商品先物取引を対象とする商先法といわゆるデリバティブ取引を対象とする金商法が、法制度上併存することとなっている。たしかに商品先物取引も、原資産（アンダーライング商品）からすれば、派生取引、「デリバティブ取引」である。したがって、様々な商品先物取引に関する市場取引の実務や法規制は、金商法が対象とする「デリバティブ取引」の実務や法規制と大差がないのは当然である。

　しかし、商先法が主たる対象とする「商品先物取引」は、取引対象品の「物流」を背景にしたものである点で、金商法上の「金融商品」とは性格を異にする。たしかに、商先法上の「商品指数」などの先物取引には、ETFなどと同様に、「金融商品」化している部分がある。しかし、それらは、原資産である「物品」の価格変動を背景とした物流に係る商取引の一部を成すものであり、伝統的な物流上の産業インフラとしての「商品先物取引」の枠内にあると考えられる。新たに認められるに至った「電力先物取引」も、「電力の流通」における価格変動リスクを回避する手段を提供する点で、産業インフラとしての商品先物取引の一種とみてよい。したがって、商先法を物品（等）の市場法とみれば、物流において生じるリスク・ヘッジ機能を発揮させることが最も重要であり、物流を常に意識する必要がある。

　しかし、その一方で、ヘッジ取引には、その相手方となるスペキュレーターの存在が必要であり、スペキュレーターからみれば、商品先物取引もまた金融商品取引的側面をも有する。投資家・投機家にとっては、証券投資であれ商品投資であれ、「金融商品」の取引市場としての違いはないのである。

【総合取引所構想とグローバルな市場競争】
　現在、世界の主要な取引所は、証券（株式、債券等）・金融（通貨・金利等を対象とする金融デリバティブ取引）分野と商品分野の双方を含めた「総合取

引所」化を進めている。形態は単一の取引所か、持株会社傘下の証券取引所・商品取引所など様々であるが、そうした取引所形態を「総合的な取引所」または「総合取引所」という。日本においても数年前からグローバルな市場間競争の中で、商品デリバティブ市場の活性化のため、証券・金融分野と商品分野の双方の接近が図られてきたのは、その世界の潮流が背景にある。「総合的な取引所」構想は政府の新成長戦略等の対象ともなっている。法理論上は、証券と商品の統合を阻害するものは特にない。しかし、清算機関や取引システムの統合は、証券と商品では、実務上困難であるという意見もあった。また、規制や監督にあたる行政責任者が、原則として金商法は金融庁長官、商品先物取引は農林水産大臣と経済産業大臣とされており、歴史的経緯や産業政策上の目標の相違等もあって、現状ではその統一は難しいとの見方もあった。

　2019（平成31）年3月28日、東京商品取引所と日本取引所グループは、経営統合の実現を目指すことについて基本合意書を締結し、①同年6月末、日本取引所グループが東京商品取引所を完全子会社とすることを目的に、東京商品取引所の発行済株式を対象とした公開買付けを行う、②同年10月、公開買付けの決済を行って経営統合を完了する、③おおむね2020年度頃の可能な限り早期に、東京商品取引所から大阪取引所に商品移管を完了し、清算機関を統合することとなった。

　その後、2019（令和元）年7月30日に、最終合意契約が締結され、同年8月1日より9月24日までの期間で公開買付けが行われ、議決権ベースで97％を超える買付けが成功し、残部につき会社法に基づくスクイーズ・アウトの手続で買取りがなされ、東商取は、日本取引所グループの完全子会社となった。この結果、大阪取引所は、貴金属市場、ゴム市場及び農産物・砂糖市場のすべての上場商品構成品が移管され、証券・金融分野と商品分野の双方を取り扱う総合取引所となる。また清算機関も統合される。

【JPXグループ】

　2013（平成25）年に誕生した日本取引所（JPX）グループでは、現物の証券市場は東京証券取引所に統合し、デリバティブ市場は大阪取引所に集約して、効率的かつ効果的な市場運営により国際競争力を強化している。

40　第2章　商品先物取引法

第4節　公的監督と自主規制

1　業法としての商先法

　商先法およびその政省令は、国民経済の健全な発展および委託者等の保護という法目的（法1条参照）を達成するために、いわば「業法」として、商品取引所、商品先物取引業者だけでなく、外務員、商品先物取引協会、委託者保護基金など商品先物取引に関係する者らの業務・行為の健全性・公正性を確保すべく様々な規定を設けている。主務大臣（農林水産大臣と経済産業大臣）は、これらの者に対して広範な許認可権限や行政的監督権限を有する。

　もっとも、このような行政庁による監督によるだけでは商品先物取引の円滑な運営は十分には図れないであろう。そこで、商品取引所や商品先物取引協会などの「現場」にその監督等の権限の一部を委ねるなど、「現場」が自主的に、状況に応じた柔軟な規制が行えるような仕組み（自主規制）もとられている。

2　行政による公的な規制

(1)　規制主体──主務大臣

　商先法に基づいて行政的規制・監督を行う主体は「主務大臣」である。同法にいう「主務大臣」とは、「農林水産省関係商品」（令56条）を中心とした商品市場等については農林水産大臣、「経済産業省関係商品」を中心とした商品市場等については経済産業大臣であり、両者の「商品」を横断的に取り扱う商品先物取引業者等に関しては「農林水産大臣及び経済産業大臣」である（法354条1項各号）。これに伴い、「主務省令」も農林水産省令と経済産業省令とからなる（同条2項）。主務大臣は、「政令」で定めるところに従って、その権限の一部を地方支分部局の長に行わせることができる（同条3項、令57条）。なお、商品取引所または商品取引所持株会社に対して認可の取消し等の処分をするときは、主務大臣は、あらかじめ「内閣総理大臣」に通知するものとされている（法354条の2第1項各号参照）。

　商先法の円滑な運用に関して農林水産大臣と経済産業大臣とが協力しなければならないことはいうまでもない。しかし、様々な理由から、対象とする商品

の属性等や商慣習などの違いによる二元的な行政となっている。そのため、ときに各主務省の規制姿勢や内容に微妙な差が生じることがあり、統一のとれた一元的な行政を求める声も少なくない。たしかに、商品先物取引それ自体やその受委託に関する法規制は、取引対象が何であっても共通する性質をもつと考えられ、法制度として不均衡を生じないようにする（イコール・フッティング）ためにも、また行政においても同等の監督を行うためにも一元的な法制度・一元的な監督体制の構築は可能であり、見方によっては望ましいことである（金商法の対象となる「金融商品」との一元的法規制については、「総合取引所」構想がある）。しかし、商品先物取引についていえば、その現物の受渡しなど、対象商品固有の物流に係る要素が含まれており（それゆえ産業インフラとされる）、農林水産行政や経済産業行政との関連性を全く無視・捨象して法制度設計の議論をすることもまた問題であろう。

(2) 規制客体

主務大臣による規制・監督に服するものとして、①商品取引所、②商品取引所の会員等、③株式会社商品取引所の主要株主等、④商品取引所持株会社およびその主要株主等、⑤商品取引清算機関、⑥商品先物取引業者、⑦商品先物取引仲介業者、⑧外務員、⑨商品先物取引協会、⑩委託者保護基金、⑪特定店頭商品デリバティブ取引業者、がある。

① 商品取引所

(a) 商品取引所

商品取引所の組織自体に、主務大臣の広範な監督権限が及ぶ。

第1に、許認可権限である。その許認可の対象は、①会員商品取引所の設立許可・許可の取消し、株式会社商品取引所の許可・許可の取消し（法9条・78条・159条。許可に係る基準が法定されており（法15条1項各号・80条1項各号）、主務大臣は当該基準に適合するときは許可しなければならない（法15条1項柱書・80条1項柱書）。適合しないときは許可してはならない（法15条2項・80条2項））、②商品取引所の組織変更・合併の認可（法76条1項・132条・145条1項）、③商品取引所の定款・業務規程・受託契約準則・紛争処理規程・市場取引監視委員会規程の変更の認可（法155条・156条）、④株式会社商品取引所における資本減少の認可（法88条1項）などである。主務大臣の許可または認可がそれら

の行為の効力要件である。

【金融商品取引所の場合】

　金融商品取引所においても、会員制組織と株式会社組織の選択制がとられる（金商83条の2）。株式会社金融商品取引所の規制の内容は、株式会社商品取引所のそれに類似するが、会員金融商品取引所（札幌・福岡）では、たとえば会員資格と取引参加資格の分離がなされているなど（金商111条・112条参照）、会員商品取引所との違いがある。

　第2に、役員人事に対する主務大臣の後見的関与である。会員商品取引所の理事または監事の職を行う者がいない場合や株式会社商品取引所において取締役等の役員がいない場合において、必要があると認めるときは、主務大臣は仮理事・仮監事あるいは仮取締役等を選任することができる（法52条・89条）。もっとも、株式会社商品取引所は、自主的に、裁判所の許可を得て仮の役員を置くことができると解される（会社346条2項）。

　第3に、監督権限の実効性を高めるために、商品取引所に対して届出または報告の義務を課している。商品取引所は、求められたときは、原則として遅滞なく報告しなければならない。また主務大臣は、必要な場合には、商品取引所に対して資料提出を求め、場合によっては直接的な検査をすることができる（法157条）。

【届出・報告義務の例】

　①会員商品取引所の成立の届出（法16条2項）、②立会の臨時的開閉等の届出（法107条）、③株式会社商品取引所の役員・取引参加者の氏名等の変更の届出（法85条1項）、④資本の増加の届出（法88条2項）、⑤会社分割等による許可の失効の届出（法94条2項）、⑥会員等の純資産額が最低額を下回ったためにその者の商品市場における取引を停止したこと等の報告（法99条3項・4項）、⑦相場・取引高等の報告（法112条）などである。

　第4に、命令・処分を行う権限である。①業務改善命令、②許可・認可等の取消し、③業務の停止の処分などである（法159条1項各号）。

【商品市場の不開設等による許可の取消し等】

商品取引所が①正当な理由がないのに商品市場を開設することができることとなった日から３カ月以内に全部もしくは一部の商品市場を開設しないとき、②引き続き３カ月以上全部もしくは一部の商品市場における先物取引（上場商品に係る商品市場では１号先物取引と２号先物取引、上場商品指数に係る商品市場では３号先物取引に限る）を停止したとき、③全部もしくは一部の商品市場における前記先物取引が当該上場商品または上場商品指数の先物取引を公正かつ円滑にするために十分な取引量が見込まれることその他上場商品構成品または上場商品指数対象品の取引状況に照らして当該商品取引所を設立または許可することが当該上場商品構成品または上場商品指数対象品の生産および流通を円滑にするために必要かつ適当であることとの設立許可・許可基準に適合しなくなった場合であって、公益を保護するためまたは取引の信義則を確保するため必要かつ適当であると認めるときは、その設立許可・許可または定款変更の認可を取り消すことができる（法159条１項２号）。

⒝ 会員等

会員商品取引所の会員および株式会社商品取引所における取引参加者（会員および取引参加者を総称して、「会員等」という（法２条20項））に対する監督は、基本的には、各商品取引所が行う。たとえば、会員商品取引所における会員資格の得喪や会員に対する制裁等（法11条２項４号・９号・43条・60条６号など）、株式会社商品取引所における取引参加者の取引資格の取消しや制裁等（法81条１号・４号・84条３項３号など）である。しかし、主務大臣は、各商品取引所に対する監督権限があることから、①会員等が商先法およびその政省令に違反したときに、「当該商品取引所に対する処分」として、当該会員の除名または取引参加者資格の取消しをすべき旨または６カ月以内の期間を定めて当該会員等の商品市場における取引またはその商品清算取引の委託を停止すべき旨を命じることができ（法160条１項）、②当該違反行為が法人たる会員等の役員に係るものであるときにおいて、「当該会員等に対して」、当該違反行為をした役員を解任すべき旨を命じることができる（同項）。各商品取引所は主務大臣からの命令に反することは実際にはできないと解されることから、①の命令は、実質的には会員等に対する命令として機能する。

一方、主務大臣は、商品市場において、買占め、売崩しその他の方法により

過当な数量の取引が行われもしくは行われるおそれがあり、または不当な対価
の額もしくは約定価格等が形成されもしくは形成されるおそれがある場合にお
いて、商品市場における秩序を維持し、かつ、公益を保護するため必要がある
と認めるときは、「会員等に対して」、商品市場における取引またはその受託を
制限することができる（法118条1号）。これは商先法1条の目的である市場の
公正性を確保するうえで必要な処分権限であると解することができ、このよう
な事態が発生した場合には、「会員等に対して」のみならず、商品取引所およ
び商品取引清算機関に対しても処分をすることができる（法118条2号・3号）。

(c)　**株式会社商品取引所の主要株主等**

　株式会社商品取引所には議決権の保有制限がある（法86条1項）。金融商品
取引所と同様の規制であり、商品取引所の公的性格から取引所を支配する大株
主が生まれることを防止する措置である。「特定保有者」（保有制限数を超えて
株式を保有する株主）・「対象議決権保有者」・「主要株主」などに対して、主務
大臣への届出義務などを課し、主務大臣の報告徴収権・立入検査権などが規定
されている。

②　**商品取引所持株会社およびその主要株主等**

　商品取引所持株会社（株式会社商品取引所を子会社とする株式会社。法2条11
項）の設立には、主務大臣の認可が必要である（法96条の25第1項本文）。主
務大臣は、商品取引所持株会社に対して、報告徴収権と立入検査権を持ち（法
96条の39）、認可の取消し等の処分権限もある（法96条の40）。商品取引所持
株会社の認可は、株式会社商品取引所がその子会社でなくなったとき、解散し
たとき、設立・合併・新設分割を無効とする判決が確定したとき、認可を受け
た日から6カ月以内に株式会社商品取引所を子会社とする会社とならなかった
ときに失効し、商品取引所持株会社であった者は、その旨を遅滞なく主務大臣
に届け出なければならない（法96条の41）。

　商品取引所持株会社にも、株式会社商品取引所の場合と同様の議決権の保有
制限等がある（法96条の28以下）。

③　**商品取引清算機関**

　上記商品取引所に対する監督とほぼ同様である。商品取引清算機関等に関し
て必要な事項が「政令」に委任されているが（法189条）、現在のところ政令
の規定はない。

④　業者規制

(a)　商品先物取引業者

　商品先物取引業は許可業種である（法190条1項）。商品先物取引業者は常に法が定める許可基準を充たす必要がある（法193条）。特に財務に関しては詳細な規定が設けられ、これらの遵守について主務大臣の監督が及ぶ（法232条・235条・236条1項3号・7号など）。

(b)　商品先物取引仲介業者

　商品先物取引仲介業は登録制である（法240条の2）。登録されるには法定の基準を充たすことを要するが、登録拒否事由に該当しない限り、主務大臣は、「商品先物取引仲介業者登録簿」に登録しなければならない（法240条の4第1項）。許可制である商品先物取引業に比べれば、業者としての参入ハードルは低いが、商品先物取引仲介業者が損害を与えた顧客を保護するために「所属商品先物取引業者」（法240条の3第1項4号参照）制度が設けられ、所属商品先物取引業者にも損害賠償義務があることとされる（法240条の26）。所属商品先物取引業者による所属している商品先物取引仲介業者への実質的な監督が期待されている。

(c)　外務員

　商先法上の「外務員」とは、商品先物取引業者の役員または使用人であって、その商品先物取引業者のために商品市場における取引（商品清算取引を除く）の委託の勧誘またはその委託の媒介・取次ぎ・代理の申込みの勧誘等を行う者をいう。登録制である（法200条1項）。商品先物取引業者は「登録外務員」以外の者に外務員の職務を行わせてはならないが（同条2項）、「外務員の権限」は登録外務員に限らないで、「外務員」の権限として、法定されている（法202条）。非登録外務員の受委託につき「外務員」の権限内行為として有効とすることで、委託者を保護する趣旨である。登録拒否事由（法201条）に該当しない限り、申請に基づいて登録がなされる（法200条5項）。登録は6年の有効期限による更新制である（同条7項）。主務大臣は、外務員の職務に関して著しく不適切な行為をした等の登録外務員につき、その登録取消し等の処分をし（法204条）、登録を抹消することができる（法205条）。現在、外務員に関する主務大臣の権限は商品先物取引協会に委任されている（法206条）。

46　第2章　商品先物取引法

⑤　**商品先物取引協会**

　商品先物取引協会に対する監督は、商品取引所に対する監督とほぼ同様である（法263条以下参照）。たとえば主務大臣が仮理事または仮監事の選任権を有する場合がある点（法258条）は、会員商品取引所の場合と同様である。主務大臣は、商品デリバティブ取引等を公正かつ円滑ならしめ、または委託者等を保護するために必要かつ適当であると認めるときは、その必要な限度において、「商品先物取引協会に対して」、当該協会の定款・制裁規程・紛争処理規程その他の規則の変更その他業務の運営の改善に必要な措置をとるべきことを命じることができる（法264条）。

⑥　**委託者保護基金**

　委託者保護基金は、「一般委託者」（法269条1項）に対する支払いその他の業務を行うことにより委託者の保護を図り、もって商品市場に対する信頼性を維持することを目的（法270条）にして、商先法に基づいて設立される、商品先物取引業者のみを会員とする（法275条1項）、会員制特殊法人（法271条1項）である。設立や業務の運営等に関して主務大臣の広範な許認可権限・監督権限が及び、その内容は会員商品取引所に類似する。委託者保護基金には強制加入制が採用されている（法276条1項）。委託者保護基金は、定款・業務規程を定めなければならないが、それらは設立時の認可申請の必要的添付書類であり（法279条2項）、その変更には主務大臣の認可が必要である（法283条2項・301条2項）。

⑦　**特定店頭商品デリバティブ取引業者**

⒜　**店頭商品デリバティブ取引（法2条14項）・対象外店頭商品デリバティブ取引（同条15項参照）・特定店頭商品デリバティブ取引（法349条1項）**

　「店頭商品デリバティブ取引」とは、商先法が定義する「商品市場」（法2条9項）、「外国商品市場」（同条12項）および「取引所金融商品市場」（金商2条17項）によらないで行われる取引であって、①当事者が将来の一定の時期において「商品」およびその対価の授受を約する売買取引であって、当該売買の目的物となっている「商品」の売戻しまたは買戻しをしたときは差金の授受によって決済することができる取引、②「約定価格と現実価格」の差に基づいて算出される金銭の授受を約する取引またはこれに類似する取引、③「約定数値と現実数値」の差に基づいて算出される金銭の授受を約する取引またはこれに

類似する取引、④①～③および⑥のオプション取引、⑤当事者の一方の意思表示により当事者間において当該意思表示を行う場合の商品の価格としてあらかじめ約定する価格もしくは商品指数としてあらかじめ約定する数値と現に当該意思表示を行った時期における現実の当該商品の価格もしくは当該商品指数の数値の差に基づいて算出される金銭を授受することとなる取引を成立させることができる権利を相手方が当事者の一方に付与し、当事者の一方がこれに対して対価を支払うことを約する取引またはこれに類似する取引、⑥当事者が数量を定めた「商品」について当事者の一方が相手方と取り決めた当該「商品」の価格または「商品指数」の約定した期間における変化率に基づいて金銭を支払い、相手方が当事者の一方と取り決めた当該「商品」の価格もしくは「商品指数」の約定した期間における変化率に基づいて金銭を支払うことを相互に約する取引またはこれに類似する取引、⑦①～⑥と同様の「経済的性質を有する取引」であって、公益または取引の当事者の保護を確保することが必要と認められるものとして政令で定めるもの（現時点では政令指定はない）をいう。

「対象外店頭商品デリバティブ取引」（法2条15項括弧書・349条1項）とは、①その内容等を勘案し、取引の当事者の保護に欠けるおそれがないものとして政令で定める「店頭商品デリバティブ取引」および②高度の能力を有する者として主務省令で定める者（規則1条1項。商品先物取引業者など）もしくは資本金額が主務省令で定める金額（同条2項。10億円）以上の株式会社を相手として行われ、またはこれらのために行われる、「店頭商品デリバティブ取引」をいう。商先法上、「商品デリバティブ取引」の定義（法2条15項）に含まれないことから「対象外」と呼ばれる。

　この「対象外店頭商品デリバティブ取引」のうち、主務大臣により「上場商品」「上場商品指数」に係る公示（法352条）がなされた当該商品・商品指数（類似する商品指数）を「取引対象商品」あるいは取引の対象としている「店頭商品デリバティブ取引」を「特定店頭商品デリバティブ取引」という。

(b)　特定店頭商品デリバティブ取引業者

「特定店頭商品デリバティブ取引」を業として行おうとする者（「特定店頭商品デリバティブ取引業者」）は、主務省令で定める所定の事項（規則168条）を、主務大臣に届け出なければならない（法349条1項。新たに上場商品等となった場合の届出義務につき、同条9項）。主務大臣は、所定の事項を記載した「特定

店頭商品デリバティブ取引を業として行う者」の名簿を作成し、公衆の縦覧に供しなければならない（同条2項）。特定店頭商品デリバティブ取引業者は、帳簿作成保存義務（同条4項、規則171条・172条）を負い、主務大臣による報告徴収・立入検査（法349条5項・6項）、業務改善命令（同条7項）や業務停止命令（同条8項）を発する権限なども規定されている。

(3) 行政処分に係る手続の公正性・透明性

　主務大臣が規制客体に対して（不利益な）行政処分を行う場合は、聴聞など商先法所定の手続を履践しなければならない。商先法には、参考人からの意見聴取、鑑定人による鑑定などが規定される（たとえば業務改善命令につき、法158条2項）。特に聴聞の期日における審理は公開が原則とされ（法159条4項など参照）、処分に係る手続の透明性が確保されている。

(4) 外国商品先物取引規制当局に対する調査協力

　商先法制定時に従前の「海外商品市場における先物取引の受託等に関する法律」（「海先法」）による規制をその中に取り込んだことから、海外の商品先物取引規制当局との協力関係が商先法に規定されるところとなった。その協力関係には、相手方国規制当局に対する協力要請と相手方国規制当局からの協力要請とが含まれる。後者につき、商先法は、主務大臣の権限として、当該要請に応じることが相当と認めるときは、当該要請に応じるために必要かつ適当であると認められる範囲内において、当該外国にある者を相手方として商品デリバティブ取引を行う者その他関係人または参考人に対して、参考となるべき報告または資料の提出を命じることができると規定する（法349条の2第1項）。もっとも、そのような措置は、相互主義的立場が明示されており、日本から行う同種の要請に応じる旨の当該外国商品先物取引規制当局の保証がないときには行うことができない（同条2項1号）。また、外国の規制当局からの要請に応じて処分を行うことが国益を害する場合など、処分ができない事由が明示されている（同条同項2号・3号）。その協力要請が外国の法令に基づく行政処分を目的とする場合には、当該要請に応じるに当たって、主務大臣は外務大臣と協議しなければならず（同条3項）、また外国の刑事手続に使用されないよう適切な措置がとられなければならない（同条4項）。その措置について、国家公

安委員会等の協議が求められている（同条 5 項、令 53 条）。

3　刑罰・過料

(1)　司法の関与

　商先法に係る法的紛争の解決のために裁判所の判断を求めることは、一般の法律事件と同様に当然に認められる。損害賠償を中心とした民事訴訟のほか、重大な法令違反行為に対しては該当する刑罰規定の適用もあり得る。

　商先法はさらに、裁判所が緊急の必要があるとともに、公益を保護するため必要かつ適当であると認めるときは、主務大臣の申立てにより、商先法に違反する行為をし、またはしようとする者に対し、その行為の禁止を命じることができる、と規定している（法 328 条 1 項。「裁判所の命令による行為の差止め」）。もっとも、この命令は、回復しがたい事態が生じた場合でなければ発してはならず、また、その必要がなくなった場合には、すみやかに撤回されなければならない（同条 2 項）。また裁判所は、この命令の取消しまたは変更をすることもできる（同条 3 項）。なお、これらに関する裁判は、被申立人の住所地の地方裁判所の管轄とし、非訟事件手続法によって行う（同条 4 項・5 項）。

(2)　刑罰——法定刑

　商先法には、いくつかの商先法違反について刑罰規定が設けられている（法356 条以下）。それらは事後的な処罰の根拠となるものであるが、その一般予防効果にも期待されている。法定刑を基準にすると、①5 年以下の懲役刑が法定刑の類型（選択的に罰金刑または併科。没収もありうる）、②3 年以下の懲役刑が法定刑の類型（罰金刑または併科）、③2 年以下の懲役刑が法定刑の類型（選択的に罰金刑または併科）、④1 年以下の懲役刑が法定刑の類型（選択的に罰金刑または併科）、⑤6 月以下の懲役刑が法定刑の類型（選択的に罰金刑または併科）、⑥30 万円以下の罰金刑の類型がある。また、法人（法人でない団体であっても、代表者または管理人の定めがあるものを含む）については、その代表者、代理人、使用人その他の従業者が行為者の場合でも、一定の行為については法人に対しても財産刑が科されることがあり、その法定金額は自然人よりも高く設定されている（5 億円以下の罰金刑もある）。

50 第 2 章 商品先物取引法

(3) 過 料

　過料は、金銭罰の一種ではあるが刑罰ではない。したがって、それを課す手続については刑事訴訟法の適用はない。過料の性格は多様であるが、刑罰を科すほどの重大性をもたない法令違反者に対して課される例が多い。100 万円以下の過料、50 万円以下の過料、30 万円以下の過料、10 万円以下の過料について、それぞれ、過料が課される法令の条項が列挙されている（法 372 条〜375 条）。

4　商品取引所による自主規制

(1)　自主ルール

　各商品取引所は、法定の必要的内部規則である業務規程等を定めるほか（法 11 条 2 項 12 号）、株式会社商品取引所につき「自主規制委員会」（法 96 条の 2 以下）を、また紛争処理規程（法 14 条 2 項）による「紛争仲介委員会」などの、任意の委員会を設置することができ（法 96 条の 2 以下）、商品市場における先物取引等が円滑に行われるような機関構造を採用している。現場の運営は基本的には各商品取引所の自主性に委ねられ、また自主性が尊重される。

【東京商品取引所（東商取）の自主ルール】

　東商取では、取引参加者に対して法令等の遵守および取引の信義則の遵守が求められ（東商取定款 62 条）、取引所はその遵守状況の監査その他業務規程で定めるところにより必要な監査を行うことができる旨を定める（同 63 条）。そして、取引参加者が法令等に違反しまたは取引の信義則に背反する行為（東商取業務 141 条参照）をしたときは、取引所は、当該取引参加者に対し、適切な措置を講じることを勧告し、過怠金を賦課し、もしくは東商取の全部もしくは一部の商品市場における取引もしくはその商品清算取引の委託を停止し、もしくは制限し、または当該取引参加者の取引資格の取消しを行うことができる（東商取定款 64 条）。東商取は、自主規制委員会を設置する商品取引所であり（同 56 条）、自主規制業務は同委員会が管轄する。東商取の業務規程は、取引参加者に対する制裁等を規定し（東商取業務 130 条以下）、自主規制委員会が弁明の機会を与えるなどの手続を経て、決議により制裁を行う（同 130 条 1 項柱書・131 条）。制裁に対しては異議申立ての手続が定められている（同 136 条）。なお、大阪堂島商品取引所についてもほぼ同様である。

【取引の信義則に違反する行為】

　東商取の業務規程には、①不公正な取引または受託を行うこと、②信用の保

第 4 節　公的監督と自主規制　　51

持を欠くこと、③委託者保護に欠ける行為を行うこと、④不注意または怠慢な
取引もしくは受託を行うこと、が明示されている（東商取業務 141 条。なお、
大商取定款 109 条）。

【制裁事由】
　取引参加料等の預託をしないこと、商品市場における取引について他人に名
義を貸与すること、商品市場における取引の成立に際して正当な理由なくして
その成立に異議を申し立てるなど、市場における秩序を著しく乱す行為を行う
こと、銀行取引停止処分を受けたこと、純資産額の虚偽の表示、帳簿等の提出
命令に正当な理由なくして応じないこと、などが制裁事由である（東商取業務
130 条 1 項各号。なお、大商取定款 108 条 1 項）。使用人の行為によりそれら
事由が発生したときでも、取引参加者は免責されない（東商取業務 130 条 4
項。なお、大商取定款 108 条 4 項）。

【勧　　告】
　取引参加者の東商取における市場取引に係る業務等が東商取の目的・市場運
営に鑑みて適当でないと認めるときは、自主規制委員会の決議により、当該取
引参加者に対し、適切な措置を講じることを勧告することができ、必要がある
と認めるときは、取引所は、その対応についての報告を求めることができる
（東商取業務 142 条。なお、大商取定款 59 条～61 条参照）。

⑵　主務大臣による処分に応じた措置、他の商品取引所等への通知

　主務大臣から取引参加者に対して業務停止命令等の処分があったときは、そ
の処分内容に応じて、全部または一部の市場における取引もしくは商品清算取
引の委託の停止もしくは制限がなされる（東商取業務 131 条の 2 第 1 項）。他の
商品取引所の会員等でもある取引参加者に対する処分は、その執行前に当該他
の商品取引所・清算機関に対して処分内容等の通知がなされる（同 130 条 6
項・7 項。なお、大商取定款 108 条 6 項）。

⑶　会員商品取引所による会員管理

　会員商品取引所は、会員の加入手続における不適格者の排除、除名など、会
員の管理を行う（法 31 条 1 項、大商取定款 7 条以下参照。なお、法 35 条 4 項）。

52　第2章　商品先物取引法

5　商品先物取引協会による自主規制

(1)　商品先物取引協会の目的

　商品先物取引協会は、商品先物取引業者のみを構成員とする（法251条1項）、商先法上の認可法人（「特別法人」）である（法245条）。同協会の設立目的である「商品デリバティブ取引等……を公正かつ円滑ならしめ」、「委託者等の保護を図ること」（法241条1項）は、商先法の目的そのものであり（法1条参照）、同協会は法目的を具現化するための「自主規制」機関である。その規制機関としての性格は、むしろ主務大臣の監督と同等の公的かつ法的なものであり、現在、「日本商品先物取引協会」（以下、「日商協」という）のみが「商品先物取引協会」として認可されている。

【沿　革】

　1990（平成2）年商取法改正により、民法上の法人として「商品取引員協会」を設立することが認められ（1990（平成2）年改正商取54条の3以下）、同法に基づいて設立された「社団法人日本商品取引員協会」が現在の「日本商品先物取引協会」の前身である。①商品市場における取引の受託に係る事業の健全な発展に資すること、②委託者を保護すること、が同改正法の定める協会の目的であり、自主規制機関であると同時に業界振興（「事業の健全な発展に資する」）をも目的としていた。その後、1998（平成10）年改正商取法は、従来の行政庁からのトップダウン的な規制方法とは異なる自主的な規制方法を基本的に採用し、欧米の例にならい日本の自主規制機関の充実・強化を図るべく、新たな商取法上の特別法人として「商品先物取引協会」の設立を認めることとし、業界振興に関する法目的を削除した（平成10年改正商取136条の36以下）。この法改正を受けて、1999（平成11）年4月に「日本商品先物取引協会」が旧社団法人日本商品取引員協会を改組して設立され、他方、業界振興を目的として任意団体「日本商品先物振興協会」が設立された。

---

(2)　組　　織

　商品先物取引業者は、商品先物取引協会に加入することを強制されていない。しかし、入会希望の商品先物取引業者は、定款所定の加入拒否事由に該当しない限り、加入を拒否されることはない（法251条2項・5項）。

【強制加入制の不採用】

　商先法上、商品先物取引業者は、商品先物取引協会への加入が強制されていない。したがって、協会員でない商品先物取引業者（「非会員等商品先物取引業者」）が存在し得、その業務等については、主務大臣の直接的な監督のみとなる。そこで、両者のバランスを図る趣旨から、商先法は、主務大臣に対して、非会員等商品先物取引業者が商品市場の秩序を乱したり委託者の保護を欠いたりすることがないように、「協会又は商品取引所の定款その他の規則を考慮し」、適切な監督を行わなければならないとしている（法239条）。また商品先物取引業者が自主的に業務の健全性を図っていることもあるので、主務大臣は、商品先物取引業者の監督に当たっては、「業務の運営についての商品先物取引業者の自主的な努力を尊重するよう配慮しなければならない」とする（法240条）。

【協 会 員】

　協会員は、協会に対して、会員たる資格に基づき、権利を有し義務を負う（日商協定款9条1項）。権利としては、総会での議決権（同31条2項）があり、義務としては、入会金・会費納入義務（同11条1項・2項）、一定の事項の届出・報告・書類提出・開示資料作成等の義務（同13条〜15条）、協会の監査に応じる義務（同53条2項）、制裁に関する調査に協力する義務（同56条2項）などがある。協会員の地位は、承継の場合を除き、他に譲渡することができない（同9条3項・10条）。協会員名簿は、公衆の縦覧に供される（法252条）。協会員でない者は、協会員であると誤認させるような文字を使用してはならない（法244条2項）。非協会員と協会員とでは、前者には主務大臣の直接的監督が及ぶ点（法239条）などで違いがある。

　組織に関する法規制は、会員商品取引所の場合に類似する（設立手続（法246条以下）、定款等の変更に認可を要する点（法250条・265条2項）など）。住所はその主たる事務所の所在地とされ（法243条）、商品先物取引協会であると誤認するおそれのある名称を他の者が使用することはできない（法244条1項）。商品先物取引協会は、営利の目的をもって業務を営んではならないし（法242条1項）、その目的を達成するために直接必要な業務とこれに附帯する業務以外の業務を営むことも認められていない（同条2項）。法目的を実現するための自主規制機関に特化している。

　協会員総会に関する事項は、定款で定められる（法246条10号）。定款には、総会の種類（日商協定款29条）、招集（同30条）、定足数・議決方法等（同31

54　第2章　商品先物取引法

条)、議決事項 (同32条)、特別議決事項 (同33条)、議決権の代理行使 (同34条)、議事録 (同35条) が規定されている。

> **【特別議決事項】**
> 　会員総数の3分の2以上の多数の賛成が必要な議決を特別決議という (日商協定款33条)。定款変更・解散・残余財産の処分・会員の除名・役員の解任が特別議決事項である。

　法定の役員は、会長、2人以上の理事、2人以上の監事であるが (法254条)、日商協定款には、理事は11人以上15人以内、監事3人とされ (日商協定款19条)、先物取引について学識経験を有する理事および監事 (学識経験者) が定数の過半数を占めなければならないものとされている (同20条1項)。役員の権限は法定されている (法255条・256条)。また、定款上の機関として理事会がある (日商協定款36条以下)。理事会は理事の総数の過半数の出席があり、かつ、学識経験者理事の過半数が出席しなければ開くことができないとされ (同38条1項)、審議・議決に際しては、いわゆる公益理事・監事が常に多数を占める仕組みになっている。理事会は総会に付議すべき事項や総会の招集に関することなどを議決する (同40条)。

　日商協の業務を適正に運営するために、協会内部に各種委員会 (自主規制委員会、規律委員会、綱紀委員会、あっせん・調停委員会、外務員登録等資格委員会など) が設けられている (同44条以下)。同協会は法定の解散事由が生じたときに解散する (法262条1項)。認可取消し以外の事由により解散したときは、遅滞なく、その旨を主務大臣に届け出なければならない (同条2項)。日商協定款によれば、解散した場合において、その債務を弁済してなお残余財産があるときは、総会の議決を経て、かつ、主務大臣の許可を受けて、協会と類似の目的を有する他の公益事業を行う者に寄付するものとする、とされている (日商協定款79条)。

(3)　業　　務

　商品先物取引協会の主たる業務は、商品先物取引業者に係る自主規制である。そのため、会員に対する広範な制裁権限 (法253条) と紛争処理権限 (法259条〜261条) とが付与されている。自主規制が公正かつ適正に行われるよう

に、紛争処理のためのあっせん・調停委員会、自主規制委員会などの内部委員会が設けられ、中立性を担保するために、委員などに公益代表者が多数加わることになっている。自主規制に必要な諸規程（制裁規程、紛争処理規程など）は、商品デリバティブ取引等を公正かつ円滑ならしめ、委託者等の保護という法目的を体現するに十分なものになっていることが要請され、協会設立認可時の必要的添付書類として（法247条2項）、設立認可基準の1つとなっている（法248条1項1号）。またその変更には主務大臣の認可を必要とする（法250条1項）。

　商品先物取引協会は、「自主規制規則」（日商協定款52条1項）に従って「自主規制規則を遵守するために必要と認める指導、勧告その他の措置をとることができる」（同条2項）。協会員の不正行為等（同55条1項各号）に対しては、過怠金の賦課、会員の権利の停止もしくは制限、除名等の制裁が科される（同項柱書）。協会員に対する制裁を決定したときは、遅滞なく、理由を付してその旨を当該会員に通知するとともに、他の会員に対しても所定の事項を通知し、公示する（同55条2項）。制裁の対象となった事由とこれに対する制裁の内容について、協会員全員が情報を共有できるようにするためである。除名については、公示のほかに公告もなされる（同条3項）。制裁を決定するためには十分な情報が必要であるが、協会が必要な調査を行うことができることを定款で定め（同56条1項）、その調査に対して会員は協力しなければならないものとしている（同条2項）。制裁のための手続等が適正手続の観点から、定款（同条・57条）・同施行規則・「制裁規程」において詳細に規定されている。

【制裁事由】

　日商協の制裁規程および定款施行規則によれば、制裁の種類は、譴責、1億円以下の過怠金の賦課、会員の権利の停止または制限、除名の4種類である（日商協制裁規程4条1項）。制裁の対象となる行為は、①商先法、同法に基づく命令、同法に基づく主務大臣の処分に違反する行為、②協会の定款、紛争処理規程、制裁規程、自主規制規則その他の規則に違反する行為、③取引の信義則に反する行為、④商品先物取引仲介業者が①〜③の事由に該当する場合であって、その所属商品先物取引業者である会員が当該行為の発生を防止するのに必要な相当の注意を払わなかったとき、⑤その他協会が定める行為（同5条）である。

　商品デリバティブ取引等に関して協会員間または協会員もしくは商品先物取

56   第2章　商品先物取引法

引仲介業者と顧客との間に生じた紛争（「商品デリバティブ取引等に係る紛争」）については、協会があっせんおよび調停の業務を行う（法260条・261条）。

　商品先物取引協会は、協会員の商品先物取引業務が適法かつ適正になされているかについて、自主規則である「監査規則」（日商協定款54条）に従い、監査を行い、その結果を報告することが義務付けられている（法246条7号、日商協定款6条1項3号）。

【指導・勧告】
　商品先物取引協会は、協会員の法令等の違反行為を防止するために、法令等の遵守に向けた協会員および商品先物取引仲介業者の役員・使用人の資質の向上を図る研修等あるいは指導・勧告を行う（法246条9号、日商協定款6条1項1号・2号）。

　日商協は、主務大臣から外務員登録業務の委託を受けている。その業務は主務大臣が行うのが原則であるが（法200条1項）、主務大臣は、主務省令に定めるところにより商品先物取引協会員たる商品先物取引業者に所属する外務員に係る登録事務について、商品先物取引協会に行わせることができるとされており（法206条1項、規則94条）、現在、同協会へ外務員登録事務の委任がなされている。委任をした場合には、主務大臣は商品先物取引協会の会員である商品先物取引業者の外務員に関しては登録事務を行わないとされ（法206条2項）、外務員登録に係る業務はもっぱら商品先物取引協会によってなされる。日商協の定款には、外務員登録に関する事項が定められている（同条3項、日商協定款65条・66条、日商協外登）。協会が外務員の登録や登録の変更・抹消等の処理を行ったときは、主務省令に定めるところにより、その旨を主務大臣に届け出なければならない（法206条4項、規則95条）。一方、主務大臣は、登録外務員が登録の取消し等の事由に該当するにもかかわらずそのような措置がとられていない場合において、商品市場における秩序を維持し、または委託者等を保護するために必要かつ適当であると認めるときは、協会に対して登録の取消し等の措置をとるよう命じることができる（法206条5項・6項）。協会は、「外務員登録等資格委員会」を設け（日商協定款48条）、また外務員の研修等の事業も行い（同67条）、外務員登録に際しては外務員資格試験を実施するなど（同68条）、外務員の資質の維持・向上に努めている。

第3章

商品取引所・商品市場・商品市場における取引

第1節　商品取引所

1　諸　　説

(1)　組織形態

　商品取引所には、会員商品取引所と株式会社商品取引所がある（法2条4項）。会員商品取引所（法2条5項）の組織については商先法がすべてを規律し（法7条～77条）、株式会社商品取引所（法2条6項）については会社法と商先法（法78条～96条の24）とが規律する。株式会社商品取引所が第二次世界大戦後長く認められなかったのは、株式会社の「営利性」が問題となったからである（株式会社商品取引所は、2004（平成16）年商取法改正により認められた）。現在、日本には2つの商品取引所があるが、大阪堂島商品取引所が会員商品取引所、東京商品取引所が株式会社商品取引所（会社法上の指名委員会等設置会社）である。

　商品取引所は、その名称・商号中に「取引所」という文字を用いなければならず、商品取引所でない者は、その名称・商号中に商品取引所であると誤認されるおそれのある文字を用いてはならない（法4条）。名称から商品取引所であることを明確に示し、かつ、そうでないものを商品取引所と誤認することを防止する趣旨である。ただし、新たに株式会社商品取引所となろうとする者は、許可申請中にその商号中にすでに「取引所」の文字を挿入していることになる。形式的には一時違法な状態が発生することになるとしても、これは許される。

(2) 業　　務

　商品取引所は、会員商品取引所であれ株式会社商品取引所であれ、商品または商品指数について先物取引をするために必要な市場の開設（商品市場開設業務）、上場商品の品質の鑑定、刊行物の発行、これに附帯する業務を固有の業務とする法人（会員商品取引所につき、法7条1項、株式会社商品取引所につき、会社3条）である。商品取引所は、原則として固有業務以外の業務を行ってはならない（法3条1項本文）。例外的に、主務大臣の認可（主務大臣は公益・取引の公正確保・委託者保護のため最小限の条件を付すことができる（同条2項・3項））を得ることを条件に、一定の附帯業務を行うことができる（同条1項但書・2項～4項）。

① 固有業務

(a) 商品市場開設業務

　商品取引所は、「商品市場」を現実に開設し、「商品市場における取引」に必要な「施設」を用意し、その「業務規程」に従って「商品市場」を開閉して、立会等を行う。商品市場の開設には、一定の制約がある。

(b) 「商品市場における取引」の管理業務

　商品取引所は、開設する商品市場における取引が公正に行われるよう管理しなければならない。設立目的に直接関連する業務であるが、具体的には、「業務規程」等に従って商品市場における取引の成立から決済までを管理する業務と、「紛争処理規程」に従って市場取引等に係る紛争を処理する業務が中心となる。前者の業務には、いわゆる帳入れ、計算整理、商品の格付（法104条）、取引の結果としての毎日の総取引高や取引の成立した対価の額または約定価格もしくは約定数値（約定価格等）であって主務省令で定めるものの公表（法111条、規則47条）、相場・取引高等の報告（法112条、規則48条）、取引参加者や会員に対して処分等を行うことなどが含まれる。

(c) 決済・清算関連業務

　差金決済、受渡し、違約処理、取引証拠金に関する事務などの清算関連業務は、①商品取引所自身が「取引所を経て」行う場合と、②主務大臣の承認を受けて（法173条1項）、取引所内部にクリアリングハウスを設けて、開設する商品市場における取引に基づく債務の引受けを行う方法で決済業務を行う場合（インハウス型のクリアリングハウス）には（法105条1号・2号）、固有業務の1

つとなるが、③外部に別の清算機関を設ける（アウトハウス型のクリアリングハウス）場合（同条3号）には、清算関連業務はそちらに移管され、取引所の固有業務とはならない。

(d)　上場商品の品質鑑定・刊行物の発行

　商品取引所は、取引の対象となった商品の現実の受渡しに供される商品の基準を定めて、厳格な運用を行わなければならない（例：東商取「石油受渡細則」5条以下参照）。また各取引所は、パンフレットのほか、取引に係るチャートなどを刊行している。

②　附帯業務

　商品取引所は、主務大臣の認可（認可をしてはいけない場合につき、法3条4項）を得ることを条件に、①商品市場開設業務に関連する業務およびこれに附帯する業務、②算定割当量に係る取引を行う市場の開設の業務およびこれに附帯する業務、③金融商品市場の開設業務およびこれに附帯する業務、④金融商品債務引受業等およびこれに附帯する業務を行うことができる（同条1項但書。認可申請につき規則1条の10）。このうち、①は固有業務と密接に結び付いた業務であるが、②は将来の「排出量取引」（「地球温暖化対策の推進に関する法律」（平成10年法律第117号）2条6項参照）を想定したものと理解され、また③④は金商法が規制する金融商品取引所の金融商品市場（金商2条14項参照）・金融商品取引清算機関（金商156条の3第1項6号参照）との相互乗入れを視野に入れたものである。①②③の業務を行うための別会社を設立したときは、その会社を「商品取引所関連会社」という（法96条の27第1項1号）。

③　自主規制業務

(a)　意　　義

　商品取引所は、商品市場の開設者として、自らの商品市場における取引の公正を維持・確保する責任を負い、商先法および商品取引所の定款その他の規則に従い、自主規制業務を適切に遂行しなければならない（法5条の2第1項）。商品取引所が行う自主規制の目的には、商品市場における取引の公正の確保だけでなく、「委託者を保護する」ことが含まれる。しかし、受託業務に係る自主規制に関しては、商先法上の自主規制機関である商品先物取引協会が設置され、同協会において自主規制業務が行われていることから、商品取引所の行う自主規制による委託者保護とは、主として商品市場の取引等それ自体に関連す

60　第3章　商品取引所・商品市場・商品市場における取引

る委託者保護であると理解される。

(b)　内　　容

　商品取引所の「自主規制業務」とは、①会員商品取引所の会員または株式会社商品取引所の取引参加者（両者を合わせて「会員等」という。法2条20項）が商先法に基づく命令・主務大臣の処分・取引所の定款等の諸規程・取引の信義則を遵守しているかどうかを調査する業務、②会員等に対する当該商品取引所による除名の処分その他の措置に関する業務、③その他商品市場における取引の公正を確保し、委託者を保護するために必要な業務として主務省令で定めるものをいう（法5条の2第2項）。③について、主務省令には、会員等の資格の審査、会員等が行う商品市場における取引の内容の審査（商品市場における取引を円滑にするため、これらの取引の状況について即時に行うものを除く）、商先法5条の2第2項1号・2号に掲げる業務に関する定款その他の規則の作成、変更および廃止の業務が明示されている（規則1条の13）。

　商品取引所は、会員等に対する監査および制裁に関する事項を定めなければならない（法11条2項9号・81条1号）。会員商品取引所では、会員加入手続において会員とするには不適格の者を排除することができる（法31条1項参照）。自主規制の実効性を確保するためには、行政庁（主務大臣）や商品先物取引協会との連携が必要である。

(c)　**自主規制委員会の設置**

　株式会社商品取引所は、定款の定めるところにより、取締役会決議をもって自主規制委員会を置くことができる（法96条の2第1項）。自主規制委員会を置いた株式会社商品取引所を「特定株式会社商品取引所」という（同条2項括弧書）。

　自主規制委員会の権限は、第1に、文字通り特定株式会社商品取引所の自主規制業務に関する事項の決定を行うことである（同条2項）。商先法は、本来、その権限は株式会社商品取引所の取締役会に属するとの理解に立ち、自主規制委員会を設置することによりその権限が委員会に委任されたとみなしている（同条3項）。自主規制委員会は、その権限をさらに執行役または取締役に委任することができない（同条4項）。ただし、公益または委託者保護を図るため特に必要があると認める場合であって、状況に照らし緊急を要するときは、特定株式会社商品取引所の代表取締役または代表執行役は、会員等に対する処分

その他の主務省令で定める自主規制業務（規則 36 条の 2）に関する決定をすることができる（法 96 条の 7）。

　第 2 に、取締役・執行役の違法行為に対する差止め権限である（法 96 条の 8）。

　第 3 に、業務規程等のうち自主規制業務に関連するものとして主務省令で定めるもの（規則 36 条の 3。取引参加者の資格の付与に関する基準）の変更または廃止に対する同意権限である（法 96 条の 9）。

　自主規制委員会は、取締役の中から選定される自主規制委員 3 人以上で組織される。その過半数は社外取締役でなければならない（法 96 条の 3 第 1 項・2 項）。その選定に係る取締役会決議は、議決に加わることができる取締役の過半数（定款で引上げ可）が出席し、その過半数（定款で引上げ可）で、かつ、「出席した社外取締役の過半数」をもって行う（同条 3 項）。会社法上の取締役会設置会社における取締役会の決議要件（会社 369 条 1 項参照）に対する特定株式会社商品取引所の特則である。この加重された決議要件は、委員の解職にも適用され、また、監査役会設置会社の場合には（指名委員会がないことから）、取締役の選解任議案の内容を決定する取締役会決議にも適用される（法 96 条の 5 第 2 項・96 条の 6）。この社外取締役についての決議要件の追加は、自主規制委員会自身の決議要件にも設けられている（法 96 条の 13 第 1 項。ただし、定足数等についての定款自治は認められていない）。

　自主規制委員会は、社外取締役である自主規制委員の中から委員長を互選し、委員長に事故があるときにその職務（自主規制委員会の会務を総理する）を代理する者をあらかじめ定めておかなければならない（法 96 条の 3 第 4 項〜6 項）。自主規制委員長は、商先法の規定に従い（法 96 条の 12 第 1 項）、自主規制委員会を招集する（法 96 条の 10）。各委員は、自主規制委員会の招集を請求することができ（法 96 条の 11）、全委員の同意があれば招集手続の省略が認められる（法 96 条の 12 第 2 項）。会議における取締役等の出席・説明義務（同条 3 項）、監査役・監査等委員会が選定した監査等委員・監査委員会が選定した監査委員の出席・意見陳述権（法 96 条の 18）、議事録（法 96 条の 14）など、会社法の規定に準じた規定が法定されている。

　各委員の任期は、選定後 1 年以内に終了する事業年度のうち最終のものに関する定時株主総会の終結の時までであり、再選は 4 回に限り認められる（法 96 条の 4）。自主規制委員は、取締役会決議によりいつでも解職することができる

62　第3章　商品取引所・商品市場・商品市場における取引

（法96条の5第1項）。自主規制委員は、解職以外にも辞任等で退任するが、任期満了と辞任を事由とする退任であって、その結果法定員数が欠けた場合には、後任の委員が就任するまで、なお自主規制委員としての権利義務を有する（同条3項）。裁判所は必要があれば、利害関係人の申立てにより、一時自主規制委員の職務を行う者を選任することができる（同条4項～6項）。自主規制委員の名簿は公衆の縦覧に供される（法96条の16）。

　自主規制委員会の議事の手続等については自主規制委員会自身が決定するが（法96条の13第6項）、自主規制委員会の職務執行のために必要なものとして主務省令で定めるもの（規則36条の6。会社法・法務省令の内部統制の構築に関する規定（会社362条4項6号、会社法施行規則100条など）に準じる）については、取締役会が決定する（法96条の17）。自主規制委員会の決議がなされたときは、同委員会が選定する自主規制委員により取締役会に対して報告がなされなければならない（法96条の13第4項）。

(d)　市場取引監視委員会

　「商品市場における取引の公正の確保を図るために」、1998（平成10）年商取法改正により市場取引監視委員会の設置が義務付けられた（法166条）。当時は会員制商品取引所だけが認められていた時代であり、会員外の者で構成される第三者委員会設置の必要性は高かったと考えられる。しかし、その後、株式会社商品取引所が認められるようになり、特に社外取締役などを含む企業統治体制が確保されている場合には、株式会社商品取引所においてこのような第三者委員会を法定することの要否は、立法論として改めて検討されてよいであろう。

(3)　取引所と営利性

　会員商品取引所は、「営利の目的」をもって業務を営んではならない（法7条2項）。これに対して、株式会社商品取引所についてはそのような規定はない。むしろ会社法上、株式会社が営利法人であることからすれば（会社5条）、株式会社商品取引所は当然に営利活動を行ってよく、また剰余金配当を行ってもよいとの解釈も可能であろう（会社105条1項1号参照）。しかし、会員商品取引所の営利活動が禁止されている趣旨を、商品取引所として有すべき公共的性格に求めることができるのであれば、株式会社商品取引所の「営利の目的」を

もってする活動も自ずと限定されると解すべきである。特に株式会社商品取引所の株主に対して剰余金を配当することの当否は、古く 1922（大正 11）年の取引所法の改正時に大いに議論された論点であり、当時多数存在した株式会社取引所が剰余金配当を維持するために、現在でいう「商品市場における取引」を過剰に行わせるような事態が発生したことから、株式会社取引所が禁じられることとなったのである。この歴史に鑑みれば、株式会社商品取引所にあっても、過剰な取引を助長する「営業姿勢」を採ることがあってはならない。

【商先法 65 条の解釈論】

　かつて商取法 74 条（法 65 条）にいう「剰余金」をめぐって解釈の対立があった。会員商品取引所に係る剰余金分配禁止規定の趣旨を商品取引所の「非営利性」と結び付ける一般的理解に対して、少数説は、同条の趣旨は「利益を目的としない事業活動により生じた利益」（実費主義の下で例外的に生じた「剰余金」）を分配してはならないことを「念を入れて規定した程度のもの」と捉え、通常の事業活動から生じた剰余金の配当は可能と解したのである。しかし、剰余金分配の禁止をもって会員商品取引所は「非営利法人」と解すべきであり（一般社団法人及び一般財団法人に関する法律 11 条 2 項参照）、むしろ営利法人である株式会社商品取引所の「公的性格」を意識することが重要であろう。

(4)　主務大臣の許認可

　商品取引所に関しては、主務大臣（農林水産大臣または経済産業大臣。法 354 条）の許認可に服する事項が少なくない。細目が主務省令に委任されている法律事項も多い。

【主な許認可事項】

① 　会員商品取引所の設立許可（法 9 条）・株式会社商品取引所となるときの許可（法 78 条）
② 　定款・業務規程等の許可・変更の認可（法 81 条・78 条・79 条 2 項・155 条 1 項）
③ 　業務規程、受託契約準則、紛争処理規程、市場取引監視委員会規程の許可（以上は許可申請に際しての添付書類（法 14 条 2 項・79 条 2 項））、上記準則等の変更の認可（法 156 条 1 項本文。業務規程の軽微な変更であって主務

省令で定めるもの（現時点では特段の規定はない）は除かれる（同項但書））

④　合併の認可（法76条・96条1項2号）

⑤　株式会社商品取引所における資本の減少（法88条1項。資本の増加は届出事項（同条2項）・株主総会決議による解散（法96条1項1号。それ以外の事由による解散は届出事項。同条2項）

⑥　主要株主（法96条の19）や商品取引所持株会社（法96条の25・96条の31など）に関する認可

⑦　(a) 商品市場開設業務に関連する業務およびこれに附帯する業務を行う会社、(b) 算定割当量に係る取引を行う市場の開設の業務およびこれに附帯する業務を行う会社、(c) 取引所金融商品市場の開設業務およびこれに附帯する業務を行う会社や取引所金融商品市場の開設に関連する業務およびこれに附帯する業務を行う会社、を子会社とすることの認可（法3条の2第1項但書）。商品取引所は原則として、商品市場開設業務およびこれに附帯する業務を行う会社以外の会社を子会社（同条3項）としてはならないが（同条1項本文）、主務大臣の認可を条件に、上記(a)〜(c)の会社を子会社とすることができる。この方法を用いれば、商品取引所は、金融商品取引所を商品取引所の子会社とすることができる。なお、株式会社商品取引所が認可（法3条1項但書）および免許（金商80条1項）を得て取引所金融商品市場をすでに開設している場合にあっては、取引所金融商品市場の開設業務およびこれに附帯する業務を行う会社を子会社とするときに主務大臣の認可を得ることを要しない（法81条の2）。

(5)　市場開設の制限等

　商品市場の開設・運営・管理は、商品取引所の固有の業務に含まれる。そして、その市場の開設等が定款または業務規程の絶対的記載事項となっているため、その開設・閉鎖については常に主務大臣の許可・認可に服することとなる。それ以外にも、商品市場の開設には、以下のような法規制がある。

①　定款所定の商品市場以外の市場開設の禁止

　商品取引所は、定款（株式会社商品取引所にあっては定款または業務規程）で定める商品市場以外の市場（定款で定める開設期限を経過し、または範囲の変更期間（法11条4項・102条3項）が終了した商品市場を含む）を開設してはならない（法5条1項）。

　2004（平成16）年改正前商取法にあった「定款で定める地以外の地に商品市

場を開設してはならない」との文言は同年の法改正により削除され、現行法にも存在しない（2004（平成16）年改正前商先法7条1項参照）。ネット市場の開設を意識しての法改正であったと理解される。上場商品・上場商品指数は、定款の絶対的記載事項であり（法11条2項13号イ・81条3号）、かつ、会員商品取引所の場合の設立許可申請書（法14条1項3号）・株式会社商品取引所の場合の許可申請書（法79条1項4号）の絶対的記載事項として、主務大臣の設立許可の審査または定款変更認可の審査に服する（法15条・80条・155条3項・4項参照）。このような厳格な審査手続に付される事項であることからすると、記載された商品以外の商品を対象に、あるいは記載された場所以外の場所で自由に商品市場を開設できるとすることは、法規制の一貫性を欠き、許されないと解される。その意味では、商先法5条1項は当然のことを規定しているといえる。

② 「一上場商品・上場商品指数、一商品市場」の原則

商品取引所は、1種の上場商品または上場商品指数について2以上の商品市場を開設してはならない（法5条2項）。商品市場における公正な価格（公定相場）形成のためには、取引が一箇所に集められ、いわば一物一価とならなければならないからである。もっとも、同一商品について競合する取引所が存在することはありうることであり、市場間競争・取引所間競争を制限すべきではない。店頭商品デリバティブ市場の許容など、今日、市場集中原則の意義は希薄化している。

③ 市場類似施設の開設禁止

法6条に関わる問題であるが、この点は別に述べる（**本章第5節2参照**）。

2 株式会社商品取引所

2004（平成16）年商取法改正により、株式会社商品取引所が認められた。古くは株式会社形態の商品取引所が存在したが、廃止後約80年間そのような形態の商品取引所が認められない状態が続いた。しかし、商品取引所が株式会社形態をとることにより、取引所の統治（ガバナンス）に関する株式会社制度の活用と資金調達の便宜等を享受することができる、との趣旨で法改正がなされ、株式会社商品取引所が復活した。

66　第3章　商品取引所・商品市場・商品市場における取引

⑴　法　　源

　株式会社商品取引所に関しては、商先法に特段の定めがない限りは、会社法が適用される。株式会社商品取引所は、会社法の規定に準拠して設立された株式会社が商先法の規定に従い主務大臣の「許可」（事業許可）を得て「株式会社商品取引所」となったものである（法78条）。これは銀行等が会社法の規定に準拠して株式会社を設立し、その後に銀行法に従って営業許可を取得するのと同様である。

⑵　株式会社商品取引所の許可

①　定款の絶対的記載事項

　株式会社商品取引所の設立手続における「原始定款」（設立許可申請時の定款）には、会社法上の絶対的記載事項に加えて、次の事項を記載しなければならない（法81条1項）。すなわち、①取引参加者に対する監督および制裁に関する事項、②商品市場外における取引参加者間の契約に対する定款、業務規程、受託契約準則および紛争処理規程の拘束力に関する事項、③商品市場に関する事項、④自主規制委員会を設置する場合にあっては、その旨、である。

②　許可申請

　株式会社商品取引所になろうとする者（株式会社に限られる）は、主務大臣の許可を受けなければならない（法78条）。その場合、法定事項を記載した申請書を主務大臣に提出しなければならない（法79条1項）。

【許可申請書の記載事項】
　①商号、②資本金の額、③本店、支店その他の営業所の所在地、④上場商品または上場商品指数、⑤役員の氏名または名称および住所、⑥取引参加者の氏名または商号もしくは名称および取引参加者が取引をする商品市場における上場商品または上場商品指数ならびに取引参加者が1年以上継続して上場商品構成品等の売買等を業として行っている場合にあってはその旨（法79条1項）。
　許可申請書には、定款、業務規程、受託契約準則、紛争処理規程、市場取引監視委員会規程その他主務省令で定める書類（規則28条参照）を添付しなければならない（法79条2項）。

③　許　　可

許可基準に適合しているときは、主務大臣は申請を許可しなければならない

（法 80 条 1 項）。許可には原則として有効期限はない。しかし、主務大臣はいったん与えた許可を取り消すことができる（法 159 条 1 項 1 号）。

【許可基準】

後述する会員商品取引所の設立許可基準とほぼ同様である。

① 許可申請者が株式会社で、その資本金の額が政令で定める金額（10 億円。令 7 条）以上であること（法 80 条 1 項 1 号）

② 申請に係る商品市場が上場商品に係る商品市場の場合には、当該商品市場において取引をしようとする取引参加者の合計数が 20 人以上、かつ、その過半数の者が 1 年以上継続して当該商品市場における上場商品構成品の売買等を業として行っている者であること（法 80 条 1 項 2 号イ）

③ 申請に係る商品市場が上場商品指数に係る商品市場の場合には、当該商品市場において取引をしようとする取引参加者の合計数が 20 人以上、かつ、その過半数の者が 1 年以上継続して当該商品市場における上場商品指数対象品の売買等を業として行っている者であること（法 80 条 1 項 2 号ロ）

④ 申請に係る上場商品または上場商品指数の先物取引を公正かつ円滑にするために十分な取引量が見込まれること、その他上場商品構成品等の取引状況に照らし、許可申請者が当該先物取引をする株式会社商品取引所になることが当該上場商品構成品等の生産および流通を円滑にするため必要かつ適当であること（法 80 条 1 項 3 号）

⑤ 上場商品に係る商品市場を開設しようとする場合にあっては、上場商品構成品の売買等を業として行っている者の取引の状況その他の当該上場商品構成品に係る経済活動の状況に照らして、当該上場商品構成品を 1 の商品市場で取引することが適当であるとして政令で定める基準に適合すること（法 80 条 1 項 4 号、令 4 条 2 項）

⑥ 2 以上の商品指数を 1 の上場商品指数として商品市場を開設しようとする場合にあっては、当該 2 以上の商品指数の対象となる物品または電力の大部分が共通していること（法 80 条 1 項 5 号）

⑦ 定款、業務規程、受託契約準則、紛争処理規程、市場取引監視委員会規程の規定が法令に違反せず、かつ、それらに規定する取引の方法または管理、取引参加者の資格、取引参加者の数の最高限度を定めたときはその最高限度、特別担保金の預託義務を定めた場合におけるその預託に関する事項その他の事項が適当であって、商品市場における取引の公正を確保し、および委託者を保護するために十分であること（法 80 条 1 項 6 号）

⑧ 許可申請者が商品市場を適切に運営するに足りる人的構成を有するもので

あること（法80条1項7号）
⑨　許可申請者が株式会社商品取引所として商先法の規定に適合するように組織されるものであること（法80条1項8号）
⑩　取締役会および会計監査人、監査役会・監査等委員会・指名委員会等のいずれか、のすべてを置く株式会社であること（法80条1項9号）

　許可申請者がいわゆる「不適格者」に該当するとき（法15条2項1号ハ〜ホ・リ・ヲ）や申請書またはこれに添付すべき書類のうち重要な事項について虚偽の記載があるときには、許可基準に適合する場合であっても、主務大臣は許可をしてはならない（法80条2項）。

　株式会社商品取引所としての存続期間または商品市場開設期限は定款の相対的記載事項であるが、その定めがある場合には、その存続期間または市場開設期限を前提に、許可の審査がなされる（同条3項）。許可の有効期限も定款所定の存続期間の満了までとなる。存続期間の延長を希望するときは、定款変更となるので、主務大臣の認可を必要とする。

　主務大臣が許可をすべき時期、不許可の場合の聴聞手続、許可・不許可の通知などについては、会員商品取引所に関する商先法の規定（法15条4項〜11項）が準用される（法80条4項）。なお、許可・不許可や申請書の提出等の公示に関しては、商先法352条参照。

④　許可の失効
　株式会社商品取引所の許可は、有効期限がないが、一定の事由の発生により失効する（法94条1項）。

【許可の失効事由】
①　業務規程で定めた株式会社商品取引所としての存続期間が満了したとき
②　会社分割により事業の全部を承継させ、または事業の全部を譲渡したとき
③　取引参加者の数がすべての商品市場において10人以下となったとき
④　解散したとき
⑤　設立、株式会社商品取引所を新設会社とする新設合併、株式会社商品取引所を新設会社とする新設分割に係る無効判決が確定したとき

　許可が失効しても直ちに法人の解散に結び付くものではないが、株式会社の

解散は当然の許可失効事由となる（④）。また②③⑤の事由があったときは、株式会社商品取引所の代表者または代表者であった者は、遅滞なく、主務大臣に届け出なければならない（同条2項）。

⑤　許可の取消し

主務大臣は、申請書等の虚偽記載を発見したときなど、法定の許可取消事由があり、かつ、公益・取引の信義則の確保・委託者保護のために、必要かつ適当であると認めるときは、許可を取り消し、または業務の全部もしくは一部を1年以内の期間を定めて停止することを命じることができる（法159条1項1号）。

取消事由は、許可された株式会社商品取引所が正当な理由がないのに商品市場を開設することができることとなった日から3カ月以内に全部または一部の商品市場を開設しないときなど、正当な理由のない商品市場の不開設や、全部または一部の商品市場における先物取引が設立許可基準のうちの取引量の見込み等基準（法80条1項3号）に合致しなくなったときである（法159条1項2号）。これに関連して、株式会社商品取引所は、許可後の最初の立会のときや、臨時に立会を開閉・停止・停止の解除をしたときに、遅滞なく主務大臣に報告しなければならないとされている（法107条）。主務大臣が許可取消し等の処分をするための情報をもつことができるようにする趣旨であると解される。許可の取消しは不利益処分の1種であることから、所定の意見聴取等の手続が必要とされる（法159条4項・5項・158条2項、行政手続法15条以下参照）。設立許可が取り消されたときは、当該株式会社商品取引所は清算手続に入る（法69条5号・71条以下）。

(3)　機　　関

①　会社法の適用

株主総会・取締役会・取締役・会計監査人などの株式会社商品取引所の機関に関しては、原則として、会社法の規定に従う。政令により最低資本金を10億円とする定めがあるため（法80条1項1号、令7条）、株式会社商品取引所は常に、会社法上の「大会社」にあたる（会社2条6号イ）。なお、東京商品取引所は、会社法上の指名委員会等設置会社である。

② 役　　員

商先法において、株式会社商品取引所の「役員」の定義はない（会員商品取引所（法46条）と対比）。会社法上の「役員」は、取締役・会計参与・監査役をいい、会計監査人や指名委員会等設置会社の執行役は会社法上の「役員」とされていない（会社329条1項）。したがって、指名委員会等設置会社である東京商品取引所の「執行役」は会社法上の「役員」ではないが、商先法における「役員」と解してよいであろう（なお、会社法には、執行役や会計監査人を含む「役員等」の概念がある（会社423条1項参照））。

商先法は、「法人役員」を許容するかのようである（法161条括弧書参照）。たしかに、会計参与であれば法人役員もあり得るが、会社法上、法人は株式会社の取締役・監査役・執行役になれないので（会社331条1項1号・335条1項・402条4項）、株式会社商品取引所には法人役員は認められないと解される。かりに認められると解しても、その場合は役員の職務を行う自然人を選定しなければならないであろう（会社337条2項参照）。役員の欠格事由に、会社法上の事由以外に、商先法の処分を受けた者などが追加されている（法92条・49条・15条2項1号イ～ル）。役員の選解任・任期・報酬その他については、会社法の規定に従うが（なお、欠員が生じた場合につき、法89条）、株式会社商品取引所の役員は他の商品取引所の役員を兼任することができないとされる（法91条1項）。役員の変更があったときは、当該株式会社商品取引所は、遅滞なく、必要書類を添付した変更届出書をもって、主務大臣に届け出なければならない（法85条、規則29条）。

③　自主規制委員会

株式会社商品取引所は、定款の定めるところにより、取締役会決議をもって自主規制委員会を置くことができる（法96条の2第1項）。自主規制委員会を置く株式会社商品取引所は、「特定株式会社商品取引所」（同条2項括弧書）と呼ばれる。

④　市場取引監視委員会

株式会社商品取引所の市場取引監視委員会は、商品市場における取引の方法、管理その他商品取引所の業務の運営について、代表取締役または代表執行役に対して意見を述べる権限をもつ（法166条2項）。しかし、すでに述べたように、会社法による企業統治構造をもつ株式会社商品取引所（とくに指名委

会等設置会社）において、このような権限をもつ法定委員会の設置を強制することの意義は改めて検討されてよいであろう。

(4) 株　　主

　株式会社商品取引所の株式や株主に関しても、原則として、会社法の規定が適用される。商先法には、株主資格について特段の定めはないが、一定の議決権数以上を有する株主に関する特則がある。

① 特定保有者

　何人も株式会社商品取引所の総株主の議決権の 20 ％（「保有基準割合」。「財務及び営業の方針の決定に対して重要な影響を与えることが推測される事実として主務省令で定める事実がある場合」には 15 ％。規則 29 条の 2）以上の数の「対象議決権」（社債株式振替 147 条 1 項・148 条 1 項の規定により発行者に対抗できない株式に係る議決権を含む）を取得または保有してはならない（法 86 条 1 項本文）。商品取引所の公共的性格から、株式会社商品取引所を支配する議決権株主が生まれることを抑止する趣旨である。

　特定保有者制度には例外がある。

　第 1 に、取得または保有の態様その他の事情を勘案して主務省令で定めるものは除かれる（法 86 条 1 項本文括弧書）。具体的には、①金銭の信託契約などを利用した株式取得・保有、また親族関係等（令 9 条（「特別の関係」））を通じての実質的な株式取得・保有などの場合（規則 30 条。なお法 86 条 5 項）と、②商品取引所、商品取引所持株会社、金融商品取引所、金融商品取引所持株会社が取得しまたは保有する場合（法 86 条 1 項但書）、である。

　第 2 に、保有する対象議決権の数に増加がない場合その他主務省令で定める場合（法 86 条 2 項）である。具体的には、担保権の行使の結果による取得などが該当する（規則 31 条）。

　保有基準割合を超えて対象議決権株式を保有する「特定保有者」は、その旨等を遅滞なく主務大臣に届け出なければならない（法 86 条 3 項、規則 31 条の 2）。また、特定保有者となった日から 3 カ月以内に保有基準割合未満の数の「対象議決権保有者」となるために必要な措置をとらなければならない（法 86 条 4 項本文。地方公共団体等であって主務大臣の認可を受けた場合を除く（同条同項但書））。保有基準を超えて保有することによる「特定保有者」（大株主）の株

式会社商品取引所に対する支配力が長く続くことを認めない趣旨であろうが、保有基準割合（20％ないし15％）未満の株式を保有する株主の存在が許される点には注意が要る。

② 対象議決権保有者

株式会社商品取引所の総株主の議決権の5％を超える対象議決権保有者となった株主は、所定の事項を記載した対象議決権保有届出書を、遅滞なく、主務大臣に提出しなければならない（法86条の2、規則31条の3）。主務大臣は、商先法の施行のため必要があると認めるときは、「対象議決権保有届出書」の提出者に対して報告徴収および立入検査を行うことができる（法86条の3）。金商法の「大量保有報告制度」（金商27条の23以下参照）と同様に、5％超の株式保有に至った株主に課される届出義務である。

③ 株式保有状況等の情報開示

株式会社商品取引所は、主務省令で定めるところにより、その発行済株式の総数、総株主の議決権の数、その他の主務省令で定める事項を公衆の縦覧に供しなければならない（法87条、規則32条）。商品取引所の公共的性格から、その株主構成を開示させたものと理解される。

④ 主要株主

地方公共団体その他政令で定める者（令11条。「地方公共団体等」）は、主務大臣の認可を得ることを条件に、保有基準割合以上50％以下の対象議決権を取得し、または保有することができる（法96条の19第1項）。認可を受けた地方公共団体等が対象議決権の50％を超えて株式を保有するに至ったときは（これを「特定保有団体等」という。同条3項括弧書。例外につき、同条2項）、その旨を遅滞なく主務大臣に届け出、かつ、特定保有団体等になった日から3カ月以内に50％以下の対象議決権の保有者となるために必要な措置をとらなければならない（同条3項・4項）。その結果50％以下の保有状況になったときは、遅滞なく、主務大臣に届け出なければならない（同条5項）。

上記の認可を得る基準は、取引所業務の健全かつ適切な運営を損なわないことと業務の公正性に関し十分な理解を有することとされており（法96条の20第1項）、主務大臣は、その基準に適合しているときは、申請書類に虚偽記載などがない限り（認可申請については規則36条の7）、認可を与えなければならない（法96条の20第2項）。認可は、①認可を受けた日から6カ月以内に保有

基準割合以上の「対象議決権保有者」とならなかったとき、②保有基準割合未満の数の対象議決権の保有者となったとき、③商品取引所・商品取引所持株会社・金融商品取引所・金融商品取引所持株会社になったとき、に失効し、認可が失効したときは、上記の認可を受けた地方公共団体等（「主要株主」。法96条の21第1項参照）は、遅滞なく、その旨を主務大臣に届け出なければならない（法96条の23）。主要株主に対しては、主務大臣の監督が及び、報告徴収・立入検査（法96条の21）、監督上の処分（法96条の22。認可の取消しなど）の対象となる。

(5)　取引参加者
①　商品市場における取引への参加資格

　株式会社商品取引所が開設する商品市場における取引に参加するためには、株式会社商品取引所の業務規程の定めるところにより、株式会社商品取引所から、その開設する商品市場ごとに、「取引参加者」の地位を得なければならない（法82条1項）。取引参加者名簿は本店に備え置かれ、株式会社商品取引所の株主等には閲覧・謄写請求権が認められる（法93条）。商先法には、取引資格の定め（法97条2項・3項・98条）のほか、欠格事由の規定もある（法82条2項）。取引参加者の地位の取得は合併等による承継によることも可能である（同条3項・83条）。取引参加者は信認金を預託する義務があるなど、商品市場における取引に関して会員商品取引所の会員に準じた地位を有する（法101条など）。しかし、会員商品取引所の会員の場合とは違い、株式会社商品取引所の取引参加者は当該取引所の株主であることは求められていない。

　取引参加者は、原則として30日前まで（業務規程で1年を超えない範囲で延長することができる）に予告してその与えられている取引参加者としての地位を「喪失すること」ができる（法84条1項・2項）。取引参加者はまた、その者が取引をする商品市場のすべてについてその取引参加者が10人以下になったことを理由（法95条）に閉鎖されたこと、死亡または解散、取引資格の取消しのいずれかに該当するときは、当然に取引資格を喪失する（法84条3項）。取引資格を喪失したときに未決済の約定があるときは、株式会社商品取引所は、定款または業務規程で定めるところに従い、他の取引参加者などをしてこれを結了させなければならない（法113条。なお、法98条1項）。取引参加者は、

74　第3章　商品取引所・商品市場・商品市場における取引

株式会社商品取引所の許可申請書における必要的記載事項であり（法79条1項6号）、許可取得後に変更があったときは、当該株式会社商品取引所は、遅滞なく、その旨を記載した変更届出書を主務大臣に提出しなければならない（法85条1項、規則29条）。

【東商取の取引参加者の資格・区分・種類】

　東商取は、その業務規程において、①上場商品構成品等の売買等を業として行っている者（「当業者」）、②「商品先物取引業者」、③外国商品市場において先物取引類似取引を行うことの委託を受ける等の業務を営むことについて「商品先物取引業者」の許可に相当する当該外国の法令による同種の許可等を受けている者、④「特定店頭商品デリバティブ取引業者」、⑤「商品投資顧問業者」、⑥銀行等、を「取引参加資格者」としている（東商取業務85条）。

　また、「貴金属部取引参加者」のように、まず商品部ごとに取引参加者を区分し、さらに構成品ごとに「金取引参加者」のように呼称している（同86条）。

　取引態様に応じて、①「市場取引参加者」（国内に東京商品取引所市場での取引を行う営業所・事務所を保有し、自己の計算による取引を行うことができる）、②「受託取引参加者」（商品先物取引業者であって、自己の計算による取引だけでなく委託者の計算による取引を行うことができる）、③「遠隔地市場取引参加者」（国内に営業所・事務所を保有せず、商品清算取引の委託に限定した自己の計算による取引を行うことができる）、④「遠隔地仲介取引参加者」（国内に営業所・事務所を保有しない外国商品先物取引業者であって、商品清算取引の委託に限定した自己の計算による取引と海外顧客の計算による取引を行うことができる）、という分類もなされている（同87条）。

　清算資格の有無により、「清算資格を有しない取引参加者」には特別の義務などが定められている（同127条以下）。

---

②　取引参加者の数と商品市場の閉鎖・商品取引所の解散

　取引参加者資格は商品市場ごとに付与される。取引参加者数要件は、株式会社商品取引所の許可条件であるとともに、存立要件でもある。

　当初要件は、20人以上である（法80条1項2号イ・ロ）。

　成立後、減員して10人以下になったときは、当該株式会社商品取引所は、会員商品取引所と同様に、当該商品市場の取引を停止して市場を閉鎖しなければならず、その旨の業務規程の変更の認可の申請が義務付けられる（法95条）。複数の商品市場を有する場合において、すべての商品市場において取引参加者

数が 10 人以下になったときは、取引所自体の解散事由となる。（法 94 条 1 項 3 号）。公正な価格形成等の観点から、取引参加者が 10 人以下の商品市場を認めない趣旨である。

定款で、取引参加者数の上限を定めることができるか。過当投機の防止の趣旨からも、また市場収容能力に限界があることなどからも、特段禁止するまでもない。上限を設定した場合に、それを上回る取引参加の申込みがあるときは、定款または業務規程を変更して主務大臣の認可を受けるか、あるいは申込みを拒むほかはない。

③　信認金預託義務

信認金は、取引参加者の身元保証金的性格をもつ預託金であるが、違約時における取引の相手方の保護、特に委託者保護を目的にした担保資金として、当該取引参加者が取引する商品市場ごとに算定され、取引所への預託が義務付けられる（法 101 条 1 項）。取引参加者は、信認金を預託しない限り、商品市場における取引をすることができない（同条 2 項）。信認金に関する定めは定款の絶対的記載事項である（法 11 条 2 項 7 号）。

④　区分経理、帳簿等の作成・保存義務

取引参加者は、主務省令で定めるところにより、商品市場における取引と商品市場外の取引とを帳簿上区分して経理し、帳簿その他の業務に関連する書類を 10 年間保存しなければならない（法 115 条、規則 50 条・51 条）。

(6)　基礎的変更・解散

①　定款変更

定款変更については、会社法の手続等に従うほか、定款変更の効力要件として主務大臣の認可が必要とされる（法 155 条、規則 61 条）。

②　組織変更

会員商品取引所は、法定の手続により、法人格をそのまま維持しつつ、株式会社商品取引所に組織変更することができるが（法 121 条以下）、株式会社商品取引所が会員商品取引になる組織変更は認められない。沿革的には、それまでの会員制の商品取引所を株式会社化することを容易にするための措置であった。

③　合　併

合併については、会社法の合併規定とは異なる独自の規定が置かれており

（法144条の5以下）、それに該当する合併については会社法の規定は基本的に適用されない。しかし、商先法の規定の内容はおおむね会社法の規定に準じたものであり、実質的な差は大きくない。合併の効力要件として主務大臣の認可が必要とされる点に特徴がある（法145条・146条・149条、令19条、規則60条）。

合併当事会社について、商先法は、①会員商品取引所と会員商品取引所の合併、②会員商品取引所と株式会社商品取引所の合併のみを規定する。後者の場合、合併後の存続商品取引所または新設商品取引所は株式会社商品取引所でなければならない（法139条2項2号）。合併を用いた会員商品取引所の株式会社商品取引所への統合が想定されていたと理解される。もとより、株式会社商品取引所間の合併が禁じられるわけではなく、その場合は、会社法の規定に従った株式会社商品取引所間の合併となる。しかし、その場合も、その効力発生に関して、合併の認可手続が必要である。

合併の効力発生後に消滅商品取引所の商品市場における取引に係る未決済の約定がある場合には、存続商品取引所・新設商品取引所に同一商品の商品市場が開設されている場合を除き（令19条）、当該取引の決済の結了を目的とする範囲内において、同一の商品市場を開設しなければならない（法149条2項）。市場開設制限の例外である（同条3項・4項・5条1項）。商先法には、合併無効の訴え（法153条）など、会社法の組織再編無効の訴えに準じた規定が設けられている。

④　資本金の増加・減少

株式会社商品取引所の資本金額の増加または減少の手続については、商先法には特段の規定はない。会社法の規律（会社447条など）に服すると解される。ただし、資本金額の増加については主務大臣への届出が求められ（法88条2項、規則34条）、資本金額の減少については主務大臣の認可が要求される（法88条1項、規則33条）。

⑤　解散・清算

解散については、商先法には特段の規定はないので、会社法の規定が適用されると解される（会社471条）。会社法上の解散事由のうち、株主総会の決議による解散については、主務大臣の認可が効力要件とされている（法96条1項、規則35条）。その他の事由による解散については、事後（解散後）の届出が求められる（法96条2項、規則36条）。商先法には、株式会社商品取引所の清算

第 1 節　商品取引所　77

の手続に関する特段の規定はないので、解散・清算については会社法の規律に従うと解される。

(7)　商品取引所持株会社

商品取引所持株会社とは、株式会社商品取引所を子会社とする株式会社のことをいう（法 2 条 11 項）。既存の株式会社が既存の株式会社商品取引所を子会社としようとする場合または既存の株式会社商品取引所を子会社とする新設の株式会社（商品取引所持株会社）を設立しようとする場合には、原則として、主務大臣の事前の認可を受けなければならない（法 96 条の 25 第 1 項本文）。例外的に、①既存の商品取引所、金融商品取引所、金融商品取引所持株会社が株式会社商品取引所を子会社とする場合（法 96 条の 25 第 1 項但書）、②保有する対象議決権（法 86 条参照）の数に増加がない場合その他主務省令で定める場合（主務省令の規定はない）において株式会社商品取引所を子会社とすることとなったとき（法 96 条の 25 第 2 項）には、認可は不要である。

【非子会社化か認可かの選択】

株式会社商品取引所を子会社とすることになった会社（これを「特定持株会社」という）は、遅滞なく、主務大臣にその旨を届け出なければならない（法 96 条の 25 第 4 項前段（法 96 条の 19 第 3 項の準用））。そして、その日から 3 カ月以内に、株式会社商品取引所を子会社でなくするために必要な措置をとらなければならない（法 96 条の 25 第 3 項本文）。株式会社商品取引所が特定持株会社の子会社である状況の継続を原則として許さない趣旨である。必要な措置をとった結果、子会社でなくなったときは主務大臣に届け出なければならない（同条 4 項前段（法 96 条の 19 第 5 項の準用））。ただし、子会社となった後に認可手続をとり、主務大臣の認可を受けたときは、そのような措置をとる必要はなく、株式会社商品取引所を子会社としてもよい（法 96 条の 25 第 3 項但書）。主務大臣は、その認可に際して、公益または取引の公正の確保のため必要最小限度の条件を付すことができる（同条 5 項（法 3 条 2 項・3 項の準用））。認可のための手続・議決権の制限等に関する規律などは、株式会社商品取引所に準じた規定が定められている（法 96 条の 20 以下、規則 36 条の 9 以下）。

商品取引所持株会社は、子会社である株式会社商品取引所および商品取引所関連会社の経営管理を行うことならびにこれらに附帯する業務のほかには、他

の業務を行うことができない（法96条の36第1項）。商品取引所持株会社は、子会社である株式会社商品取引所の業務の公共性に対する信頼および健全かつ適切な運営を損なうことのないよう、子会社である株式会社商品取引所または株式会社商品取引所および商品取引所関連会社の適切な経営管理に努めなければならない（同条2項）。商品取引所持株会社は、原則として、商品市場開設業務およびこれに附帯する業務を行う会社以外の会社を子会社としてはならない（法96条の37第1項本文）。例外的に、主務省令で定めるところにより（規則36条の12）、主務大臣の認可を受けたときは、①商品市場開設業務に関連する業務およびこれに附帯する業務を行う会社、②算定割当量に係る取引を行う市場の開設業務およびこれに附帯する業務を行う会社、③取引所金融商品市場開設業務およびこれに附帯する業務を行う会社、④取引所金融商品市場開設に関連する業務およびこれに附帯する業務を行う会社を子会社とすることができる（法96条の37第1項但書）。

このように、金融商品取引所は、子会社方式により商品先物取引に参入することが認められている。いずれの場合も、商先法上の主務大臣は、公益もしくは取引の公正の確保のためまたは委託者の保護のため必要最小限の条件を付すことができるし、また商品取引所の業務の公平性に対する信頼を損なうおそれ、または商品市場開設業務およびこれに附帯する業務の健全かつ適切な運営を損なうおそれがあると認めるときは、認可してはならないとされており（同条2項（法3条2項〜4項の準用））、その限りでは、金融商品取引所は商先法上の主務大臣の監督下にある。

3 会員商品取引所

(1) 特別法上の法人

会員商品取引所は、商先法に基づき主務大臣の許可をもって設立される商先法上の法人である（法7条1項）。株式会社商品取引所の「取引参加者」に比すべき「会員」を法人出資者（構成員）とする（取引参加資格と会員資格の非分離）。商品取引所の業務について、非営利性が特に明文で要求されている（同条2項）。2004（平成16）年の商取法改正前は、日本の商品取引所はすべて会員商品取引所であったが、同改正後は株式会社組織と会員組織とが併存し、選択制がとられている。会員商品取引所の住所は、その主たる事務所の所在地に

あるものとされる（法8条）。会員商品取引所は法人登記がなされることで成立するが（法16条1項）、登記すべき登記所はその住所により定まる（法20条1項）。

(2) 業　　務

固有業務などの商品取引所の業務については、株式会社商品取引所と同じである（法3条・5条の2）。ただし、会員制組織であることから、会員に関する固有業務がこれに加わる。会員の加入、脱退、経費の賦課と徴収・管理、諸預託金の管理、会員に対する処分などが会員に関する業務である。

(3) 設　　立

① 設立許可制

会員商品取引所を設立しようとする者は、主務大臣の許可を受けなければならない（法9条）。株式会社商品取引所の場合とは異なり、主務大臣は、商品市場の開設許可（事業許可）と会員商品取引所の設立許可とを同時に行う。沿革的には、会員商品取引所は登録制の時代もあったが、1954（昭和29）年の商取法の改正により許可制に改められ今日に至っている。その改正理由は、商品取引所の公共的性格や機能、あるいは商品取引所の濫設や不健全な商品先物取引の防止にあったとされる。

会員商品取引所の設立許可が事業許可でもあることから、設立申請は、会員商品取引所の組織・管理等に関する定めだけでなく、開設する予定の商品市場に関する所定事項をも明記して行われる（法14条1項3号・5号）。設立許可には原則として有効期限はないが、主務大臣は一定の事由がある場合にいったん与えた許可を取り消すことができる（法159条1項1号）。定款で存続期間を定めたときは（法11条4項）、その期間満了時に解散する（法69条1号）。定款において、商品市場の開設期限を定めることもできる。

② 設立手続

会員商品取引所の設立手続は、会社の設立に準じるが、商先法独自のものもある。

(a) 発起人

会員商品取引所の発起人は、開設する商品市場ごとに会員になろうとする

20人以上の者でなければならない（法10条1項）。商先法上、発起人の定義はない。会社法の解釈を参考にすれば、法人設立に参画した者であり、かつ、定款に署名・電子署名または記名押印した者（法11条1項・5項）であると解される。したがって、実質的に会員商品取引所の設立に参画した者であっても定款に発起人として署名・電子署名または記名押印していない者は、発起人ではない。

　当初から複数の商品市場を開設する予定の会員商品取引所では、商品市場ごとに20人以上の発起人を要することになる。その場合、各商品市場の発起人は、当該各商品市場の発起人資格・会員になり得る資格を有する限り、他の商品市場の発起人と重複してもかまわない（法351条）。

　発起人の過半数は、いわゆる「当業者」でなければならない（法10条2項・35条1項）。ここに「当業者」とは、上場商品に係る商品市場については、1年以上継続して当該上場商品に含まれる物品・電力（「上場商品構成品」）の売買等（売買の媒介、取次ぎ、代理、生産、加工など）を業として行っている者（法10条2項1号）、上場商品指数に係る商品市場については、1年以上継続して当該上場商品指数に係る商品指数の対象となる物品・電力（「上場商品指数対象品」）の売買等を業として行っている者（同条同項2号）をいう。21人目からの発起人は、会員商品取引所の「会員になろうとする者」であることは必要であるが、当該上場商品構成品または上場商品指数対象品についての当業者要件を充たさなくてもよい。

【会員たる資格】

　「会員たる資格」に関する定めは、会員商品取引所の定款の絶対的記載事項である（法11条2項4号）。定款が設立許可申請の必要的添付書類であり、主務大臣の審査対象となることから、会員たる資格に関する規定も審査対象の一部に含まれる。会員は欠格事由があってはならない（法31条1項・15条2項）。純資産要件は、取引参加要件であると同時に、除名に係る要件でもある（法99条5項）。

　発起人は、定款にその旨の定めがない限り、成立後の当該商品取引所に対して、報酬請求権を有しない（法11条3項）。

　発起人は、会員商品取引所の設立手続を遂行する義務を負う。定款作成（法

11条）、会員の募集の通知（法12条2項）、創立総会の開催（法13条1項）、出資の履行（同条2項）、設立許可申請書の作成・提出（法14条1項）、設立許可後における理事長への事務引継ぎ（法17条）は、発起人の法定の義務である。設立に関する責任も負担する（法18条。会社53条～56条を準用）。

　発起人は自身が「会員になろうとする者」でなければならない。したがって、発起人自らも、設立に向けた「会員になろうとする者」としての行為をしなければならない。出資の履行（法13条2項。法32条参照）や創立総会への出席などは、「会員になろうとする者」としての行為でもある。

　⒝　定款の作成

　発起人は、定款に記載すべき法定事項（絶対的記載事項）を記載・記録し、これに署名・電子署名しなければならない（法11条1項・5項、規則1条の14・2条）。絶対的記載事項を1つでも欠く定款は無効である。

【定款の絶対的記載事項】

　事業、名称、事務所の所在地、会員たる資格に関する事項、出資1口の金額と払込時期・方法、会員の加入と脱退に関する事項、信認金および取引証拠金に関する事項、会員の経費の分担に関する事項、会員に対する監査および制裁に関する事項、役員の定数・任期・選任に関する事項、会員総会に関する事項、商品市場外における会員間の契約に対する定款・業務規程・受託契約準則・紛争処理規程の拘束力に関する事項、商品市場に関しての上場商品・上場商品指数、上場商品・上場商品指数ごとの取引の種類、取引の決済方法、事業年度、剰余金の処分・損失の処理に関する事項、公告の方法など（法11条2項）のほか、商先法には個々の規定において定款に定めなければならないとされる事項がいくつかある（会員の純資産額の最低額（法99条1項、規則37条・38条）など）。これら事項もまた、定款の絶対的な記載事項である。

【相対的記載事項と任意的記載事項】

　定款に絶対的に記載しなければならない事項ではないが、その効力を生ぜしめるには定款に記載しなければならない事項を「相対的記載事項」という。①設立費用または発起人が受けるべき報酬の額（法11条3項）、②取引所の存続期間・商品市場の開設期限・範囲変更期間（同条4項。会員商品取引所の存続期間の定めは登記事項である（法20条2項4号））、③特別の解散事由（法69条1号。登記事項である（法20条2項4号））、④その他、たとえば会員の数（法100条）などがある。これらは、定款に記載すれば効力が認められる。

定款には、法令に反しない限り、定款に任意的記載事項を定めることができる。しかし、任意的記載事項であっても、いったん定められた記載・記録は、他の定款記載事項と同様の効力を有し、その変更については主務大臣の認可が必要である。

(c) 会員の募集と出資の払込み

会員商品取引所の発起人は、以下の手続により、「会員になろうとする者」を募集する。

発起人は、会員商品取引所の設立に際して、あらかじめ、「会員になろうとする者」に対し、①定款の記載事項、②発起人の氏名・商号・名称および住所、③出資の払込みの方法・期限・場所、④一定の時期までに創立総会が終わらなかったときは、加入の申込みを取り消すことができること、を通知しなければならない（法12条1項）。

理事長は、会員商品取引所成立後、その「会員になろうとする者」に対し、①成立の年月日、②定款の記載事項、③役員の氏名および住所、④出資の払込みの方法・期限・場所、を通知しなければならない（同条2項）。

一方、「会員になろうとする者」（発起人を含む）は、①その者の氏名・名称および住所、②引き受ける出資口数、③その者が取引をしようとする商品取引市場における上場商品または上場商品指数を記載した書面を発起人（会員商品取引所成立後は理事長）に交付しなければならない（同条3項）。この通知は、電磁的方法により提供することもできる（同条4項、令3条、規則2条の2・2条の3）。

会員は出資1口以上を持たなければならないので（法32条1項）、「会員になろうとする者」は出資1口以上を引き受けなければならないと解される。定款で商品市場ごとに当該商品市場で取引をすることができる会員数や委託を受けて当該商品市場において取引をすることができる会員数を制限している場合は（法100条）、この数を超えて会員を募集することはできないと解される。

「会員になろうとする者」は、通知された払込方法・期限・場所に従って引受金額の全額を払い込まなければならない。全額の払込みを終了した者が会員となる（法35条1項）。会員商品取引所成立時（設立登記時。法16条1項）までに払込みをしておかないと、取引所成立時に加入の申込みを取り消したものと

みなされる（法35条2項）。発起人たる原始会員はさらに早く、後述の創立総会時までに全額の払込みを完了しておかなければならない（法13条2項）。創立総会時に全額払込みが未了の者は、創立総会において定足数に算入されず、また議決権を行使することができない（法13条5項括弧書）。

(d) 創立総会

創立総会は、出資期限の日後10日を経過した日から5日以内に開催しなければならない（法13条1項）。創立総会では、定款の承認や役員の選任など設立に必要な事項が決定される（同条3項）。創立総会は、会員たる資格に関する事項を除き、定款を変更することができる（同条4項）。出資金全額の払込みを終えた「会員になろうとする者」の半数以上が出席し、その議決権の3分の2以上の多数で議決する（同条5項）。その他、会員総会には会社法の株主総会の規定が準用される（同条8項）。

(e) 設立許可申請

創立総会終了後、発起人は、遅滞なく、設立許可の申請をしなければならない（法14条）。設立許可申請手続は、株式会社商品取引所の許可申請とほぼ同様である。主務大臣は、設立許可申請を受理したときは、所定事項を遅滞なく官報により公示しなければならない（法352条3号）。公示後3カ月を経過した後でなければ設立を許可することができない（法15条4項）。この手続における公示は、商先法6条との関係で意味をもつ。主務大臣は、公示日から4カ月以内に許可・不許可の通知をしなければならず、通知がないときは、その期間満了時に許可があったものとみなされる（法15条10項・11項）。

(f) 設立の許可・不許可

主務大臣は、法定の設立許可基準に適合すると認めるときは、設立を許可しなければならない（法15条1項）。法定の不許可事由に該当するときは、許可をしてはならない（同条2項）。不許可の場合の手続などは、株式会社商品取引所の不許可の場合と同様である。設立の許可・不許可については、主務大臣は、その旨を官報により公示しなければならない（法352条1号）。設立許可があったときは、発起人は遅滞なく、事務を理事長に引き継がせなければならない（法17条）。事務を理事長に引き継がせたとしても、発起人の設立に関する責任がそれによって免除されるわけではない（法18条。会社53条〜56条参照）。

84　第3章　商品取引所・商品市場・商品市場における取引

⒢　設立登記

　会員商品取引所は、設立登記をすることによって成立する（法16条1項）。設立登記は、会員商品取引所の「代表者」（法26条1項）が設立許可の日から2週間以内（起算点につき、法162条）に主たる事務所の所在地を管轄する登記所（法25条1項）において所定の申請書類を提出して行わなければならない（法20条1項）。登記所には「会員商品取引所登記簿」が備えられる（法25条2項）。会員商品取引所は、成立の日（設立登記の日）から2週間以内に主務大臣にその旨を届け出なければならない（法16条2項）。主務大臣への設立手続事務終了の報告を行う趣旨である。

⒣　設立許可の取消し・設立無効の訴え

　主務大臣は、設立許可申請書等の虚偽記載を発見したときなど、法定の設立許可取消事由があり、かつ、公益・取引の信義則の確保・委託者保護のために、必要かつ適当であると認めるときは、設立許可を取り消し、または業務の全部もしくは一部を1年以内の期間を定めて停止することを命じることができる（法159条1項1号）。取消事由は、正当な理由のない商品市場の不開設など、株式会社商品取引所の場合と同様である。

　会員商品取引所の設立の無効は、訴えによってのみ主張することができる。訴訟手続や判決効などについては、商先法18条3項により、会社法の設立無効の訴えに係る規定（会社828条1項など）が準用される。

⑷　会　　員

①　法的地位

　会員商品取引所の会員は、法人組織である会員商品取引所の構成員である。会員は、会員商品取引所に対して持分を有する。会員が有する会員総会の議決権・役員選任の選挙権は、出資口数にかかわらず平等である（法33条1項）。

　会員でなければ会員商品取引所が開設する商品市場における取引に参加することができない（法97条1項。会員からの委託を受けて商品清算取引を行う場合を除く（同条3項））。会員たる資格（会員となるための資格）は、定款の絶対的記載事項である（法11条2項4号）。

第1節 商品取引所 85

> **【会員の持分】**
> 　商先法上、会員の「持分」の語は多義的である。①法人の構成員としての地位、②法人の構成員としての権利（会員権）、③法人の解散・法人からの脱退において取引所に支払いを請求できる観念上の数額（財産権）である。

② 義　　務

(a) 出資義務

　会員は、1口以上の出資引受義務を負い、引き受けた出資の全額を現実に払い込まなければならない（法32条1項参照）。金銭出資に限られ、現物出資は認められない（同条2項）。出資は、取引所に対する債権をもって相殺することができない（同条5項）。

(b) 経費負担義務・損失負担義務

　会員は、取引所の債務に関して出資額を限度として責任を負う（法32条4項）。しかし、定款で定めれば、取引所の経費を負担させることができる（法34条1項）。会員は、脱退時に取引所が債務超過（取引所の財産をもって債務を完済できない状態）のときに当該脱退会員の負担に帰すべき損失額（法45条3項）があるときは、それを負担しなければならない（法32条4項）。経費負担義務の履行について、相殺をもって対抗することができない（法34条2項）。会員の経費分担に関する事項は定款の絶対的記載事項であるが（法11条2項8号）、経費の賦課と徴収方法は会員総会の決議事項である（法60条3号）。

(c) その他

　信認金預託義務や区分経理、帳簿等の作成・保管義務は、株式会社商品取引所の取引参加者と同様である。

③ 会員の数と商品市場の閉鎖・商品取引所の解散

　株式会社商品取引所の場合と同様である。

④ 加　　入

　新たに会員商品取引所の会員となることを「加入」という。会員になろうとする者（設立時発起人を含む）は、加入の申込みをしなければならない（法12条（設立時）・35条3項（成立後））。会員たる資格を有する者が加入の申込みをしたときは、正当な理由（たとえば定款で定める会員数の上限を超えることなど）がない限り、会員商品取引所はこれを拒めない（同条4項）。会員になるため

にはさらに、引き受けた出資の全額の払込みが終了していなければならない（同条1項・3項）。

設立時においては、払込みを終了していれば成立時に会員になるが（同条1項）、成立時までに払込みが終了していないときは成立時に加入の申込みを取り消したものとみなされる（同条2項）。

成立後に新たに会員になるには、まず会員たる資格を有しなければならない。新たに会員になる方法には、①新規加入（同条3項）のほかに、②会員からの持分の全部または一部の譲受けもある（法36条1項）。しかし、②持分の譲受けによる方法をとる場合も、持分の譲受人が会員たる資格を有する者であるときは「加入の例によらなければならない」とされているので（同条2項）、①と②において、手続的には実質的な違いはない（持分の譲受けの場合は、譲渡人の権利義務の承継を伴う（同条3項）点に違いがあり、加入金の支払いの要否の問題がある）。

①の新規加入の場合は、定款で定めるところにより、加入の申込みを行い、引き受けた出資金の全額と、加入金を徴収することを決めたときは加入金の全額を支払わなければならない。その支払いを終了したときに会員となる（法35条3項）。加入金は、既存の会員の持分との調整金としての性格を有する。

⑤　持分の承継

会員が自然人の場合は相続により、法人の場合は合併により、会員の地位の承継（持分の承継）が生じる（法37条1項・40条）。

相続人は、現に会員でなくとも会員たる資格があれば、所定期間内に加入手続（取引所の承認等）を行うことにより持分を承継することができる。厳密には会員の死亡による脱退（法42条3号）と新規加入とに区分できるが、死亡時に持分を承継したものとみなして（法37条3項）、新たな出資を要しないものとしている。相続人が会員たる資格を有しないときは、持分の承継をすることができない。

これに対して、合併存続会社または合併新設会社が会員でないときであっても、かつて加入手続を求めていた規定（1954（昭和29）年改正前商取法30条2項）が削除された経緯から、加入手続は不要と解されよう。

第1節　商品取引所　87

⑥　脱　　退

(a)　意　　義

「脱退」とは、会員商品取引所が存続している間に、特定の会員が当該商品取引所の会員たる地位を絶対的に消滅させることをいう。この場合に、持分の払戻しなどを伴うことがある。

(b)　脱退事由

(i)　任意脱退

会員商品取引所の会員は、30日前までに予告して取引所を脱退することができる（法41条1項）。予告期間は、定款で1年以内の範囲で延長することができる（同条2項）。

(ii)　法定事由の発生による当然脱退

法定の強制脱退事由に該当することとなった会員は当然に脱退する（法42条）。

(iii)　持分の差押えによる脱退

持分の差押えの後、脱退日の30日前までに、持分の差押えを受けた会員に対して脱退予告をさせ強制的に脱退させることができる（法44条1項）。差押えの効力は持分の払戻請求権に及ぶので（同条3項）、差押債権者は、その払戻金から優先的に弁済を受けることができる。差押えを受けた会員は、差押債権者に対して弁済をするか、相当の担保を提供することで、上記脱退予告を失効させることができる（同条2項）。

【法定の強制脱退事由】
　①その者が取引する商品市場のすべてが最低会員数基準を充たすことができなくなったため閉鎖されたとき、②持分の全部譲渡、③死亡（自然人の会員）・解散（法人の会員）、④除名（法42条）

【除　　名】
　「除名」とは、会員商品取引所がその行為によって、特定の会員について強制的にその会員たる地位を剥奪し、取引所から脱退させることをいう。法定の除名事由は、①純資産額不足で取引所から取引停止処分（法99条3項）を受けた後6カ月以内に純資産額が所定の金額以上にならなかった場合（同条5項。逆にこの期間内に基準額以上になったときは取引停止が解除される（同条4項））と、②主務大臣が、会員の商先法違反・同法に基づく命令や主務大臣

88 第3章 商品取引所・商品市場・商品市場における取引

の処分への違背につき、取引所に対して当該会員を除名すべき旨を命令した場合（法160条1項）、である（法43条1項。当該会員に対する通知をもって対抗要件とする（同条3項））。会員商品取引所は、定款・制裁規程に除名事由を追加記載することができる（法11条2項9号・165条）。会員を定款の除名事由により除名するときは、弁明の機会を与えたうえで、会員総会の特別決議を要する（法43条1項・2項）。

(c) 脱退の効果

(i) 脱退前にした取引の決済の結了

　脱退会員が脱退前に当該会員商品取引所の商品市場において行った取引について決済を結了していなかったときは、相続・合併による権利義務の承継等をする者がある場合を除き、会員取引所は、定款の定めるところに従い、当該脱退会員、決済未了の取引に係る権利義務を承継した者（「承継者」）、当該商品市場において取引をすることができる他の会員のいずれかの者をして、当該取引の決済を結了させなければならない（法113条1項）。脱退会員が自ら取引の決済結了を行う場合は、その目的の範囲内で会員とみなされる（同条2項）。他の会員に結了させるときは、当該他の会員と脱退会員との間に委任契約が成立するとみなされる（同条3項）。大阪堂島商品取引所の定款では、「承継者」に1カ月以内に取引の結了を求め、「承継者」に結了させることが適当でないと認めるときには、他の会員を指定して取引を結了させるものとされている（大商取定款51条1項・2項）。

(ii) 持分の払戻しまたは追徴

　持分の全部譲渡（譲受人への持分移転）以外の理由による脱退の場合は、脱退会員は、取引所に対してその持分の払戻しを請求することができる（法45条1項）。払戻額は、脱退した日の属する月の前月末日における当該取引所の純資産額（なお、大商取定款39条3項（理事会が決める））を基準にして出資1口当たりの金額が算出され、これがプラスのときはその基準額に出資口数を乗じた金銭が払い戻される。この場合、脱退会員の取引所に対する債務等が残っているときは、その弁済に充当されてから、払戻しがなされる（法45条3項・5項）。払戻請求権は、行使しないときは、脱退後2年で失効する（同条4項）。

　これに対して、上記金額がマイナスのときは、定款に定めるところにより、

取引所は脱退会員に対して追徴することができる（同条3項）。

⑸　**会員総会**

　会員総会は、全会員で構成される会議体である。会員総会は法人たる会員商品取引所の最高意思決定機関として、会員商品取引所の重要事項を決議する。

　【会員総会の議決事項】
　　特別議決事項は、定款変更・解散・合併・会員の除名（法61条・60条1号・4号〜6号）、普通決議事項は、貸借対照表等の承認・経費の賦課や徴収方法・その他定款で定める事項（法60条2号・3号・7号）である。このほか、商先法には「会員総会の決議を要する」との規定がいくつかある（法50条1項本文など）。

　会議体としての会員総会は、毎事業年度1回開催される定時総会と理事長が必要と認めるときに開催される臨時総会とがある。いずれも理事長が招集権を有するが（法59条1項・2項）、例外的に監事（法59条6項）や主務大臣の承認を得て会員が招集する場合（同条7項）がある。少数会員に総会招集請求権（総議決権の5分の1以上）が認められている（同条3項〜5項）。定時総会の招集通知は会日の10日前までに発せられる（同条8項本文・9項。延会・続会の場合は招集通知不要。緊急の必要がある場合の臨時総会の招集通知は2日前とされている（大商取定款64条2項参照））。定款に別段の定めがある場合を除き、招集通知に記載された「会議の目的である事項」（議題）以外の決議はできない（法62条4項。なお、大商取定款67条（「緊急議案」の例外））。会員は各自1個の議決権を有する。特別利害関係人の議決権行使・代理行使・電磁的な方法による議決権行使など、会社法上の株主総会の規定と同様の規定が設けられている（法33条2項〜5項・63条）。議長は出席会員の中から選出される（法62条2項）。議長である会員は決議に加わることができないものとされ、普通決議について可否同数のときに限り最終議決権を有する（同条1項）。議事録が作成される（法62条の3・62条5項）。

⑹　**役　　　員**

　会員商品取引所に必置の役員とその員数は法定されており、理事長1人、理

事 2 人以上、監事 2 人以上である（法 46 条）。理事会は定款上の機関であり、法定の機関ではない。役員と会員商品取引所の関係は民法の委任に関する規定に従う（法 50 条の 2）。

　理事長は、取引所を代表し、事務を総理する（法 47 条 1 項）。理事は、定款で定めるところにより取引所を代表し、理事長を補佐して取引所の事務を掌理し、理事長に事故があるときはその職務を代理し、理事長が欠員のときは理事長の職務を行う（同条 2 項）。会員商品取引所では理事長と理事（定款の定めを条件とする）とが代表権をもつ。取引所の事務執行は理事長と理事の過半数で決する（同条 3 項）。理事長と理事は、定款または会員総会決議で禁止されないときに限り、特定の行為の代理を他人に委任することができる（法 47 条の 2）。

　監事は、取引所の事務を監査するほか、理事長・理事に対する報告請求権などの権限が法定されている（法 48 条 1 項・2 項）。会員総会提出書類を事前に調査し、意見を総会に報告しなければならない（同条 3 項）。

　役員には欠格事由がある（法 49 条）。役員は、原則として会員総会で選出される（法 50 条 1 項本文）。例外は、創立総会における設立当時の役員の選出（同条同項但書）と、定款の特段の定めと理事の過半数の同意を条件に、理事長が定款所定の数の理事を選任する場合である（同条 2 項）。後者の手続で会員外理事が選任される場合がある。役員の任期は 3 年以内で定款の定める期間とされる（法 51 条 1 項。設立時役員につき同条 2 項）。理事・監事の職を行う者がいないときは、主務大臣は一時その職を行う者（仮理事・仮監事）を選任することができる（法 52 条）。役員の責任につき、株式会社商品取引所の役員等と同様の責任規定が設けられている（法 53 条）。役員報酬に関する特段の規定はない。役員の解任は総会員の半数以上が出席する会員総会において出席会員の 3 分の 2 以上の同意があることを要する（法 54 条 1 項後段）。その発議は、総会員の 5 分の 1 以上の連署をもってなされる書面による請求による（同条同項前段・4 項）。その請求は法令・定款・業務規程違反を理由とする場合を除き、理事長および理事の全員または監事の全員について同時にしなければならない（同条 2 項）。適法な請求があったときは、理事長はその請求を会員総会に付議しなければならないが、解任対象の役員に対して事前に通知し（会日の 10 日前まで）、会員総会で弁明する機会を与えなければならない（同条 4 項）。

　役員は他の商品取引所の役員を兼任することができず、同一の会員商品取引

所において理事長・理事は監事と兼任できない。監事は理事長・理事のほか使用人と兼任することができない（法55条）。

【大商取の役員】

　大商取定款によれば、理事長1人、理事5人以上15人以内、監事2人以上4人以内とされる。理事長は、会員（その役員を含む）および会員の従業員以外の者の内から選挙で選出された理事の過半数の同意を得て、理事2人以内を選任できる（大商取定款72条）。役員の任期は、就任の日から就任の日の属する事業年度の翌々事業年度に行われる通常総会までとし、再任が許容される（同80条）。定款上の機関として、副理事長（同74条）と専務理事・常務理事（同75条）が設けられ、理事長に事故あるときや欠員のときは副理事長、副理事長にも事故あるときや欠員のときは専務理事、常務理事の順で職務を代理する（同74条・75条）。役員の選任につき、会員総会での無記名投票による選挙を原則とするが、出席した会員の3分の2以上の承認を得たときは、その他の方法により選挙することができる（同79条但書）。役員の報酬は会員総会で総額を定めるものとされ、会員から選出された役員は総会で当該役員について特に承認を得た場合を除き無報酬とされる（同84条）。これ以外に、守秘義務等の定め（同85条）などがある。

⑺　計　　算

　理事長は、通常会員総会の会日の2週間前までに、決算関係書類等として財産目録、貸借対照表、損益計算書、業務報告書、剰余金処分案または損失処理案を作成しなければならない（法66条・67条）。これら決算関係書類等は監事の監査を受け、財産目録と業務報告書を除き（これらは総会では報告事項）、通常会員総会の承認を受けなければならない（法67条・68条）。決算関係書類等・写しは、主たる事務所・従たる事務所に法定期間備え置かれ（法68条の2第1項・2項）、会員と会員商品取引所の債権者は、事業時間内にこれらの閲覧・謄写を請求することができる（法68条の2第3項）。貸借対照表は公告される（法68条の3）。

　会員商品取引所は剰余金を分配してはならない（法65条）。毎事業年度の剰余金の10％以上を損失てん補準備金として積み立てなければならない（法64条1項）。積立ての上限は特に定められていない。損失てん補準備金は損失の

てん補以外に取り崩すことができない（同条2項）。

⑻　組織変更・合併・清算

会員商品取引所は、株式会社商品取引所に「組織変更」することができる（法121条）。組織変更とは、法人格はそのままで組織形態を変更することをいう。そのための手続は、会社法上の組織変更に準じるが（法122条以下）、効力発生には主務大臣の認可を必要とする（法132条）。組織変更計画に定める効力発生日（法122条4項10号）か主務大臣の認可を受けた日のいずれか遅い日に、会員商品取引所は株式会社商品取引所となる（法135条。組織変更登記（法134条））。

会員商品取引所は、所定の手続（法139条1項・140条以下）を経て、他の会員商品取引所と合併することができる（法139条1項）。その場合、吸収合併存続商品取引所・新設合併設立商品取引所は会員商品取引所でなければならない。会員商品取引所は、所定の手続を経て、他の株式会社商品取引所と合併することができる（同条同項）。その場合、吸収合併存続商品取引所・新設合併設立商品取引所は株式会社商品取引所でなければならない（同条2項）。主務大臣の認可が合併の効力要件である（法145条1項・146条）。吸収合併の場合は、吸収合併契約に定める効力発生日（法140条2号）か主務大臣の認可を受けた日かのいずれか遅い日に、合併の効力が生じる（法148条1項）。合併登記は対抗要件である（同条2項）。新設合併の場合には、設立登記の日に合併の効力が生じる（同条3項）。主務大臣の合併認可は、取引所の定款等の変更あるいは設立の認可でもある（法149条）。

商先法には、会社法上の会社の清算に関する規定に準じて、合併と破産手続の開始を理由とする場合を除く会員商品取引所の清算に関する規定が設けられている（法77条など）。

第2節　商品市場

1　商品市場

商先法上、「商品市場」とは、商品取引所が先物取引を行うために1種の上

場商品または上場商品指数ごとに開設する市場をいう（法2条9項）。「先物取引」の種類に応じ、上場商品につき1号先物取引・2号先物取引・5号先物取引・7号先物取引を行うための「1号商品市場」と、上場商品指数につき3号先物取引・6号先物取引・7号先物取引を行うための「2号商品市場」とがある（同項）。これに対して、4号先物取引（各種オプション取引）は、商品取引所の定款または業務規程で定められる限りで、1号商品市場または2号商品市場の付随的な取引として「商品市場における取引」となるにすぎず、4号先物取引だけを目的とした商品市場は認められていない。商先法上の「商品市場」は、国内の取引所市場に限定されており、「先物取引」も国内の取引所市場で行われるものに限定されている（法2条3項）。そして、商品市場における公正な価格形成を担保するには、商品市場の運営およびそこにおける取引が主務大臣の許可を受けた商品取引所の厳重な管理の下で行われる必要があるため、商先法は、「商品市場における取引」について、詳細な規定を置いている。

　他方では、そのような監督を受けない業者による「先物取引類似取引」を野放しにしておくことは、公正な価格構成を阻害するだけでなく、一般公衆に多大の損害を与えるおそれがある。そこで先物取引類似取引をするための施設の開設および先物取引類似取引の禁止（法6条）や、商品市場における相場を利用した賭博行為等の禁止（法329条）を規定している。しかし、当業者等の多様なリスク・ヘッジのニーズに応えるためには、取引所市場のほかに、一般委託者を参加させずに弾力的な運用のできる市場が求められ、仲間市場、第一種および第二種特定商品市場類似施設、特定店頭商品デリバティブ取引が例外的に認められている。

2　外国商品市場

　「外国商品市場」とは、商先法が定義する「商品市場」（法2条9項）に類似する市場であって、外国に所在するものをいう（同条12項）。

　経済のグローバリゼーションの進展に伴い、シカゴ、ニューヨーク、ロンドンなどの国境を越えた商品先物市場へのアクセスが容易となり、当業者にとって海外市場の重要性はますます高まっている。もちろん海外の取引所や商品市場は、その所在国の法令に服しており、日本の法令や行政による規制は及ばないのが原則であるが、かつて、海外の商品取引所で取引を行う日本国内の海外

94　第3章　商品取引所・商品市場・商品市場における取引

商品先物取引業者には許可制がなかったため、日本国内で、経験や知識の乏しい投資者を相手に、外国商品市場取引につき不公正な営業をする悪質業者による被害が続出した。そこで、「商品市場における取引」のほかに、「外国商品市場取引」を定義するとともに、海外商品先物取引業者にも商品先物取引業者としての許可を義務付け（同条22項3号・4号・190条）、規制を強化した。すなわち、「外国商品市場取引」とは、「外国商品市場」において行われる取引であって、商先法が定義する「商品市場における取引」に類似するものをいうと定義して（法2条13項）、商先法の規制対象としたのである。なお、商先法の施行により、従来の商取法と「海外商品市場における先物取引の受託等に関する法律」（海先法）とが統合され、海先法は廃止された（平成21年法律第74号）。

このように、国内外の商品市場を問わず、商品先物取引を行うときは、国の許可を受けた商品先物取引業者が委託者・顧客との窓口となる。国に登録した商品先物取引仲介業者が顧客と商品先物取引業者との仲介を行う場合もある。そして、商品先物取引業者や商品先物取引仲介業者には、顧客とのトラブルを防ぐための様々な規制が課せられている。

第3節　商品市場における取引（法2条10項）

1　業務規程

　商品取引所は、その組織および運営管理に関する基本的事項を定款において定めなければならない（法11条・81条）。そのうち主たる業務である商品市場における取引に関する細則を業務規程において定めなければならない。業務規程は、商品取引所の設立許可の申請に際して添付書類とされており（法14条2項・79条2項）、その変更には主務大臣の認可が必要である（法156条）。

【業務規程の必要的記載事項】
　業務規程には、開設する商品市場ごとに、次に掲げる事項を定めなければならない。ただし、会員商品取引所では、①②③⑤を定める必要はない（法102条）。
　① 　取引参加者に関する事項

② 信認金に関する事項

③ 取引証拠金に関する事項

④ 商品市場における取引の対象とする商品たる物品もしくは電力、商品指数またはオプション（実物オプション・特定スワップオプションを含む）

⑤ 上場商品または上場商品指数ごとの取引の種類

⑥ 取引の期限

⑦ 取引の開始および終了

⑧ 取引の停止

⑨ 取引の契約の締結およびその制限に関する事項

⑩ 受渡しその他の決済の方法

⑪ 以上のほか、取引に関し必要な事項

2 商品市場における取引資格の制限

⑴ 総 説

商品市場では誰でも取引できるわけではなく、取引資格が限定されている。商品市場を管理する商品取引所は、取引資格のない者が商品市場で取引をすることがないようにしなければならない。取引資格のない者が商品市場で取引をしたときは、1年以下の懲役もしくは100万円以下の罰金に処せられ、またはこれを併科される（法363条1号）。法人の代表者または法人もしくは人の代理人、使用人その他の従業者がその法人または人の業務または財産に関して違反取引をしたときは、その行為者を罰するほか、当該法人には1億円以下の罰金刑が科せられる（法371条1項5号）。商品取引所には会員商品取引所と株式会社商品取引所があるが、商品市場における取引に参加できる者の資格はどちらの組織形態の取引所であるかによって異なり、商品市場における取引資格をもつのは、会員商品取引所の会員または株式会社商品取引所の取引参加者であり、これらの者を併せて「会員等」という。

⑵ 株式会社商品取引所における取引資格

株式会社商品取引所の開設する商品市場における取引は、当該商品市場における「取引参加者」でなければすることができない（法97条2項）。株式会社商品取引所の場合、出資者は株主であるが、株主の資格に制限はないので、株

主に対して当然に取引資格を認めると、取引資格を制限しないのと変わらないことになる。そこで株主と取引資格を分離して、株式会社商品取引所の開設する商品市場における取引は、「取引参加者」に限ってできるものとし、取引参加者には、当該商品取引所の業務規程の定めにより、その開設する商品市場ごとに、当該商品市場における取引を行うための資格が与えられる（法82条1項）。「商品市場における取引」は、商品取引所が1種の上場商品または上場商品指数ごとに開設する商品市場における取引を意味するので（法2条10項）、ある商品市場における取引の取引参加者であるからといって、その所属する商品取引所のすべての商品市場において取引ができるわけではなく、取引資格は個々の上場商品または上場商品指数に係る商品市場ごとに定められる。

(3) 会員商品取引所における取引資格

会員商品取引所の開設する商品市場における取引は、当該会員商品取引所の会員でなければすることができない（法97条1項）。会員商品取引所は、商品または商品指数について先物取引をするために必要な市場を開設することを主たる目的として、商先法に基づいて設立された会員組織の社団法人であり（法2条5項・7条1項）、当業者や商品先物取引業者などの出資により設立され、これらの者が会員となる。会員商品取引所の開設する商品市場における取引資格は、その商品取引所の出資者である会員に限って認められるが、会員は商品取引所に所属するのであって、商品取引所の開設する個々の商品市場に所属するものではない。会員商品取引所における取引資格は、会員であることを前提にして、個々の上場商品または上場商品指数に係る商品市場ごとに定められる。

(4) 取引資格と商品先物取引業者の関係

会員商品取引所の場合、会員でない者は、その商品取引所の開設する商品市場において取引することができないので（法97条1項）、取引に参加しようとするときは、その商品市場における取引資格をもっている会員に取引の委託をしなければならない。しかし、取引資格のある会員のすべてが商品市場における取引を受託できるわけではなく、それができるのは、商品先物取引業につき主務大臣の許可を受けた者、すなわち「商品先物取引業者」に限られる（法190条1項）。

これに対して、株式会社商品取引所の場合は、会員ではなく取引参加者が取引資格をもつので（法97条2項）、商品先物取引業者であれば、当該商品取引所の株主でなくても、また当業者でなくても、商品市場における取引資格を取得しようと思えば取得することができる。しかし、商品先物取引業者は、商品市場における取引資格を有することを義務付けられていないので、取引参加者でない商品先物取引業者も存在し得る。具体的には、もっぱら商品市場における取引の委託の取次ぎを業とする商品先物取引業者がそれである。取引の委託の取次ぎを受託した者を「取次者」といい、取引の委託の取次ぎを委託した者を「取次委託者」という（法103条1項2号・4号）。

　取引資格のない一般委託者は、商品先物取引業者を通して商品先物取引に参入することになる。会員等である商品先物取引業者は、他の者から委託を受けて商品市場において取引をするが、自己の計算で取引をすることもできる。委託者から委託を受けて成立した取引に係る建玉（たてぎょく）を「委託玉（いたくぎょく）」といい、自己の計算で成立した取引に係る建玉を「自己玉（じこぎょく）」という。

【商品市場における取引資格の拡大】

　会員資格は、かつては日本で当業者としての業務に従事する者に限定されていたが（「当業者主義」）、1990（平成2）年の商取法改正により、外国法人等が日本の商品先物市場に直接参入できるように、商品取引所の会員資格を拡大したのに伴って、商品市場における取引資格も拡大された。その結果、外国で上場商品や上場商品指数対象物品の売買等の業務を営む者も、日本の商品取引所の会員となることや、日本の商品先物市場における取引の受託業務を営む商品取引員（現行の「商品先物取引業者」）になることが可能になった。1998（平成10）年の商取法改正では、上場商品構成物品等の売買等の業務を営まず、もっぱら受託業務に従事する商品先物取引業者や、商品市場の相場を利用しながら商品市場によらないで差金の授受を目的とする行為などを行う「店頭商品先物取引業者」も、商品取引所の会員として認められることになり、当業者主義が一層緩和されることになった。さらに2004（平成16）年の商取法改正において、新たに株式会社商品取引所が認められたが、株式会社商品取引所には会員がいないため、「取引参加者」という概念が採用された。

3　取引対象商品──上場商品・上場商品指数

　「商品市場」において取引されるものを「取引対象品」という。商品取引所は、1つの商品市場における取引の対象として定款または業務規程に規定された1または2以上の商品または商品指数（「上場商品」（法2条7項）・「上場商品指数」（同条8項））以外は取引することができない。業務規程においては、開設する商品市場ごとに、その商品市場における取引対象とする商品たる物品または電力、商品指数またはオプションと、上場商品または上場商品指数ごとの取引の種類などの細則が定められなければならない（法102条1項）。

　「本上場」（「試験上場」に対立する用語）されるためには、商品取引所の設立時であれば、主務大臣が、設立許可基準のうちの「申請に係る上場商品……の先物取引を公正かつ円滑にするために十分な取引量が見込まれることその他上場商品構成品……の取引の状況に照らし」その上場が「上場商品構成品等の生産及び流通を円滑にするため必要かつ適当」であるか否かという基準（法15条1項1号・80条1項3号）等に従って（令4条参照）、上場の適否等を、所定の手続（法15条4項以下）を経て慎重に判断する。既存の商品取引所が定款や業務規程の変更により取引対象品を追加・変更する場合であっても、主務大臣が同様の基準（法155条3項1号ロ参照）に従って慎重に判断し、その条件を充たすときは許可または認可をしなければならないものとされている（法15条1項・155条4項・156条4項）。その場合、申請者たる商品取引所が基準充足性を立証しなければならないことはいうまでもないが、特に「貴金属」のように複合的商品を取引する「商品市場」を新たに開設する場合には、商品取引所があえてそのような複合的商品を上場しなければならない理由を示す必要があると解される。もっとも、かつては前述したように「指定商品」概念があったため（1990（平成2）年改正前商取2条2項、令1条参照）、既存の商品取引所の上場商品や商品市場がその区分に従い、複合的商品の商品市場が多く開設されてきた経緯がある。そのため、近時の「新規上場」といわれるものが、新たな「商品市場」の開設による「上場商品」の追加ではなく、既存の「商品市場」におけるその「上場商品構成品」の追加を意味する場合も少なくない。なお、「上場商品」は、文字通り、上場されている「商品」であるので、「上場商品」または「上場商品構成品」が商先法2条1項の「商品」の定義に該当する物品また

は電力を対象とするものでなければならないことはいうまでもない。商先法または政令のリストにないものを「上場商品」としたい場合は、商先法の改正または政令の改正により「商品」に追加されなければならない。

　複合的な商品指数を上場する（2以上の商品指数を1の上場商品指数として商品市場で取引する）ときは、その対象となる物品または電力の大部分が共通していることが必要である（法15条1項3号）。

　取引対象品は、商先法上の「商品」でなければならず、かつ、商品取引所の定款・業務規程に「上場商品」（法2条7項）または「上場商品指数」（同条8項）と定められていなければならない。実際には、「上場商品構成品」や「上場商品構成指数」が取引されている。

【試験上場制度】

　かつての「当業者主義」の下では、新規の上場を行おうとしてもそれについて当業界全体のコンセンサスを得ることが非常に難しく、新規の上場を円滑・迅速に行うことは困難であった。そのため、上場商品が必ずしも国民経済的な意味での重要性を反映していなかったとされる。そこで、1990（平成2）年の商取法改正により、新規の上場が機動的に行われ、商品市場が真に国民経済の適切な運営に資するものとなることをねらいとして、「試験上場」制度が導入された（法11条4項・15条3項・80条3項）。

4　取引の種類

　「商品市場」での取引は、「商品デリバティブ取引」（法2条15項）である。中心となるものは、そのうちの「先物取引」であるが（同条5項・6項）、現物取引も行うことができる。

【商品市場における取引等】

　商先法は、「商品市場における取引」（法2条10項）、その委託の媒介・取次ぎ・代理、「商品清算取引」（同条20項）の委託の取次ぎ、その取次ぎの委託の媒介・取次ぎ・代理をまとめて、「商品市場における取引等」と総称している（同条21項）。

5 格　　付

　現物先物取引には、「格付（標準物）先物取引」と「銘柄別先物取引」の2種類があるが、銘柄別先物取引はほとんど行われていない。格付先物取引は、上場商品について特定の銘柄品を「標準品」として定め（東商取業務11条参照）、商品市場における取引は標準品を対象として契約するが、受渡しを行う場合には当該銘柄品を渡す必要はなく、同一種類の商品であれば他の銘柄品を渡しても差し支えないというものである。そのかわり、あらかじめ定められた「格付」により、標準物より上等の銘柄品を渡せば、その価格差に相当する額が当初の代金に加算され、反対に、下等の銘柄品を渡せば、当初の代金から減算されることになる。したがって、格付取引では上場商品の格付が重要な意味をもつ。

　上場商品の格付の方法、格付表その他格付に関する事項は、各商品取引所の業務規程で定められなければならない（法104条1項）。なお、商品市場における取引のために、当該上場商品の等級について定められた国定規格があるときは、商品取引所はこれに従わなければならない（同条2項）。会員等は、業務規程で定めるところにより行う格付に従わなければならない（同条3項）。商品取引所は、「格付人」を選任する必要がある場合は、当該取引所の会員等以外の者から選任しなければならず、その格付人は原則として取引所の使用人としなければならない。ただし、主務大臣の承認を受けたときは、取引所の使用人でない第三者による格付も可能である（同条4項・5項）。

6　取引の期限（限月）

　先物取引では、契約履行の最終期限を月別に区分して取引が行われるのが通常であり、その期限の月のことを「限月」（げんげつ）という。限月は、商品取引所が業務規程において自主的に定めることができ（法102条1項6号）、法令による特別の制限はない。各限月の未決済の取引（建玉）は、その限月に係る取引の最終立会日（当月限納会日（とうげつぎりのうかいび））までに反対売買または受渡しにより決済して、取引を終了しなければならない。また、現金決済先物取引の場合には、各限月の未決済の取引は、その限月に係る取引の最終立会日までに反対売買をするか、各商品取引所の業務規程で定める最終決済価

格により決済して、取引を終了する。

【限日（げんにち）取引】

　商品取引所で先物取引として上場される CFD 取引は、「限日取引」と呼ばれている。商品先物取引では、1 カ月ごとに期限を設定して各月ごとに取引が行われる「限月取引」が一般的であるが、限日取引でも期限がある点は同様であり、その期限は毎営業日到来する。しかし、「限日取引」では、毎営業日の立会終了時点で残った建玉は、自動的に翌営業日に同条件で繰り越される「ロールオーバー」という仕組みが導入されている。そのため、実質的には反対売買をしない限り、取引を継続することが可能となる。この結果、参加者は、自ら取引終了期限を設定することにより（ロールオーバーを止める）、買った時の契約価格と売った時の契約価格の差額を受払いすることで取引を最終的に完了させることができる。

　この「限日取引」は、現金決済型の先物取引の一形態であるため、毎営業日のロールーオーバーに当たっては、「現実価格（将来の一定の時期における現実の当該商品の価格）の差に基づいて算出される金銭の授受」を行うことになる。すなわち、毎営業日に行われる値洗いにおける帳入価格としては、「現実価格」が採用されるのである。

＜参考：東京商品取引所業務規程 16 条の 2（限日取引）より抜粋＞

　　1 項　限日現金決済先物取引は、1 の計算区域の立会時間において成立し、又は 1 の計算区域の直前の計算区域の立会終了時におけるロールオーバーにより発生し、転売若しくは買戻し又は建玉が発生した計算区域の立会時間終了時におけるロールオーバーにより消滅する限日取引とする。

　　2 項　前項に規定する「ロールオーバー」とは、限日現金決済先物取引の建玉について、その建玉が存在する計算区域において転売又は買戻しが行われないときは、当該計算区域を限日とする建玉が当該計算区域の日中立会終了時に消滅し、同時に、消滅した建玉と同一の内容（限日については当該計算区域の直後の計算区域とする。）を有する建玉が新たに発生することをいう。

7　取引の開始と終了

　「商品市場における取引」の開始および終了時刻、商品取引所の営業日・休業日・半休業日などは、各商品取引所がその業務規程で自主的に定めることができる（法 102 条 1 項 7 号）。臨時的な取引の開始・終了も認められるが、それ

らも業務規程に基づくことが必要である。なお、2004（平成 16）年の商取法改正前は、「商品市場における取引」のことを「立会（たちあい）」と規定していたが、現行法ではその語は用いられていない。しかし、業務規程などでは、現在も「立会」という用語が使われている。

なお、東商取の商品市場における立会は、午前 8 時 45 分から午後 3 時 15 分まで行うものを「日中立会」、午後 4 時 30 分から翌暦日の午前 5 時 30 分（ゴム市場は午後 4 時 30 分から午後 7 時）まで行うものを「夜間立会」という（東商取業務 5 条）。

8　取引の手法

複数の者が参加し取引を成立させる競争売買には、売り値と買い値の値段が合致するごとに個別に取引を成立させる「個別競争売買」と、売り値と買い値の数量が合致したときにその単一の値段で全部の取引を成立させる「集団競争売買」とがある。前者は、「複数約定値段による競争売買」といわれ、「ザラバ」と俗称され、他方、後者は「単一約定値段による競争売買」といわれ、「板寄せ」と俗称される。従来、日本の商品取引所における取引は、1 回の取引ごとに仮約定値段を上げ下げして売りと買いが同数となった時に枡（き）を入れて約定値段を確定し、その値段ですべての売買を成立させる、板寄せ式の単一約定値段による競争売買がほとんどであった。この方法による場合、午前中 2 回～ 3 回、午後 2 回～ 3 回の「節（せつ）」（前場 1 節～後場 3 節）に分かれて立会が行われる「節取引」となる。これに対して、取引時間内であれば数時間継続して立会が行われるザラバ取引の場合は、節が設けられないので、市場の変化にリアルタイムで対応することができる。世界的にはザラバ取引が主流であり、現在、東商取ではザラバ取引が行われ、大商取もザラバ取引への移行がなされた。もっとも、ザラバ取引の場合でも、立会開始時・終了時や立会中断後の再開時には板寄せに類似した仮合わせが行われることがある（これは金融商品取引所も同様である）。

【バイカイ付出し】
　「バイカイ付出し」とは、単一約定値段による競争売買において、会員が、同一商品、同一限月の物品または電力につき、同一数量の売付けと買付けとを

同時に行おうとするときに、立会中に注文を出すことなく、立会終了後速やかに商品取引所に申し出て、当該立会中に成立した値段で売買約定を成立させ、商品取引所の帳簿に記載する手続をとることをいう。バイカイには、売りと買いの委託建玉を付け合わせる「付合せバイカイ」と、委託建玉と商品先物取引業者の自己建玉とを付け合わせる「向かいバイカイ」の2種類がある。バイカイは競争売買の延長であるから有効であると理解されているが（福井地判昭和35・1・11判時217号28頁）、バイカイによって成立した取引は市場における取引と擬制されるにすぎず、実質的には市場外における取引であって、市場における価格形成に関与しない点で問題であるという批判もある。従来、バイカイ付出しは、立会終了後20分以内に限って認められていたが、現在、商品取引所の業務規程上はバイカイ付出しの規定はない。バイカイ付出しは、立会に参加して約定値段の形成に参加した注文の整理のために行われるものであり、立会終了後の注文については認めないという前提によるものである。なお、ザラバ式の複数約定値段による競争売買を行っている証券取引所においては、市場集中原則の徹底のために1967（昭和42）年10月以降、これを全面的に廃止した。

【特別売買】

一定の場合に、受託取引参加者は、同一約定値段で、同一限月かつ同一数量につき、立会中または立会終了後申し出て、商品取引所の承認を受けたものについて、自己が売方および買方となって売買約定を成立させることができる（たとえば東商取業務31条）。これを「特別売買」という。具体的には、会員等の端末の故障等により委託による売買注文を執行することができない場合に、委託者から売買注文を受けた直後の値段により売買約定を成立させるとき等である。

【立会外取引】

「立会外取引」は、現物先物取引、現金決済型の先物取引、指数先物取引およびオプション取引において、同一価格により、同一限月（オプション取引にあっては同一オプション銘柄）、かつ、同一数量の売注文および買注文につき、立会外で当該売買約定を成立させる取引であり、会員等は、取引所の定めるところに従い、取引所に申し出ることにより取引を成立させることができる。しかし、取引所が適当でないと認めるときは、この取引を取り消すことができる（東商取業務31条の2）。

近時、この制度を利用して、石油製品（ガソリン、灯油）の受渡しが行われている。これは、商品先物市場外で石油製品の受渡しを合意した当事者が、当

104 第3章 商品取引所・商品市場・商品市場における取引

事者間の信用リスクを回避するため、取引所取引の仕組みを利用して受渡決済を行うというもので、立会外取引で取引を成立させ、取引所が定める受渡日前に受渡しにより取引を決済する「申告受渡」（同57条）により取引を決済している。

【建玉（たてぎょく）・手仕舞い（てじまい）・両建（りょうだて）】

　商品取引所において売買約定が成立した取引で、決済未了のものを「建玉」という。買い約定のものを「買建玉」といい、売り約定のものを「売建玉」という。買建玉を転売し、売建玉を買い戻して取引を終了させることを「仕切り」または「手仕舞い」という。また同一の者（会員等または委託者）が同一商品の同一限月に有する同数の売建玉と買建玉を「両建玉」といい（そのようになっている状態を「両建」という）、売建玉と買建玉の差や、いずれかだけを保有するとき、これを「片建玉」という。

9　商品市場における取引の公正確保

⑴　取引の公正確保の要請

　商品取引所の開設する商品市場は、国民経済の健全な発展に資することを目的とした公共的な市場であり、公正な価格の形成が行われるためには、商品市場の適正な運営と市場における取引の公正を確保することが必要である。そこで商先法は、商品市場における取引の管理について定め、取引の公正の確保のため、以下のような種々の制限措置を講じている。昨今の規制緩和の流れのなかで、取引の公正確保の要請はむしろいっそう強まっているといえよう。

⑵　取引における禁止行為

　商先法上、商品市場における公正な価格形成を阻害する以下の行為は、明文で禁止されている。

①　仮装取引、なれ合い取引等の禁止

　何人も、次の(i)～(viii)に掲げる行為をしてはならない（法116条）。これらの行為は、不当な相場操縦を目的とするものであり、商品取引所の使命である公正な価格形成機能に対する重大な侵害である。

(i) 商品市場における取引に関し、上場商品の所有権（電力にあっては、電力の供給を受ける権利）の移転を目的としない売買取引をすること

第 3 節　商品市場における取引（法 2 条 10 項）　105

形式上は所有権等の移転があるかのように見えるが、実質上は所有権等の移転を目的としない取引であって、相場を自己の有利に導くための事前工作である。たとえば、履行期まで盛んに買占めをして相手方に多量の現物引渡義務を負わせておいて、履行期直前になっても相手方の買建てに応ぜず、逆にますます多量の買占めを続けて相手方を困らせ、これに乗じて巨利を博そうとするような行為などである。そのような行為を禁じるのであるが、行為者に不正の意思があることが必要であると解される。

(ii)　**商品市場における取引に関し、仮装の取引または虚偽の名称等による取引をすること**

「仮装の取引」とは、取引の形式を仮装することによって他の目的を達しようとする行為であり、(i)、(iii)、(iv)とも密接な関連性がある行為類型である。また、「虚偽の名称等による取引」とは、自己の名義を用いずに他人名義または架空名義で取引をすることであり、資産・信用等について相手方を誤解させるおそれがあるので、禁止される。なお、これは、会員等の商品市場における取引について禁止するものであり、委託者が自己の名を偽って委託することは禁止されていないとする下級審判例がある（東京地判昭和 46・1・29 判時 637 号 84 頁）。

(iii)　**商品市場における取引に関し、自己のする取引の申込みと同時期に、それと同一の対価の額または約定価格・約定指数において、他人が当該取引を成立させることのできる申込みをすることをあらかじめその者と通謀のうえ、当該取引の申込みをすること**

複数の者が通謀して、同一商品につき（板寄せであれば同一節内に）同一価格で記録上の取引を作り出して、相場を混乱させようとするものなどであり、一種のなれ合い取引である。取引が成立しなくても、申込みの段階で違反行為となる。

(iv)　**商品市場における取引に関し、単独でまたは他人と共同して、当該商品市場における取引が繁盛であると誤解させるべき一連の取引または当該商品市場における相場を変動させるべき一連の取引をすること**

ここに「一連の取引」とは、2 回以上にわたって取引をした場合であり、禁止されるのは、一連の取引による相場操縦である。取引が繁盛であると誤解させよう、相場を変動させようという行為者の主観的意図が要件であると解され

106　第3章　商品取引所・商品市場・商品市場における取引

る。

　(v)　以上の行為の委託をし、またはその受託をし、もしくはその委託の取次ぎを受託すること

　(i)〜(iv)の不正行為を助長する受委託を禁じる趣旨である。

　(vi)　商品市場における取引をする場合に、当該商品市場における相場を変動させる目的をもって、商品市場外で上場商品構成品または上場商品指数対象品の売買その他の取引をすること

　(i)〜(iv)が商品市場における取引であるのに対し、(vi)は商品市場外における取引を利用した相場操縦である。相場を変動させようという行為者の主観的意図が要件であると解される。

　(vii)　商品市場における相場が自己または他人の市場操作によって変動すべき旨を流布すること

　情報操作による相場操縦である。「流布」とは、不特定多数人に対して情報を伝播することであり、市場の内外を問わず、また口頭・電話・書面・テレビ・ラジオ・インターネット等、その手段を問わず、規制の対象となる。実際に市場操作が行われ、それによって相場の変動を生じたか否かは問わないと解される。

　(viii)　商品市場における取引をする場合に、重要な事項について虚偽の表示または誤解を生ぜしむべき表示を故意にすること

　(vii)と同じく、情報操作による相場操縦である。「表示」は、特定の相手や少数の相手に対するものでもよく、相手方に対して直接になされたか否かを問わず、市場の内外を問わず、また口頭・電話・書面・テレビ・ラジオ・インターネット等、その手段を問わない。一般人が取引をするか否かの判断に当たって基準とするような事項について、偽りであることを認識しまたは誤解を招くような表示であることを認識して表示することが規制の対象となる。

　②　仮装取引等をした者の民事責任・刑事責任

　①に掲げる禁止行為に違反した者は、当該違反行為により形成された対価の額または約定価格・約定指数により取引または委託をした者が当該取引または委託につき受けた損害を賠償する責任を負う（法117条1項）。この損害賠償請求権は、請求権者が当該違反行為のあったことを知った時から1年間または当該行為があった時から3年間これを行わないときは、時効によって消滅する

（同条2項）。また違反者は、5年以下の懲役もしくは500万円以下の罰金に処せられ、またはこれを併科される（法356条2号）。

(3) 主務大臣による取引等の制限

　主務大臣は、商品市場において、買占め、売崩しその他の方法により過当な数量の取引が行われるか、行われるおそれがある場合、または不当な対価の額・約定価格・約定指数が形成されるか、形成されるおそれがある場合に、商品市場における秩序を維持し、かつ、公益を保護するため必要があると認めるときは、会員等に対し、商品市場における取引またはその受託を制限することができる（法118条1号）。取引の制限としては、数量制限、値幅制限、究極的には取引の停止がある。この制限に違反した者は1年以下の懲役もしくは100万円以下の罰金に処せられ、またはこれを併科される（法363条6号）。

　規制の対象とされるのは、第1に、過当な数量の取引である。過当数量か否かに絶対的な基準はなく、市場の規模によって決まる相対的なものである。買占めによって品薄状態を作り出して価格を暴騰させ、あるいは売崩しによって買方を圧倒して価格を暴落させるという目的を達成するに足りるだけの数量が過当な数量と解される。

　第2に、不当な価格の形成である。何が不当な価格の形成かの判定は困難であるが、価格変動の連続性を無視した激しい動きや需給の実勢から著しくかけ離れた価格が形成されることは、不当と考えられている。

　第3に、過当な数量の取引もしくは不当な価格の形成またはそれらのおそれがあるだけではなく、市場秩序の維持および公益の保護のための必要性が要件とされている。しかし、過当な数量の取引および不当な価格の形成は市場秩序を乱すものであり、また公益は商先法1条の目的との関係で考えるべきであるから、格別新しい要件を付加したわけではない。

　取引等の制限は、すべての会員等に対してでも、一部の会員等に対してでも命じることができる。会員等の自己の計算による取引だけでなく、委託による取引も制限の対象となり、受託の制限が命じられた場合には、受託者たる商品先物取引業者に帰責事由はないので、商品先物取引業者は委託者に対して、注文を執行しなかったことによる債務不履行責任を負わない。

108　第3章　商品取引所・商品市場・商品市場における取引

⑷　商品取引所による市場管理

①　市場の管理に関する規則

　商品取引所は、定款および業務規程において、取引の管理に関する事項を定めているほか、商品市場における取引の公正を確保するため基本となる「市場管理基準」として、建玉制限、値幅制限、取引証拠金等の各市場の管理に関する必要な事項について、「市場管理細則」や「システム売買実施細則」等の諸規程を定めて、実施している（たとえば東商取業務3条）。商品市場における取引に異常・不当な事態が発生するなど、市場の状況により別途臨機の措置が必要であると認めたときは、市場管理細則以外にさらに厳しい措置を定めて併用することもできる。

②　建玉制限

　商品取引所は、過当投機や買占め・売崩し等の価格操作を防止するため、市場管理細則に基づいて、上場商品・限月ごとに建玉数量の制限を行っている。会員等の自己の計算による建玉数量だけでなく、委託者からの受託数量も制限されることがある。

③　サーキット・ブレーカー制度

　サーキット・ブレーカー（Circuit Breaker）制度とは、あらかじめ取引所が設定したサーキット・ブレーカーの幅（「即時約定可能値幅」（DCB：Dynamic Circuit Breaker））を超える価格で注文が対当した場合、一定時間、対象商品の全限月の立会を中断し、サーキット・ブレーカーの幅を拡張して取引を再開する制度である。立会中断中は新規・訂正・取消注文は受け付けられるものの、約定は成立しない。立会の再開時に、受け付けていた売買注文につき、一斉立会により板合せを行うことで約定を成立させる。心理的な混乱状態が原因で、経済の実態を離れて相場が暴騰・暴落しているときは、誰も値幅制限を超えて取引できなくなるので、相場の適正について冷静に考える余裕が与えられ、急激な相場の乱高下を抑制することがこの制度のねらいである。以前は、相場が極端に上下し、市場が混乱することを避けるために、1日に変動する最大の値幅を取引所が固定的に定める「制限値幅」の制度があったが、東商取は、2009（平成21）年5月より（旧東京穀物商品取引所は2011（平成23）年1月より）、新取引システムの導入とともに廃止し、より弾力的な運用が可能であるサーキット・ブレーカー制度を導入した。なお、当日の注文可能な値段幅については、

「サーキット・ブレーカー幅」（SCB：Static Circuit Breaker）として決められている。

④ 取引証拠金の調整による取引の制限

取引証拠金の預託（法103条・179条）は、商品市場における取引の履行の確保を目的とするが、同時に、商品市場における会員等の過当な投機を抑制し、取引の公正を確保する方法としても機能する。したがって、取引証拠金を増徴すること（その料率の引上げや臨時増証拠金の徴収など）によって、新規取引の抑制や建玉の整理の促進を図り、急激な相場の変動や異常な取引の発生を防止することができる。

⑤ 立会の臨時開閉・一時中断

相場の騰落が不穏当であるときまたは不穏当な騰落を生じるおそれがあるとき、取引の状況に異常があると認めるときまたはそのおそれがあると認めるとき、その他市場の管理のため取引を継続して行わせることが適当でないと認めるとき、清算機構の清算に支障があるときなどにおいては、商品市場を正常に運営することは難しくなる。そこで、商品取引所は、商品市場における立会の開閉時刻を臨時に変更したり、立会を臨時に停止したり、逆に休業日に立会を行うといった措置をとることができるものとされている（たとえば東商取業務8条）。また、売買管理上、立会を継続して行うことが適当でないと認める場合には、立会を一時中断することもできる（同9条）。主務大臣の命令によって、立会の臨時開閉や一時中断を行うこともある（法118条）。

⑥ 取引の停止

「商品市場における取引」の停止は、取引の公正確保または委託者保護のために必要な場合に臨時に行われる。これは、ある商品市場における取引を全面的にストップすることであり、「商品市場における取引」を継続しながら、特定の会員等に対する制裁として行われる取引の停止または制限（法160条1項）とは異なる。ただし、複数の物品または電力を上場している商品市場においては、一部の上場商品についてのみ取引を停止することもできると解される。商品取引所は、商品市場ごとに、商品市場の開設が可能となった日以後最初にその取引を行ったとき、および、臨時に取引の開始・終了をし、または取引の停止もしくは停止の解除をしたときは、遅滞なくその旨を主務大臣に届け出なければならない（法107条）。

110 第3章 商品取引所・商品市場・商品市場における取引

⑦ 「特別清算預託金」の徴収による取引の制限

　商品取引所は、商品市場における会員等の過当な投機を抑制し、取引の公正を確保することを目的として、清算機構に対して会員等である清算参加者に特別清算預託金を預託させるよう、清算機構に通知することができる。この通知を受けた清算機構は、特別清算預託金の預託指示を当該清算参加者に行う（方法書61条）。

⑧ 市場取引監視委員会

　商品取引所は、商品市場における取引の公正確保を図るため、市場取引監視委員会を置かなければならない（法166条）。この委員会は、商品市場における取引についての学識経験者などで商品先物取引業界や当業者団体などと密接な利害関係を有しない者から選んだ委員によって組織される第三者機関的色彩の強い機関であり、商品市場における取引方法、管理その他商品取引所の業務の運営について、代表取締役または理事長に対して意見を述べることができる（同条1項・2項、規則64条）。この委員会の組織や権限に関する事項は、取引所の市場取引監視委員会規程において定められなければならない（法166条3項、規則65条）。

第4節　相場の公表等

1　総取引高等の公表

　商品取引所は、主務省令の定めるところにより、その開設する商品市場における、①毎日の総取引高、および、②取引の成立した対価の額または約定価格・約定指数を速やかに会員等に通知し、公表しなければならない（法111条）。相場の公表義務に違反した商品取引所の役員は、30万円以下の過料に処せられる（法374条3号）。

　商品取引所の相場が国民経済上有する重要な機能を考慮して、その日の立会終了後に相場を一般に公表させている。そのことにより、商品市場における取引への参加者に対して翌日以降の取引の判断資料を提供するとともに、商品市場における取引の状況を広く国民に開示することにより、商品の価格形成の公正を確保する趣旨である。

複数の商品市場を開設する商品取引所では、各商品市場における総取引高等を公表しなければならないが、その日の取引が終了してから公表すれば足りる。法律上は、節取引（板寄せ方式）であっても各節終了ごとに掲示する必要はなく、また、総取引高について上場商品別・限月別に掲示する必要もない。実務上は、営業日ごとに、取引の種類別、上場商品構成品別、上場商品指数別および限月別の総取引高を、取引参加者に対して電子情報媒体等を通じて通知している（東商取業務79条。なお、大商取業務44条・50条・57条）。

2　相場および取引高等の報告

主務大臣が市場管理に関する監督権限を効果的に執行するには、商品取引所における取引の状況を具体的に把握していることが必要である。そこで、監督権限の効果的な執行を確保するために、商品取引所は、その開設する商品市場における相場等の一定の事項を主務大臣に報告することが義務付けられている（法112条）。商品市場における取引の状況に関する報告義務に違反した商品取引所の役員は、30万円以下の過料に処せられる（法374条3号）。

第1に、毎日および毎月の相場および取引高その他の主務省令で定める事項の報告である（法112条1号）。

第2に、大口建玉の報告である。商品取引所の開設する商品市場において、特定の会員等の自己建玉で決済を結了していない毎日の数量が、商品市場ごとに主務省令で定める数量（たとえば、東商取の貴金属市場にあっては5,000枚）を超えることとなった場合、その他その商品市場における取引の状況が主務省令で定める要件に該当することとなった場合には、当該会員等の名称、当該数量その他主務省令で定める事項を報告しなければならない（法112条2号、規則48条3項・別表2）。

3　相場による賭博行為等の禁止

何人も、「商品市場における取引」によらないで、「商品市場における相場」を利用して、差金を授受することを目的とする行為をしてはならない（法329条）。これに違反して差金を授受することを目的とする行為をした者は、1年以下の懲役もしくは100万円以下の罰金に処し、またはこれを併科する（法365条）。

112　第3章　商品取引所・商品市場・商品市場における取引

現金決済型先物取引（法2条3項2号）、商品指数先物取引（同条同項3号）、現金決済型先物取引・商品指数先物取引に係るオプション取引（同条同項4号）が取引所で行われるときは適法であるが、これらの類似取引が取引所外で行われるときは賭博との区別がつかない場合がある。もし賭博に当たるときは、この種の賭博は大規模に行われるので、刑法185条より重い刑罰が商先法に規定されている。これに対して、常習賭博に該当する場合には、商先法よりもさらに刑の重い刑法186条（常習賭博罪）の規定の適用を妨げないとされる。ただし、商品市場における相場を利用して取引所外で行われる差金の授受を目的とする取引であっても、商品先物取引業者または特定店頭商品デリバティブ取引業者（法349条）を相手方として行うことは認められ（法329条）、賭博行為の禁止の適用除外となっている。

第5節　取引所類似施設における取引

1　商品市場類似施設の開設・商品先物取引類似取引の原則禁止

商先法6条1項は、「何人も、商品又は商品指数（これに類似する指数を含む）について先物取引に類似する取引をするための施設（取引所金融商品市場を除く）を開設してはならない」と規定して、先物取引に類似する取引をするための施設の開設を禁止し、同条2項は、「何人も、前項の施設において先物取引に類似する取引をしてはならない」と規定して、そのような類似施設における取引を禁止している。この違反に対しては、懲役刑を含む罰則の定めがある（法357条1号・363条1号）。

禁止されているのは、第1に、先物取引に類似する取引（「先物取引類似取引」）をするための「商品市場」類似施設の開設であり、第2に、商先法6条1項に違反して設けられた当該施設において行われる「先物取引類似取引」である。

(1)　制度趣旨——市場集中原則

商先法上の「先物取引」は、「商品取引所の定める基準及び方法に従つて、

商品市場において行われる」ものに限定される（法2条3項）。したがって、第1に、「商品市場」に該当しない市場の開設は、本来、原則自由のはずである。第2に、商先法上の「先物取引」の定義規定に列挙される1号先物取引から7号先物取引までの先物取引が非公認の私設商品市場でなされても、それらは商先法上の「先物取引」（同項）ではなく、「先物取引に類似する取引」にすぎない。いずれも、商先法の範囲外とも考えられる。しかし、このような商先法上の「先物取引に類似する取引」を行う市場の開設が原則的に禁止され、かつ、当該商先法6条1項違反の私設商品市場で行われる「先物取引類似取引」も禁止されるのである。かかる市場開設は違法であり、かかる市場で行われる「先物取引類似取引」も違法である。

「先物取引類似行為」あるいはそのような先物取引類似行為を行う「市場の開設」が従来から商取法において明文で禁止されてきた理由は、商先法が定義する「商品市場」（法2条9項）で現実に取引されている「商品」（上場商品、上場商品構成品）や「商品指数」（上場商品指数、上場商品指数対象品）に関して（あるいは関連して）、非公認の私設商品市場で同一商品または同一商品指数の差金決済ができる売買がなされるならば、商品市場における公正な価格形成が害されると理解され、「商品」「商品指数」の公正な価格形成のためには（法1条参照）、その取引が公正かつ十分に管理された市場（「商品取引所」が開設する「商品市場」）に集中され、いわば一物一価のように価格形成がなされる必要があると考えられてきたからである（「市場集中原則」）。

(2)　市場集中原則の緩和

現行の商先法6条（かつての商取8条）は、私設商品市場の跳梁跋扈を抑止する趣旨で設けられたものであって、商先法（商取法）のコアとなる規律であると考えられてきた。しかし、その後、この「市場集中原則」は、緩和の方向に向かった。

1998（平成10）年の商取法改正により「店頭商品先物取引」が許容され、2004（平成16）年の商取法改正により「第一種特定商品市場類似施設」および「第二種特定商品市場類似施設」の開設が許容されたのである。これら店頭市場や特定商品市場という「施設」やそのような施設で行われる先物取引（厳密には「先物取引に類似する取引」）は、本来、商先法6条（商取8条）に照らし、

違法なものである。しかし、当業者にとって使い勝手のよい市場へのニーズの高まりを背景に、支障のない範囲で、金融機関と当業者などとの間の相対（あいたい）取引や相対取引に係る施設の開設が認められるようになったのである。

　なお、証券取引においても、かつては、証券会社が顧客である投資者から受け付けた売買注文を、自己売買部門や第三者と取引させるのではなく、必ず証券取引所に注文を回送して証券取引所に取引を集中させなければならないという「取引所集中義務」が取引所の定款や規程において規定され、証券取引所の行為については独占禁止法の適用が除外されていた。しかし、情報通信技術の発達により、価格や数量などの取引に関する情報が集中して公表されれば、証券取引所に取引を集中しなくとも、円滑な流通と価格の公正さを確保することが技術的に可能となり、他方では、マーケット・インパクトを避けるために市場外で注文を執行したいという大口投資家のニーズに対応できるように、1998（平成10）年の証取法改正で取引所集中義務が撤廃された。

2　商先法6条1項の適用範囲

⑴　禁止の対象

　1990（平成2）年改正前商取法8条1項は、「先物取引をする商品市場に類似する施設」の開設を一般的に禁止していた。これに対して、同年改正商取法8条1項および現行商先法6条1項は、「先物取引に類似する取引をするための施設」の開設を禁止している。そして、いずれもその2項で、かかる施設での「先物取引に類似する取引」（「先物取引類似取引」）を禁じる。

　1990（平成2）年改正前商取法は、「先物取引をする商品市場」と類似する市場（類似施設）の開設を禁止し、施設の類似性に着目していた。これに対し、同年の商取法改正以後現在に至るまでの禁止の対象は、その施設で行われる取引と商先法上の「先物取引」との類似性（類似取引）をまず問題とする（「先物取引に類似する取引」）。そして、先物取引類似取引を行う「施設」の開設を問題とする。商先法上の「商品市場」とは、上場商品・上場商品指数ごとに商品取引所が開設する市場のことであり、1号商品市場（上場商品に係る商品市場）と2号商品市場（上場商品指数に係る商品市場）とがある（法2条9項）。同年改正前商取法8条1項のように「先物取引をする商品市場」の類似市場が問題であるとすれば、その「施設」は商品取引所が開設する「商品市場」と類似する

第5節　取引所類似施設における取引　　115

ものであることが要求されよう。しかし、そのような「施設」で行われる「先物取引類似取引」が「商品市場」の価格形成等の関係で問題があると考えるのであれば、施設の類似性よりも、行為の類似性に着目する方が直截的である。

　商先法6条1項（1990（平成2）年改正商取8条1項）は、後述する（(2)参照）有権解釈の変更を反映していると考えられる。なぜなら、文言上、「商品又は商品指数（これに類似する指数を含む）について」とされ、「先物取引類似取引」の取引対象が商先法上の「商品」「商品指数」でなければならないことが明らかにされたと理解するならば、商先法6条の適用範囲が商先法上の「商品」等に限定されるとの変更後の内閣法制局統一見解と同じであると解されるからである。

【商先法6条による私設市場の取締り】
　かりに「商品」「商品指数（類似の指数を含む）」以外のものを取引対象とした私設市場が生まれ、その「施設」で「先物取引類似取引」を行ってトラブルが発生したときは、商先法6条の適用範囲外になる。これを商先法6条により取り締まろうとするならば、若干後追いになるが、「商品」等に追加する政令指定（法2条1項3号）で対応するほかはない。

(2)　商取法8条の解釈の変更

　1990（平成2）年改正前商取法上の「商品」の定義は、「政令で定める物品」（「指定商品」）とされていた（同年改正前商取2条2項）。そのため、「政令で指定されていない物品」（たとえば、かつては金や石油などは指定商品ではなかった）を先物取引の対象とする私設市場が商取法8条の適用範囲に含まれるか否かをめぐって議論が生じた（いわゆる「8条問題」）。具体的には、金（きん）の私設市場の取締りについて、商取法8条（当時）を適用できるか否かをめぐって争われた。当時、金の私設市場をめぐるトラブルは政治問題化し、国会でも取り上げられるところとなったため、改めて当時の商取法8条の解釈が求められることとなったのである。

　当時の学説の多数説は、商取法8条をもって、そのような私設市場を違法な存在と捉えることができ、取り締まることができるとするものであった。先物取引をする商品市場の公正性を確保するためにも、そのような先物取引をする

商品市場類似施設の開設を禁じることに意味があると解されたからである。これはそれ以前の「有権解釈」（昭和26年2月7日法務府法制意見第一局長回答）とも符合した解釈であった。これに対して、1980（昭和55）年に内閣法制局統一見解として示された有権解釈は、これとは全く逆のものであった。すなわち、商取法は、同法が定義する「商品」（法2条2項）についてのみ適用される法律であるとの前提から、商取法に基づいて指定がなされていない商品については商取法8条の適用はないという趣旨の見解であったのである（昭和55年4月23日内閣法制局第一部長回答）。

　この解釈変更の結果、金の私設市場は当時の商取法8条では取り締まることはできないということとなった。しかし、その後、問題となった金が商取法にいう「商品」に追加して政令指定されることとなり、問題解決が図られた。同時に、「金」をめぐる当時の大蔵省（通貨と関連する金）と通産省（工業品としての金）の管轄問題も一応の決着をみた。

(3)　先物取引類似取引

　商先法上の「先物取引」は、商先法上の「商品」等を対象として「商品取引所の定める基準及び方法に従つて、商品市場において行われる」ものに限定される（法2条3項）。したがって、この定義に列挙される「先物取引」が私設市場でなされたとしても、それは商先法上の「先物取引」に該当せず、「先物取引に類似する取引」になる。このような理解からすれば、「先物取引類似取引」とは、内容的には商先法上の「先物取引」と同じものであるが、それが商品取引所以外の場所（非「商品市場」）で、「商品取引所の定める基準及び方法」に従うことなく行われるものであると解される。また、私設市場で証拠金取引や差金決済取引を行っているようであるが、それが「先物取引」と同様のものかどうか判然としない紛らわしい取引であったとすると、これも、「商品」「商品指数」を対象とする限りで、商先法6条1項にいう「先物取引に類似する取引」に該当し、そのような施設の開設とそのような施設での「先物取引類似取引」をすることはできないと解されよう。

【先物オプション取引だけを行う市場】

　先物オプション取引は、商先法上の「先物取引」の1種である（法2条3項4号）。しかし、先物オプション取引だけをする「商品市場」は、「商品市場」の定義に含まれていない（同条9項参照）。したがって、1990（平成2）年改正前商取法8条の下では「先物取引をする商品市場に類似する施設」に該当すると解し、これを禁止対象とすることもあり得た。しかし、現行の商先法6条の下では、「先物取引」を行う市場そのものであって、「先物取引に類似する取引」を行う市場ではないことから、適用範囲外ということになる。法文の変更にはこのような意味もある。

(4) 施　　　設

　商先法6条にいう「施設」とは、組織的になされる仕組みとしての場あるいは組織自体をいう。建物や立会場がなく、たとえば回線等でつながって同時的に売買取引ができるシステム（たとえば電子取引システム）があれば足りると解される。その電子取引システムが商先法6条にいう「施設」である。

(5) 取引所金融商品市場

　商先法6条1項（1990（平成2）年改正前商取8条1項）は、「施設」についての括弧書において、「取引所金融商品市場を除く」としている。「取引所金融商品市場」とは、金商法2条17項に定義される用語であり、「金融商品取引所の開設する金融商品市場」のことを意味する。したがって、商先法6条1項の括弧書は、「取引所金融商品市場」において、商先法が定義する「商品」または「商品指数」（商品指数に類似する指数を含む）について商先法が定義する「先物取引」に類似する取引（商品取引所が開設する「商品市場」での取引でない以上、「先物取引類似取引」）をすることが商先法6条1項に抵触する可能性があるとの理解に立つものと解される。そもそも法抵触がないのであれば、括弧書で規定する意味がないからである。しかし、「除く」とされていることからすれば、反対解釈をすれば、「商品」「商品指数」に係る「先物取引類似取引」（実質は商先法上の「先物取引」と同じ）をする「取引所金融商品市場」を開設してもよく、またその市場で「先物取引類似取引」をすることも可能ということになろう。

118　第3章　商品取引所・商品市場・商品市場における取引

3　商先法6条の適用除外

(1)　例外の許容とその趣旨

　商先法6条の禁止には、例外がある。①上述した、金商法2条17項に定める「取引所金融商品市場」およびこれらの類似施設（法348条）、②「仲間市場」（法331条1号）、③第一種特定施設開設者が開設する「第一種特定商品市場類似施設」（同条2号）、④第二種特定施設開設者が開設する「第二種特定商品市場類似施設」（同条3号）、である。

　①の例外は、証券と商品の相互参入を意識したものである。これに対して、②～④については、当業者や先物市場を必要とする事業者等から、より使い勝手のよい先物市場が求められ、これに応えたものと理解することができる。たしかに、現在の商先法は、一般投資大衆も、商品先物取引業者等を通じて、先物取引に参加することができる前提で組み立てられている。そのため、委託者保護の観点から、厳格な法規制が加えられており、いわゆる「プロ」である当業者にとって使いにくい面があるともいえよう。したがって、②～④が許容されたことには一応の合理性がある。また、それら市場での取引の「カバー取引」（ヘッジ取引等）として「商品市場」で取引がなされ、「商品市場」の活性化につながることも期待される。その意味では、商品先物取引の市場の柱となるのは商品取引所が開設する「商品市場」であり、②～④はあくまでも補完的な役割を果たすにすぎない。

　多様なリスク・ヘッジのニーズに応えるため、「相場による賭博行為の禁止」（法329条）の例外として、⑤「特定店頭商品デリバティブ取引」（法349条）が認められているが、これも「商品市場」での取引を害さない範囲で許容されるにすぎないものと理解すべきである。

(2)　非「上場商品」・非「上場商品指数」に係る「仲間市場」

　例外が許容されるもう1つの場合は、「上場商品」または「上場商品指数」として公示されていない「商品」または「商品指数」について、当該商品または当該商品指数の対象となる商品の売買等を業として行っている者が、自己の営業のためにその計算において、当該商品または当該商品指数について「先物取引に類似する取引」のみをするための「施設」として政令で定める要件に該

当するものを開設することである（法331条1号イ・ロ）。

　政令で定める例外許容の条件は、①「商品」または「商品指数」の対象となる物品または電力の売買等を業として行っている者のみが当該商品または商品指数の対象となる物品または電力の先物取引に類似する取引をする施設であること、かつ、②先物取引に類似する取引をする者が委託を受けないで当該先物取引に類似する取引をする施設であること、である（令49条）。要するに、非上場商品・非上場商品指数に係る、いわゆる「仲間市場」のことをいうと解される。

　取引に参加できる者は「当業者」に限定される（令49条1号）。取引をする者は「先物取引類似取引」に係る委託を受けてはならない（同条2号）。このように、当業者以外が参加しないので、「仲間市場」の開設については、特に主務大臣の許可は必要とされていない。

　1990（平成2）年の商取法改正で「商品」または「商品指数」の範囲が広がったが、現実の商品取引所がこれらの「商品」または「商品指数」（類似する指数を含む）のすべてを上場しているわけではない。定款等で定められた上場商品・上場商品指数のみが取引対象である。しかし、非上場の「商品」または「商品指数」について、先物取引（商先法上は「先物取引に類似する取引」となる）をするニーズがある当業者らが、自らそのための市場施設を開設することはあり得ることであった。商先法331条1号はそのような市場開設を許容するものである。そのような市場施設でなされる「先物取引に類似する取引」も、もとより適法である。

　ただし、このような「仲間市場」で取引されている「商品」または「商品指数」（類似する指数を含む）がその後に商品取引所に上場されたときは、その商品取引所が上場許可（新設の商品取引所の設立時）または認可（既存の商品取引所の定款変更時）を得た旨の「公示」がなされた時から、商先法6条の適用を受けることになる。商品取引所が開設する「商品市場」（公設市場）の方が優先するからである。しかし、「仲間市場」の開設者やその利用者に対する不意打ちをなくすために、その主務大臣による公示は、許認可の申請段階から制度化されている（法352条1号・3号・7号・8号）。また、「仲間市場」で取引されていた商品または商品指数を上場することとなった商品取引所の設立許可または定款変更が認可され、その所定の公示もなされた場合においては、未決済の

120 第3章 商品取引所・商品市場・商品市場における取引

約定の処理が問題となる。そこで、その公示の時点で現に当該商品または商品指数に係る仲間市場が開設されており、かつ、当該仲間市場において決済を結了してない「先物取引に類似する取引」が存在するときは、当該取引の決済のためにする「先物取引に類似する取引」（手仕舞取引）が許容され、またその決済のための取引をするための「仲間市場」の開設が例外的に許容される。もとより、この市場において新規の約定を締結することはできない。

【商先法上の「商品」または「商品指数」（類似する指数を含む）に含まれていない物品等を対象とした「先物取引に類似する取引」の場合】
　このような商品等を商品取引所が直ちに上場することはあり得ない。しかし、国民経済上重要な原材料であって、その価格変動が著しいために先物取引または先物取引に類似する取引の対象とされているか、対象となる蓋然性の高い物品等は追加的に政令指定されることがあり得るので（法2条1項3号）、そのような商品等について政令指定がなされたときは、公設の商品市場に上場される可能性が生まれ、上記のことが妥当する場合が生じる。

(3) 第一種特定商品市場類似施設および第二種特定商品市場類似施設

　さらに、例外が認められる場合として、特定商品類似施設がある。これには、第一種と第二種の区分がある。

① 意　　義

　「第一種特定商品市場類似施設」とは、非上場の「商品」または「商品指数」について、当業者等が自己の営業のためにその計算において、先物取引に類似する取引をするための施設をいう。その施設の開設には、主務大臣の許可を必要とし（法332条1項。許可申請手続や組織に関する規律等につき、法332条以下）、許可を受けた者を「第一種特定施設開設者」という（法331条2号）。第一種特定商品市場類似施設は、非上場商品について当業者のためのリスク・ヘッジの場を提供するものである。当該施設における取引は、「先物取引類似取引」であり、取引参加者が自己の営業のためにその計算において、当該施設を介した当事者間の交渉に基づき価格その他の取引条件を決定する方法その他主務省令で定める方法により行われる（法332条1項、規則156条）。

　「第二種特定商品市場類似施設」とは、上場商品、上場商品指数として公示されている物品または電力であって主務省令で定めるもの（法342条1項、規

則164条）について、当業者等が自己の営業のためにその計算において、先物取引に類似する取引をするための施設をいう。この施設を開設するには主務大臣の許可を受けなければならず（法342条1項）、その許可を受けた者を「第二種特定施設開設者」という（法331条3号）。当該施設における取引は、第一種特定商品市場類似施設と同様、「先物取引類似取引」であり、取引参加者が自己の営業のためにその計算において、当該施設を介した当事者間の交渉に基づき価格その他の取引条件を決定する方法その他主務省令で定める方法により行われる（法342条1項、規則164条・165条）。

　第二種特定商品市場類似施設は、上場商品や上場商品指数を取引対象とするため、商品取引所が開設する「商品市場」と競合する可能性が高い。しかし、取引に参加することができる者を当業者や銀行等の間に限定して（委託を受けないことが開設条件（令52条2号））、任意に上場商品等について「先物取引類似取引」を行うことまで禁じる必要はないとの理解から、上場商品等について、当業者のためのリスク・ヘッジの場を提供するために、また商品取引所の商品市場におけるよりも弾力的な運営がなされることにより機動的な対応ができることが期待されて、そのような市場の開設が例外的に認められたのである。もっとも、第二種特定商品市場類似施設においては、上場商品・上場商品指数に係る「先物取引類似取引」が行われるため、一物二価という状況が生じて「商品市場」の価格形成に悪影響（混乱等）をもたらすおそれがある。そこで、第二種特定商品市場類似施設の許容条件として、取引対象となる商品または商品指数もしくは当該商品指数に類似する商品指数を上場している商品取引所の健全な運営に支障を及ぼすおそれがないことが求められる（法343条1項3号）。市場開設には主務大臣の許可が必要である（法342条1項）。

【第二種特定商品市場類似施設における取引対象品に関する主務省令】
　　主務省令で定めるものは、くん煙シート・技術的格付けゴム・金・銀・白金・パラジウム・ガソリン・灯油・軽油・原油・アルミニウムである（規則164条）。

②　取引参加者

　第一種特定商品市場類似施設および第二種特定商品市場類似施設の取引参加者は限定される。すなわち、第1に、銀行その他の政令で定める者に限定され

122　第3章　商品取引所・商品市場・商品市場における取引

る（法332条1項3号、令51条）。さらに、第2に、取引対象となる商品または
商品指数ごとに、当該商品の売買等を業として行っている者または当該商品指
数の対象となる商品の売買等を業として行っている者（当業者）が、過半数を
占めなければならないとされる（法333条1項4号・343条1項4号）。「仲間市
場」と同様に、第一種特定商品市場類似施設または第二種特定商品市場類似施
設において「先物取引類似取引」をする者は委託を受けてはならない（令50
条2号・52条2号）。

> **【第一種特定商品市場類似施設・第二種特定商品市場類似施設の取引参加者】**
> 　政令で指定されているのは、当該物品または電力の当業者、銀行、第一種金
> 融商品取引業を行う金融商品取引業者、株式会社商工組合中央金庫、株式会社
> 日本政策投資銀行、信用金庫・同連合会、信用協同組合、中小企業等協同組合
> 連合会、労働金庫・同連合会、農林中央金庫、農業協同組合・同連合会、保険
> 会社、外国保険会社等である（令51条）。

③　開設の許可

(i)　第一種特定商品市場類似施設の開設の許可申請

　第一種特定商品市場類似施設の開設の許可を受けようとする者は、法令に定
める事項を記載した申請書を主務大臣に提出して許可申請しなければならない
（法332条2項）。申請書には事業計画書その他主務省令で定める書類を添付し
なければならない（同条3項）。

> **【申請書の記載事項】（法332条2項）**
> 　①氏名または商号もしくは名称および住所、②法人にあっては、その役員の
> 氏名または名称および住所、③取引の対象となる商品または商品指数、④取引
> 方法、⑤取引の対象となる商品または商品指数ごとの第一種特定商品市場類似
> 施設における取引に参加する者（第一種特定施設取引参加者）の氏名または商
> 号もしくは名称、⑥第一種特定施設取引参加者が商品の売買等を業として行っ
> ている場合の当該商品（申請に係る商品および申請に係る商品指数の対象とな
> る商品に限る）、⑦第一種特定商品市場類似施設の開設の予定年月日、⑧その
> 他主務省令で定める事項

(ii)　第一種特定商品市場類似施設の開設の許可基準

　主務大臣は、開設の許可の申請が法333条1項の法定基準に適合していると

認めるときは、許可をしなければならない（法333条1項）。許可基準を充足しないときは、開設を許可してはならない。

【許可基準】
① 商先法332条1項1号〜3号に掲げる取引のみをするための施設であること（1号）
② 申請に係る商品が商先法352条の規定による公示に係る上場商品に該当しないものであること、または申請に係る商品指数が同条の規定による上場商品指数に該当するか、もしくは類似するもの以外のものであること（2号）
③ 申請に係る取引方法が商先法332条1項1号に規定する取引の方法に適合していること（3号）
④ 取引の対象となる商品または商品指数ごとに、当該商品の売買等を業として行っている者または当該商品指数の対象となる商品の売買等を業として行っている者が第一種特定施設取引参加者の過半数を占めること（4号）
⑤ その他業務の内容および方法が公益または取引の公正の確保のため必要かつ適当なものであること（5号）

以上の許可基準を充足している場合であっても、第1に、第一種特定商品市場類似施設の許可申請者が会員商品取引所の設立発起人の欠格事由（法15条2項1号）のいずれかに該当するとき、第2に、申請書またはその添付書類のうち重要な事項について虚偽の記載があるときは、主務大臣は開設の許可をしてはならない（法333条2項）。

(iii) **第二種特定商品市場類似施設の開設の許可申請**

第二種特定商品市場類似施設の開設の許可申請手続は、第一種特定商品市場類似施設の場合と同様である（法342条2項・3項）。

(iv) **第二種特定商品市場類似施設の開設の許可基準**

開設の許可基準も、第一種特定商品市場類似施設の場合とほぼ同じである（法343条1項）。ただし、上述したように、第二種特定商品市場類似施設における取引の対象が上場商品または上場商品指数もしくはそれに類似する商品指数の対象となる商品に限られるため、法342条1項1号から3号までに掲げる取引のみをするための施設であること（法343条1項1号）、および上場商品等について一物二価となる可能性があるため、当該商品等を上場している商品取

124　第3章　商品取引所・商品市場・商品市場における取引

引所の健全な運営に支障を及ぼすおそれがないこと（同条同項3号）が必須条件となる。

④　主務大臣の監督

　第一種特定施設開設者・第二種特定施設開設者に関する名簿は、主務大臣において保管され、公衆の縦覧に供される（法341条・345条）。開設者による届出・報告・資料提出義務なども規定されている（法335条3項・336条2項・337条・345条、規則158条の2・159条1項・161条）。主務大臣はまた、報告聴取および立入調査権を有し（法338条・345条）、業務改善命令（法339条・344条）、許可の取消し等の処分（法340条・345条）を行う権限を有する。このように、第一種特定施設開設者・第二種特定施設開設者は、主務大臣の監督に服するのである。

⑷　特定店頭商品デリバティブ取引

　「商品市場」、「外国商品市場」、「取引所金融商品市場」によらないで行われる「商品」等に係る差金決済取引であって、一定の条件を充たすものを「店頭商品デリバティブ取引」という（法2条14項）。そのうち、内容を勘案し、取引の当事者の保護に欠けるおそれがないものとして政令指定されるものなどを「対象外店頭商品デリバティブ取引」といい（同条15項参照）、商先法上の「商品デリバティブ取引」の適用対象外としている。なぜなら、「対象外店頭商品デリバティブ取引」は、高度の能力を有する者として主務省令で定める者（規則1条1項。商品先物取引業者など）や資本金額が主務省令で定める金額（規則1条2項。10億円）以上の株式会社を相手として行われるものが含まれ、プロの取引と理解されるからである。

　「対象外店頭商品デリバティブ取引」のうち、主務大臣により「上場商品」「上場商品指数」に係る公示（法352条）がなされた当該商品・商品指数（類似する商品指数）を「取引対象商品」または取引の対象としている「店頭商品デリバティブ取引」を「特定店頭商品デリバティブ取引」という（法349条）。したがって、「特定店頭商品デリバティブ取引」は、商品取引所が開設する「商品市場における取引」と競合する関係にある。しかし、「特定店頭商品デリバティブ取引」を業として行おうとする者（「特定店頭商品デリバティブ取引業者」）は、主務省令で定める所定の事項（規則168条）を主務大臣に届け出なけ

ればならない（法349条）など、主務大臣の監督に服するほか（法349条1項〜8項、規則171条・172条）、取引の相手方は「当業者」に限らないものの、商品先物取引業者、商品投資顧問業者（商品ファンド法2条4項）、適格機関投資家（金商2条3項1号）、金融商品取引業者（金商2条9項）など、特定店頭商品デリバティブ取引について高度の能力を有する者でなければならないとされ（法2条15項、規則1条）、「プロ市場」を必要とする者らが行うものとして、例外的に許容されているのである。

第4章

商品先物取引の決済

第1節　商品先物取引における決済の意義

1　商品先物取引における決済の重要性

　商品先物取引（殊に現物先物取引）は、基本的な法的性質が売買契約であり、その成立から決済までが一連の過程であることから、その最終段階の決済の確実・不確実いかんによっては最初の段階の売買の成立自体に影響が及ぶことがある。たとえば、決済リスクが高い、あるいは決済コストが高いときは、商品先物取引それ自体への参加を躊躇するおそれがある。したがって、決済リスクと決済コストの低減、決済システムに対する信頼性確保は、商品先物取引の発展にとって不可欠の課題であり、商品先物取引における決済の重要性が認識されるのである。

2　決済の確実性の保障

⑴　集団的取引と集団的決済

　商品の公正な価格形成にとっては、多くの取引参加者が一カ所に集合し、集団的に取引をすることが望ましい。先物取引は、取引所取引に整合的である。一方、差金決済を許容する先物取引にあっては、反対売買が容易に行える環境整備が不可欠であり、集団的取引がなされていることを前提に、その当初の売買契約上の地位が「抽象化」され、契約当事者の相互関係が「希薄化」される制度が考案されてきた。すなわち、契約成立段階の売買契約の相手方（たとえば買主）と反対売買における売買契約の相手方（たとえば売主）が遮断され、

128　第4章　商品先物取引の決済

同一人でなくてもよいとする仕組みである。

【契約上の地位の「抽象」化・当事者関係の「希薄」化】

　かつて商品先物取引は「競売買（けいばいばい）」といわれ、買い方集団と売り方集団が対峙するという理解があった。反対売買もその2つの集団間の売買と捉えて、当事者集団間の決済として、差金の授受を説明していた。そして、商品取引所はそのような当事者間決済の橋渡し（「取引所を経て」）をするだけと考えられていた。しかし、現行法では、アウトハウスの清算機関との関係で、買主Aと売主Bという当初の売買契約が買主A対（売主）クリアリングハウス、（買主）クリアリングハウス対売主Bという2つの契約に分解され、その後の反対売買が売主Aと買主Cとの間でなされたとしても再びそれが（売主）A対（買主）クリアリングハウス、（売主）クリアリングハウス対買主Cとに分解され、Aについていえば、クリアリングハウスとの間の債権債務の相殺・差金決済になる、という法律構成になっている。その契約上の地位の「分解」については、債権譲渡ではなく、「債務引受け」の方式が採用された（2017（平成29）年の民法改正により「債務の引受け」が民法典に創設された（2017（平成29）年改正民470条以下））。

　もっとも、クリアリングハウスの契約上の相手方になるには、クリアリングメンバー（清算会員）でなければならない。Aにその資格がないときは、Aからの清算の委託を受けたクリアリングメンバーがAに代わって相手方になる（Aとクリアリングメンバーの間に清算に係る受委託関係が生じる）。

⑵　債務不履行リスクとその遮断

　債務の不履行は、あってはならないことではあるが、起こり得ることである。商品先物取引が集団的に取引され、集団的に決済されるものであることから、1当事者の債務不履行が多くの他の取引当事者（利害関係人）に影響を及ぼす危険がある。場合によっては、当該商品市場、さらにはそのような商品市場を提供していた商品取引所に対する信頼を著しく損なう結果を招来することもある。したがって、商品先物取引に係る法制度としては、第1に、債務不履行を防止すること、第2に、不幸にして債務不履行が発生した時にはその迅速かつ確実な事後処理がなされるように制度整備することが重要である。

①　取引レベルでの債務不履行防止策

　決済における債務不履行の防止策としてまず考えられるのが、取引レベルで

第1節　商品先物取引における決済の意義　129

の対応である。

　第1に、商品市場の取引に参加する会員等の財務基盤を強化することが考えられる。しかし、債務不履行の問題が決済の段階のことであるとすれば、取引参加者の資金力の問題よりも、清算参加者（クリアリングメンバー）の資金レベルの問題ともいえる。アウトハウス型クリアリング制度の下では、取引参加者と清算参加者とを区別し、清算に関与する業者（清算参加者。クリアリングメンバー）の財務要件を取引参加者のそれよりも高く設定することなどの方法で対応し得る。

　第2に、商品先物取引はレバレッジが働く証拠金取引であることから、取引証拠金の料率を引き上げることで十分な資力のない者の参入を抑止する策も考えられる。しかし、これは両刃の剣ともいえ、必要以上に高い証拠金率を設定すれば取引それ自体を不活性にするおそれもある。

　第3に、相場が暴騰・暴落した時に、取引自体を制限（場合よっては一時停止）する方法が考えられる。たしかに暴騰・暴落が当該商品の経済的価値を反映していないものであるときは、その価格形成は歪んでいる。そのおそれを防止する趣旨で、取引を一時停止させ、クーリング・ダウンさせることには合理性がある。しかし、取引停止は、公開市場としてはあくまでも非常手段であり、安易に用いる方法ではない。市場は常に開かれているのが原則である。むしろ商品市場における取引の相場に暴騰・暴落があったとしても、その決済システムがゆるぎないものであれば、取引停止は価格形成の歪みだけを問題にすればよく、債務不履行リスクの高まりを理由とした取引自体の停止は、本来、不要ともいえる。商品市場における取引を円滑にするうえでも、ゆるぎない決済を行えるシステムの確立・充実が重要である。

②　決済レベルでの債務不履行防止策

　決済レベルでのリスクは、第1に、手仕舞いをしないで最終決済にまで至った「売り方」に固有のリスクとして、その受渡品の受渡しの不履行・履行不能、第2に、手仕舞いをして差金決済をする「売り方」におけるリスクとして、差金の支払いの不履行・履行不能、第3に、すべての場合における「買い方」における差金または代金の支払いの不履行・履行不能のリスクに尽きる。金銭の授受に係る債務不履行だけでなく、第1のリスクのように、物流の不確実性を除去しなければならない点が、商品先物取引が他の金融商品取引と異なると

130　第 4 章　商品先物取引の決済

ころである。商品先物取引が物流の一役を担い、産業インフラといわれる理由の 1 つでもある。

(i)　値洗い制度

　商品取引契約のうち最終決済に至っていない、反対売買による途中離脱をしていない「未決済の約定」（建玉・ポジション（position））について、日々「値洗い」が行われる。日本商品清算機構（JCCH）が行っている「値洗い」とは、約定差金、帳入差金（ちょういれさきん）、権利行使差金、オプション対価の授受を行うための計算区域を「取引日」とし（方法書 50 条 1 項）、指定市場開設者ごとに 1 の計算区域と定め（同条 2 項）、1 の計算区域の終了後に帳入値段を組み替え、差額の授受を行う作業をいう。具体的には、委託者の計算をもってするもの（委託玉）と自己の計算をもってするもの（自己玉）とが区分して計算され、たとえば 1 号商品先物取引では、その「約定値段」の金額を基礎に商品清算機関が「清算参加者」ごとに「約定差金等」を計算し、翌営業日の正午（決済時限。必要があるときは変更されることがある。その場合は事前に通知される（同 53 条 3 項））までに所定の預金口座間の振替えが行われる（同条 2 項。たとえば東商取業務 39 条参照）。このような前日の「帳入値段」と当日の「帳入値段」の差額（「帳入差金」）につき口座振替を行うことにより、かりにその時点で手仕舞いをしたとすると発生する損失額を計算上明らかにし、債務不履行になる危険がある債務（建玉）を早期に発見し処理することを可能とするものである。いわば最終決済（settlement）に対するこの未決済の約定の仮決済ともいえ（「クリアリング」（clearing））、違約にとっては重要な事前予防策であると考えられる。この「値洗い」の実施により、最終決済における債務不履行リスクはある程度軽減され、損計算が大きい場合などには追加証拠金の徴収や手仕舞いへと誘導されることが期待される。たしかに日々の価格変動に応じて未決済状態で計算された理論上の差金授受さえ履行できない債務者は、最終決済における債務不履行リスクが高まっているといえ、その債務者に自己の未決済約定の現実を認識する機会を与え（他人も知ることとなる）、そのリスクがさほど大きくなっていない値幅段階において適切な措置をとらせることにする仕組みは、合理的である。

【追加証拠金の預託不履行】

証拠金の追加預託ができない状況は、委託玉に関しては建玉の手仕舞いとリンクする制度設計がなされている（東商取準則14条）。より債務額（損失額）が膨れている危険性がある最終決済段階を待たずして、市場から途中退場することが勧奨され、場合によっては余儀なくされる仕組みとなっている。

【約定差金・帳入値段・帳入差金・権利行使差金・オプション対価】

「約定差金」とは、現物先物取引、現金決済先物取引、指数先物取引において、1の計算区域の「帳入値段」とその計算区域における「約定値段」の差額をいう（方法書52条1項、東商取業務37条1項参照）。「帳入値段」とは、指定市場開設者から通知を受けた値段をいう（商品清算機関「業務方法書運用要綱」13条。各商品取引所の業務規程（東商取業務36条）参照。このように、クリアリングに関しても市場開設者（商品取引所）の関与が不可欠なのである）。「帳入差金」とは、現物先物取引、現金決済先物取引、指数先物取引において、1の計算区域の帳入値段とその直前の計算区域における帳入値段の差額をいう（方法書52条2項、東商取業務37条2項参照）。「権利行使差金」とは、最終決済価格と権利行使価格の差額をいう（方法書52条3項。たとえば東商取業務37条3項参照）。「オプションの対価」とは文字通りオプションの対価である（方法書52条4項）。

(ii) 決済の繰延べの禁止

商先法は、商品取引所の格付の遅延その他商品取引所（または商品取引清算機関）につき生じた事由による場合を除いては、その履行期を繰り延べて決済してはならないと規定する（法106条）。したがって、当事者間の合意による履行期の繰延べは無効である。上記例外的な場合を除き、履行期を徒過して履行がなされないときは、「違約」となり、直ちに後述の違約処理の問題となる。

商品先物取引の決済、特に現物の受渡しと代金支払いに係る「受渡し支払いの同時履行」（Delivery vs. Payment：DVP）が重要であり、特に現物の受渡しが行われる場合は、物流の観点から、その履行期の時点で確実に、かつ、迅速に実行されなければならないものである。先物取引の現物調達機能からすれば、決済の繰延べは認められないことであり、決済の繰延べを許容すると、なれ合いその他の不正手段によって決済が結了されないまま放置されたり、最初から決済を結了する意思のない取引が行われたりする危険もある。法制度として、履行期における確実な決済を要請し、その繰延べを原則として認めないこ

とにすれば、この現物の受渡しに対する買方のニーズに応えられるとともに、商品市場における取引についてその価格形成の歪みを生じないようにするインセンティブを与えることも可能となる。決済の繰延べ禁止のルールは、違約の防止策としても機能しよう。

3　商品先物取引の決済の態様

(1)　受渡しによる最終決済

先物取引契約（futures）は、一面で、約定の期限に代金の支払いと物の引渡しを約束する売買契約の一種である。このことは、「商品」を取引対象とする現物商品先物取引（1号先物取引）契約に妥当し、契約履行期まで保持された契約については、最終決済（settlement）として、通常の売買契約（先渡取引なども）と同様に、当該先物取引契約の両当事者がそれぞれの代金の支払義務（代金決済）または物の引渡義務（「受渡し」）を履行しなければならない。

(2)　差金決済による取引関係からの途中離脱

先物取引契約は、通常の売買契約と違い、最終取引日以前に、同一商品・同一限月の反対売買を行い、両債権債務の相殺（offset）によって確定した差金の授受を行うことにより、当初の売買契約関係からの完全な途中離脱（「手仕舞い」と俗称される）が許容される。そのような手仕舞いがなされた先物取引契約については、先物取引契約離脱当事者による差金の支払いまたは受取りだけがなされて（差金決済）、終結する。

(3)　現金決済による最終決済

商品指数を対象とする先物取引契約は、そもそも現物の受渡しは不可能であり、最終決済であれ、差金決済であれ、常に最終的には金銭の授受により債務の履行がなされ（「現金決済」（cash settlement））、終結する。同様に、現物の授受が可能な商品を対象とする場合でも、契約内容として現金決済のみを行うとされるものについては、金銭（約定された算式に従って算定される金額または差金）の授受だけがなされ、先物取引契約は、最終的に終結する。

4　決済業務を行う機関

　商品先物取引の決済の確実性・信頼性を確保するために、商先法は、決済方法を、①主務大臣の許可を受けて設立された会員商品取引所または許可された株式会社商品取引所を通じてなすか、②これら商品取引所が「兼業業務」（規則70条）として承認を得て行う「商品取引債務引受業」の一環として行うか、または③主務大臣の許可を得て設立された商品取引清算機関が関与した形で行うか、の3つの方法に限定している（法105条）。いずれもが、主務大臣の厳格な審査を経て許可を受けた者のみが商品先物取引の決済の役割を担う者となる制度になっており、そのことを通じて、商品先物取引の決済の確実を期し、商品先物取引に対する信頼性の確保を図っている。商品取引所は、商品市場ごとに、上記の3種類の決済方法のうちいずれの方法を採用するかを、その定款において定めなければならない（法105条）。決済の具体的な手続等については、各商品取引所の定款（法11条2項13号ハ・81条3号）と業務規程（法102条1項10号、東商取業務35条の3）、商品清算機関の「業務方法書」（法175条参照）に定められる。これまでは、2つの商品取引所のいずれも（東京商品取引所と大阪堂島商品取引所）が、商品清算機関を通じて決済を行っていたが、総合取引所化に伴い「貴金属」などが大阪取引所に移管された後は、3つの取引所の決済が統合された清算機関により行われる（上記③の方法）。

　従来は、取引成立の場である「商品市場」を提供する商品取引所自体が決済業務についても中心的役割を担ってきた。しかし、法的にみて、その決済業務を担う商品取引所の地位は必ずしも明確でなかった。なぜなら、決済を経由する場（取引所）以外は、何ら規定されていなかったからである。むしろ、先物取引の決済は、「取引所を経て」当事者（売り方・買い方）間で直接になされるとの理解も可能であった。このような決済方式は、現行の商先法においても認められているが（法105条1号）、法理論的には、当該商品取引所の法的位置付けは明確でないというほかはなく、当該決済は、当該商品取引所の規程に従って、会員商品取引所の会員間または株式会社商品取引所の取引参加者間で集団的になされるという制度であると理解される。

　商品取引所が提供する取引の「場」とその「決済」とは密接な関連性を有することは事実であるが、この両者は理論上区分が可能であり、また実務的にも

134 第4章 商品先物取引の決済

それぞれの機能を別の機関が「主体的に」行うことも十分に考えられるところである。クリアリングハウス制度は、そのような商品先物取引に係る決済機能の部分をクリアリング専門のセクション（インハウス型）あるいは別の機構・組織（アウトハウス型）において責任をもって実行しようというアイディアであり、古く堂島米会所においてそのような分離がなされていたともされる。このような機能に従った機関分化と清算に係る法律関係の明確化により、商品市場における取引への国内外からの参加が促進されることが期待されたのである。

5　商品清算取引

「商品清算取引」とは、商品取引清算機関の業務方法書の定めるところにより、清算参加者が会員等の委託を受けて行う商品市場における取引であって、当該取引に基づく債務を商品取引清算機関に引き受けさせることおよび当該会員等が当該清算参加者を代理して当該取引を成立させることを条件とするものをいう（法2条20項）。清算参加者が自己の計算で商品市場における取引をしても、それは「商品清算取引」ではない。清算参加者以外の者（非清算参加者や一般委託者）がクリアリングハウスを利用するには、清算参加者（後述の「他社清算参加者」）に委託して「商品清算取引」を行ってもらうほかはない。「商品清算取引」の定義に、「会員等の委託を受けて」とあるので（同条同項）、一般の委託者は会員等である清算参加者に直接委託をするのが通常であろうが、清算参加者（他社清算参加者）への「商品清算取引の委託」の「取次ぎの委託」を「会員等」にすることによることもできる。商先法では、業として、「商品清算取引の委託」の「取次ぎの委託」を「受けること」、またそのような「委託」の媒介・取次ぎ・代理を行うことも「商品先物取引業」の1つとされている（同条22項2号）。主務大臣の許可を得てそのような業（商品清算取引の取次ぎの委託の受託）を営む者もまた、「商品先物取引業者」とされる（同条23項）。「商品清算取引」をする清算参加者を「他社清算参加者」というのに対して、「商品清算取引」を行えない清算参加者を「自社清算参加者」という（方法書5条3項）。

　他社清算参加者が商品清算取引を行う場合には、当該他社清算参加者と非清算参加者（商品清算取引の委託者）との間で「清算受託契約」が締結されなければならない。その契約は、当該非清算参加者が当該他社清算参加者を代理し

て清算対象取引を成立させようとするとき（要するに、清算対象となる商品市場における取引を行うとき）に、当該非清算参加者が所定の事項を内容とする商品清算取引の申込みをし、これに対して当該清算参加者が当該商品清算取引の受託をすることで成立するが、他社清算参加者は、あらかじめ商品取引清算機関にその契約内容を届け出ておかなければならない（同38条・39条）。解約についても、その解約事由に応じて、商品取引清算機関への届出が要請される（同40条）。

「指定清算参加者」の変更・資格喪失等の場合における当該非清算参加者の未決済約定は、変更等の後の指定清算参加者に引き継がれる（同42条）。非清算参加者または清算参加者自身が、その者が会員等である指定市場開設者から商品清算取引の委託を停止された等の事由が発生した場合には、その処分の内容に応じて、未決済約定を他の清算参加者に引き継ぐ等の必要な整理が行われる（同43条1項・44条1項）。ただし、当該非清算参加者の指定清算参加者または当該清算参加者に対し債務の引受けの全部もしくは一部の停止または清算資格の取消しを行った場合には、この限りではない（同43条2項・44条2項）。

第2節　商品取引清算機関と清算参加者

1　商品取引債務の引受け

現行の商品先物取引の決済は、もっぱらアウトハウス型クリアリングハウス制度によっている。すなわち、現在の商品先物取引の決済は、「商品取引清算機関」（法2条18項）が商品先物取引に係る未決済の約定（建玉）またはその反対売買に係る売り方または買い方が有する「債務」をその業務（「商品取引債務引受業」。同条17項）として、その業務方法書に従って「引き受ける」ことにより、商品取引清算機関自身が各先物取引契約に係る当事者たる地位を得る仕組みによって、行われているのである。このような仕組みにより、決済に係る法律関係が明確になるとともに、清算参加者（売り方であれ買い方であれ）の債務不履行リスクは、当該商品取引清算機関に転嫁され、他の取引参加者への波及を限局できるメリット（リスク遮断効果）が生まれる。

136　第4章　商品先物取引の決済

2　商品取引債務引受業

(1)　清算機関の態様

　会員商品取引所または株式会社商品取引所が主務大臣の「承認」を受けて自らクリアリングハウス業務（商品取引債務引受業）を営むことも可能である（法173条1項）。これを一般に「インハウス」型のクリアリングハウスと呼んでいる。これに対して、商品取引所とは別組織の「株式会社」が主務大臣から商品取引清算機関としての「許可」を受けて商品取引債務引受業を営むことも認められている（法167条）。これを一般に「アウトハウス」型のクリアリングハウスと呼んでいる。いずれのクリアリングハウス形態を採用するかは各商品取引所の判断事項であり、いずれが採用されたかは定款または業務規程に規定される（法5条1項・102条1項10号・105条）。

(2)　アウトハウス型クリアリングハウスの許可・認可

　アウトハウス型の商品取引債務引受業を営むには、株式会社であって、かつ、主務大臣の許可を得なければならない（法167条）。許可申請は、申請書と必要な添付書類（規則66条）を主務大臣に提出して行わなければならない（法168条）。主務大臣は、法定の許可基準（法169条1項各号）に適合していると認めるときは、許可しなければならない（同条1項柱書）。逆に、法定の不許可事由に該当するときは、許可をしてはならない（同条2項）。

> 【許可基準】
> 　①許可申請者が株式会社であること、②定款および業務方法書の規定が法令に違反せず、かつ、商品取引債務引受業を適正かつ確実に遂行するために十分であること、③商品取引債務引受業を健全に遂行するに足りる財産的基礎を有し、かつ、商品取引債務引受業に係る収支の見込みが良好であること、④その人的構成に照らして、商品取引債務引受業を適正かつ確実に遂行することができる知識および経験を有し、かつ、十分な社会的信用を有すること、が法定の「許可基準」である（法169条1項）。十分な財産的基礎があり、円滑な決済が行われる人的・物的組織体であることが「許可条件」である。許可申請者に欠格事由がある場合（法15条2項1号ハ～ホ・リ・ヲ）や申請書または添付書類の重要事項に虚偽記載があるときが、「不許可事由」である（法169条2

項）。不許可の場合に聴聞手続が要求されるのは、会員商品取引所の設立手続や株式会社商品取引所の許可手続などの場合と同様である（同条3項）。

　商品取引清算機関は、業務方法書で定めるところにより、清算参加者を相手方として店頭商品デリバティブ取引に基づく債務の引受けを行う業務を営むことができる（法170条1項）。しかし、アウトハウス型のクリアリングハウスは、「商品取引債務引受業」、上記の店頭商品デリバティブ取引の債務引受業務、これらに附帯する業務以外の業務を行うことができない（同条2項本文）。インハウス型のクリアリングハウスについて、本体である商品取引所自体が原則として兼業が制限されていること（法3条参照）に、アウトハウス型のクリアリングハウスも平仄をあわせたものと理解される。ただし、金融商品債務引受業等その他商品取引債務引受業に関連する業務で、当該商品取引清算機関が商品取引債務引受業を適正かつ確実に営むことにつき支障を生じるおそれがないと認められるものについては、主務省令に定めるところにより（規則67条）、主務大臣の承認を受けて兼業業務として営むことができる（法170条2項但書・4項・5項）。この点も、インハウス型のクリアリングハウスの本体である商品取引所に対する法規制と同様である。また商品取引所の場合と同様に、商品取引清算機関の定款と業務方法書の変更は、主務省令で定めるところにより、主務大臣の認可を受けなければ効力を生じない（法182条、規則75条）。主務大臣は、その申請があったときは、その申請が法令に適合し、かつ、業務を適正かつ確実に運営するために十分かどうかを審査し、認可するか否かを決定しなければならない（規則76条）。商品取引債務引受業の廃止または解散決議も主務大臣の認可事項である（法183条、規則77条。兼業業務の廃止は届出事項（法170条3項、規則68条））。ここでも、商品取引所に対するものと同様の規制手法が採用されている。

　現在、株式会社日本商品清算機構（JCCH：Japan Commodity Clearing House Co., Ltd.）のみが商先法上の商品取引清算機関としての許可を受けており、現行2商品取引所が開設する商品市場における取引の決済を実行している。総合取引所化に伴い、清算機関の統合が行われる。

138　第4章　商品先物取引の決済

> **【インハウス型のクリアリングハウスに係る承認等】**
> 　商品取引所は、主務大臣の承認を受けて、商品取引債務引受業（業務）およびこれに附帯する業務を営むことができる（法173条1項）。その承認手続等はアウトハウス型のクリアリングハウスの場合と同様である（許可基準は、上述の【許可基準】の①以外の②③④である（同条4項））。

(3)　アウトハウス型のクリアリングハウスの組織と運営

　アウトハウス型のクリアリングハウスは株式会社でなければならない（法167条）ので、その組織に関しては基本的には会社法の規律に従う。ただし、役員の欠格事由は会社法よりも広い（法172条・49条）。許可申請書に記載した資本金の額、本店・支店その他の営業所の所在地、役員の氏名または名称および住所に変更があったときは、商品取引清算機関は、主務省令で定めるところにより（規則69条）、その旨を主務大臣に届け出なければならない（法171条）。

> **【インハウス型のクリアリングハウスの組織】**
> 　商品取引債務引受業務を所掌する組織および人員配置や収支見込みを記載した書面等が商品取引債務引受業の「承認基準」において重視されている（法173条3項、規則70条1号・2号）。

3　業務方法書

　商品取引清算機関の債務引受業務は、「業務方法書」に従ってなされる（法175条1項）。業務方法書には、①店頭商品デリバティブ取引に基づく債務の引受業務を営むときはその旨、②商品取引債務引受業の対象とする債務の起因となる取引が行われる商品市場、③清算参加者の要件に関する事項（清算参加者の純資産額に関するものを含む）、④商品取引債務引受業として行う債務の引受けおよびその履行に関する事項、⑤清算参加者の債務の履行の確保に関する事項（取引証拠金に関するものを含む）、⑥商品清算取引に関する事項、⑦その他主務省令で定める事項（規則71条）を記載しなければならない（法175条2項各号）。また、商品取引清算機関は、商品取引債務引受業の適切な遂行を確保

するための措置を講じる責務を負い、その1つとして、商品市場における取引に基づく債務の不履行により損失が生じた場合に清算参加者が当該損失の全部を負担する旨を業務方法書に規定しなければならない（法178条）。

4　清算参加者

商品取引清算機関がその業務方法書に従い、その商品債務引受業の相手方となる資格を与えた者を「清算参加者」という（法2条19項・174条・175条2項3号）。商品取引清算機関が行う取引の決済に直接参加するには、そのような「清算参加」資格を有しなければならない。それ以外の者が商品取引清算機関による清算に参加するには、清算参加者に委託等をしなければならない。清算参加者の資格は、商品取引所が開設する商品市場における取引に参加することができる会員または取引参加者（会員等）の資格とは全く別個の資格であり、会員等であっても清算参加資格を有しない者が存在し得る（法2条20項・175条2項3号参照）。

商品取引清算機関の「業務方法書」によれば、清算資格は、「自社清算資格」と「他社清算資格」に大別される（方法書5条3項）。前者は「商品清算取引」（法2条20項）を行うことができない清算資格をいい、後者は「商品清算取引」を行うことができる清算資格をいう。それぞれその資格を有する者を「自社清算参加者」、「他社清算参加者」という。資格要件、資格取得・審査手続は業務方法書に規定されている（方法書6条以下）。

【資格要件】

①指定市場開設者の会員等であること（ただし、他社清算資格取得にあって一定の要件を充たす場合はこの限りでない）、②経営の体制（特に健全性）、③拠点（国内に営業所または事務所を有すること）、④業務執行体制（特に損失の危険管理や法令等の遵守体制）、⑤財務基盤、が清算参加者となるための資格要件とされている（方法書7条）。特に、⑤財務基盤については、資本金の額（または出資の総額、相互会社の場合は基金の総額）につき3億円以上であることが要求され、また、純資産額が20億円以上であることを原則とする。また、他社清算参加者については、清算受託契約の締結可能会社が5社以内の場合は50億円、10社以内の場合は100億円、無制限の場合は200億円とされ（同別表）、商品先物取引業者のうち商先法による「純資産額規制比率」の適用

140 第4章 商品先物取引の決済

がある場合には（法211条1項）、それが200％を上回っていることなど、「業務方法書」には詳細な条件が定められている。これは、商品取引債務引受業を行ううえで、商品取引清算機関自身の財務基盤の充実が重要であるとしつつも、その前提として、清算参加者自身の財務基盤の充実を求めるものである。一般に、清算参加資格に取引参加資格よりも高い財務水準が求められるのはそのためである。

　清算資格取得の日は、商品取引清算機関が指定した日（資格の付与日）であり、当該資格の付与があったときは各清算参加者と当該清算資格に係る指定市場開設者に通知され、主務大臣には報告される（方法書9条）。

　清算参加者は、商品取引清算機関との間で「清算参加者契約」を締結しなければならない（同11条）。また、「清算参加者代表者」（同12条）、「決済業務責任者」（同13条）をそれぞれ1人、商品取引清算機関に届け出なければならない。指定商品市場からの脱退、商品先物取引業者の場合には商品先物取引業の廃止、組織再編行為等があったときなど、所定の事項についてあらかじめ商品取引清算機関に届け出る義務があるほか（同17条）、財務基盤に係る要件を下回ったときなど具体的に列挙される重要な変更等があったときは、直ちに商品取引清算機関に報告する義務を負う（同18条）。

　商品取引清算機関は、業務方法書の遵守状況の調査、財務状況の調査、指定市場開設者からその商品市場における取引等の公正の確保を図るための調査に関して情報提供の要請があった場合において当該要請に応じることが相当と認めたとき、またはその業務の運営上必要と認められる場合に、清算参加者に対して資料の提出を求め、職員をして書類等を監査させることができる（同19条）。業務または財産状況が商品取引清算機関の商品取引債務引受業の運営に鑑みて適当でないと認めるときは、当該清算参加者に対して、適切な措置を講じることを勧告することができる（同36条1項）。勧告を行った後、必要があると認めるときは、その対応についての報告を求めることができる（同条2項）。

　清算参加者は、指定市場開設者の会員等でなくなること（他社清算参加者で一定の要件を充たす場合を除く）または解散により、当然に清算資格を喪失する（同32条）。また任意に清算資格を喪失しようとするときは、喪失しようとする清算資格の種類ごとに、そのための申請を行わなければならず（同20条）、

商品取引清算機関が承認し、その承認において指定する期日に資格を喪失する（同24条1項）。各清算参加者・当該清算資格に係る指定市場開設者への通知、主務大臣への報告は、資格取得の場合と同様である（同条2項）。

資格取得または喪失前後の未決済の清算約定の取扱いについて、業務方法書は、非清算参加者の資格取得の場合は「指定清算参加者」（資格取得前は非清算参加者であったことから、指定市場開設者の定めるところにより「常に商品清算取引の委託先とする者として指定した清算参加者」を定めなければならなかった）から当該非清算参加者が「引き継ぐ」ことで処理し（同10条）、資格喪失の場合は、あらかじめ、すべての未決済清算約定を解消し、他社清算参加者の場合は当該清算資格に係る清算委託契約をすべて解約しなければならないとする（同21条）。ただし、合併・会社分割・事業譲渡等による資格喪失の場合であって、商品取引清算機関が未決済清算約定の解消または清算受託契約の解約が必要でないと認めたときは、その解消または解約をしないことができる（同22条）。資格喪失申請受理の翌日から債務引受けは停止されるが、この場合も上記合併等の場合と同様の特例が認められている（同23条）。清算資格を喪失した者は、商品取引清算機関から金銭等（金銭・有価証券・外貨等）の返付を受けるが、その金銭等をもって、清算参加者として商品取引清算機関に対して負担した一切の債務の弁済に充てなければならない（同25条）。

業務方法書に違反した清算参加者に対しては、あらかじめ審問を経たうえで、商品取引清算機関の取締役会決議により資格の取消しまたは債務引受けの全部もしくは一部の停止等の処分をする旨の規定が設けられており（同26条）、また財務基盤要件に抵触した場合については、債務引受けの停止の処分規定が設けられている（同27条）。組織再編行為等の届出を行ったにもかかわらず資格喪失申請をしない場合には、債務引受けの全部または一部の停止措置がとられることもある（同28条）。その場合や後述の清算資格の取消しの場合において、未決済約定があるときは、必要な「整理」（事後処理）がなされる（同29条・35条）。また債務引受けの停止措置の場合には、他の清算参加者に引き継ぐ措置をとることもできる（同34条。東商取業務70条参照）。これを「建玉の移管」という。債務引受け停止の措置の解除等についても、当事者の申請（停止事由の除去の説明書を添付）に基づき、停止解除を承認する（方法書30条1項・2項・4項）。停止後1年以内に上記承認を受けなかったときは、商品取引

142　第4章　商品先物取引の決済

清算機関の取締役会決議により、当該対象清算参加者の清算資格を取り消すことができる（同条3項）。不利益処分に対しては、異議申立ての手続が設けられている（同31条）。債務引受けの停止または清算資格の取消しに関する指定市場開設者等への通知等の手続は、資格の取得等の場合と同様である（同33条）。

5　取引成立後の債務の引受け

「清算対象取引」（法2条3項1号～4号・10項1号ニに定める取引。方法書2条）が「指定商品市場」（同3条。実質的には全商品取引所の全商品市場）で成立したときに生じる当該債権債務（同45条1項）または振替・付替・ギブアップに伴い消滅または発生する債権債務については（同46条・47条）、商品取引清算機関が免責的債務引受けを行って、すべての清算対象取引についての一方当事者となる。清算参加者は、清算対象取引を行った場合には、新規売り、新規買い、転売、買戻しの別およびそれぞれの数量、オプション取引の権利行使を行う場合にはその数量につき、指定市場開設者を通じて、商品取引清算機関に申告する（同49条1項）。商品取引清算機関は、その申告を受けたとき、および指定市場開設者からオプション取引の権利行使・被権利行使の内容の通知を受けたときは、当該清算参加者の清算約定のうち未決済のものの数量を加減する（同条2項）。非清算参加者からの清算申告の場合には、その申告に基づき「当該非清算参加者の指定清算参加者」の清算約定のうち未決済のものの数量を加減する（同条3項）。

　商品取引清算機関が清算対象取引について負担する債務の履行責任は、清算参加者に対してのみ負う（同48条）。清算参加者に委託している者等に対しては債務の履行責任を負わないという趣旨である。

【ギブアップ】

　「ギブアップ」とは、取引参加者が成立させた取引を他の取引参加者の取引として付け替える制度をいう（たとえば東商取業務26条以下参照）。これにより、委託者は、注文執行能力に優れる商品先物取引業者Aで取引を成立させ、より信用力が高く清算サービスに優れる商品先物取引業者Bで清算を行うこと等が可能となる。

6 店頭商品デリバティブ取引の債務引受業務

　商品取引清算機関は、その業務方法書に定めるところにより、「店頭商品デリバティブ取引」に基づく債務の引受業務を行うことができる（法170条1項）。商先法上、「店頭商品デリバティブ取引」は、商品市場によらずに行われる取引と定義されているが、商品市場類似施設の開設の禁止の適用除外となる特定商品市場類似施設における取引は除外されていることから（法2条14項）、特定商品市場類似施設における取引の債務引受業務を行おうとする場合は、「兼業業務」として主務大臣の承認を受ければ、これを行うことができる（法170条2項但書）。

　金商法に定める「店頭デリバティブ取引」では、金利スワップやクレジット・デフォルト・スワップ（CDS）の一部の取引のように、法令上、金融商品取引清算機関の利用を義務付けている取引もある（いわゆる清算集中。金商156条の62）。店頭商品デリバティブ取引や特定商品市場類似施設の取引においては、現在、このような清算集中義務は課されていない。

第3節　証拠金制度

1 証拠金の意義と機能

　商品先物取引は、証拠金取引（margin transaction）である。取引対象の「商品」に対して、その対価相当額の一部に相当する金額を「証拠金」として預託することで、商品先物取引契約を締結することができる。対価相当額に対する証拠金の割合を「レバレッジ率」という。

　証拠金預託の目的は、第1に、先物取引に係る債務の履行時に弁済に充てることにある。これを証拠金の担保的機能という。このような事前に預託される担保金（事前預託金）は、取引証拠金に限るものではない。

　第2に、市場取引の管理機能である。証拠金率（レバレッジ）を調整することにより、取引参加の難易を変更することができる。たとえば市場が過熱しているときに市場を鎮静化させる効果を期待して、取引証拠金の率（額）を引き上げることがある。

144 第4章 商品先物取引の決済

第3に、損計算になっている建玉について、投資を継続するか否かを判断させる機能である。一定の基準を超える「損計算」になった未決済約定について、たとえば、「追加証拠金」の預託を求めることで、証拠金の担保機能を補強すると同時に、会員等がその預託をすることで建玉を維持するか、手仕舞いするかの判断をする機会が提供されることになる。

2　事前預託金制度

⑴　事前預託金の意義

現物の受渡し以外の決済は、差金決済にせよ、債務不履行の事後処理にせよ、最終的には利害関係人の間における金銭の授受による。したがって、そのような金銭授受における債務不履行リスクを回避あるいは低減させるためには、当事者から事前に一定の金銭等を担保として徴しておくことは有意義であり、有益である。商先法が様々な事前預託金の制度を設けているのは、そのような決済面での債務不履行リスクを軽減するためである。事前預託金の制度には、信認金のように、受委託の公正、委託者保護の趣旨を含むと解される制度もあるが、いずれも事前に預託金を徴収し、必要な場合に弁済の財源とする趣旨を有する。取引証拠金の預託も、この事前預託金制度の担保機能を担うものの1つと理解することができる。

【取引証拠金の担保的機能】
　商品取引清算機関が定める証拠金規則によれば、取引証拠金等が履行を担保する債務の履行は、①清算参加者が商品取引清算機関に対して支払いまたは引き渡すべき商品市場における取引に係る債務、②非清算参加者が清算参加者に対して支払いまたは引き渡すべき商品市場における取引に係る債務、③委託者が会員等に対して負担する商品市場における取引に係る債務（会員等が非清算参加者である場合は、清算取次委託者および海外顧客が会員等に対して負担する商品市場における取引に係る債務を含む）、④取次者が会員等に対して負担する商品市場における取引に係る債務（会員等が非清算参加者である場合は、清算取次者が会員等に対して負担する商品市場における取引に係る債務を含む）、⑤取次委託者が取次者に対して負担する商品市場における取引に係る債務（取次者が商品市場における取引を委託する会員等が非清算参加者である場合は、その清算取次者に対して清算取次者に対する委託者が負担する商品市場

における取引に係る債務を含む）とされ、債務不履行が発生した場合には、取引証拠金等に対する権利を行使し、上記債務の弁済に充当することができるものとされている。

(2) 特別担保金

「商品取引所を経て」という決済方式（法105条1号）において、商品取引所は、定款または業務規程で定めるところにより、会員等をして、当該会員等が取引をする商品市場ごとに「特別担保金」を預託させることができる（法109条1項・98条1項）。この特別担保金は、商品市場における取引に基づく債務につき不履行が発生した場合に、会員等が信認金および取引証拠金から弁済を受けてもなお不足があるときに、当該取引等の相手方たる会員等の当該商品市場についての特別担保金から他の債権者に先立って弁済を受けるという性格のものであり（法109条2項～4項）、債務不履行時における違約処理用の資金である。

(3) 信 認 金

商品取引所の会員等は、定款または業務規程で定めるところにより、商品取引所に対して、当該会員等が取引をする商品市場ごとに「信認金」を預託しなければならない（法101条1項・98条1項）。その預託後でなければ、商品市場において取引をすることができない（法101条2項）。信認金の預託は、有価証券等（令13条）でも可能であるが（法101条3項）、その充用価格が主務省令で定められている（同条4項、規則39条）。信認金の預託は、条文からは商品市場における取引への参加条件のようにも読めるが、その機能からみれば、委託者保護、さらには決済上の債務不履行リスクの軽減策であると解される。なぜなら、商先法において、商品先物取引業者である会員等に対して商品市場における取引を委託したもの（取引委託者）は、その委託により生じた債権に関し、当該商品市場についての当該会員等の信認金について、他の債権者に先立って弁済を受ける権利を有するとされているからである（法101条5項）。その債務不履行が商品市場における取引について発生していることからすると、信認金は、そのような事態が発生した場合の担保資金であることは明らかであり、弁済に関する最優先権が委託者にあるということである。

146　第4章　商品先物取引の決済

(4)　清算預託金

　商品取引清算機関（インハウス型・アウトハウス型いずれも）は、その業務方法書で定めるところにより、その清算参加者に対して、商品取引清算機関に対する債務の履行を担保するために、「清算預託金」を預託させることができる（法180条1項。方法書61条以下）。商品先物取引の清算段階において違約が発生したときに、当該違約により損害を受けた債権者が損害を与えた清算参加者の清算預託金に対して優先弁済権を有するものとされるなど（法180条2項〜4項）、これもまた違約処理のための事前預託金の1つである。

(5)　取引証拠金

①　取引証拠金の預託

　取引証拠金は、元来、会員等が商品市場における取引を行う上での証拠金であるので、取引成立時に当該商品取引所に預託しなければならないものである（法103条）。しかし、現在の実務では、取引証拠金に関する業務等は、商品取引清算機関に委ねられている。取引証拠金が商品先物取引の決済において意味をもつからである。

　各商品取引所は、その「業務規程」で取引証拠金に関する規定を設けなければならない（法102条1項3号）。各取引所の業務規程（東商取業務40条〜46条、大商取業務157条〜163条）と商品取引清算機関の証拠金規則・運用要綱には、商品市場における取引をするには、①所定の「取引証拠金維持額以上の額の取引証拠金」を所定の預託期限までに預託しなければならないこと、②内国通貨（円）だけでなく、有価証券・倉荷証券・外貨（「充用有価証券等」）をもって預託することができること、③主務大臣（差換預託の場合）または商品取引清算機関（直接預託の場合）の承認を受けて銀行等とLG（Letter of Guarantee）契約を締結しこれを商品取引清算機関に通知することで当該契約額の範囲内で預託が猶予されること、などが定められている。

②　取引証拠金の預託義務者

　取引証拠金は、会員等が自己の計算において商品市場における取引を行う場合（自己玉）や、会員等がその受託した商品市場における取引を委託証拠金の預託を受けて行う場合（委託玉の一部）には、当該会員等に預託義務がある（法103条1項1号・2項）。これに対して、取次者からの受託を除き、会員等が受

託した商品市場における取引を行う場合（委託玉の一部）には、委託者（取次者を除く。取次による受託の場合は取次者）が預託義務者となる（同条1項2号・3号。証拠金規則に、さらに詳細な規定が設けられている（方法書60条、証拠金規則3条以下参照））。しかし、清算機関と清算参加者の間では、あくまでも清算参加者に預託義務があると理解される。たとえば、委託者、各取次者、各非清算参加者の預託分に不足があるときは、当該清算参加者がその不足分を預託しなければならない（証拠金規則10条の2・11条など参照）。もっとも、非清算参加者については、自己の建玉（オプション取引では売建玉に限る）と受渡玉、受託取引参加者たる非清算参加者の委託者分について、必要金額の取引証拠金を「指定清算参加者」に差し入れなければならないものとされており、委託者が「清算参加者」を通じて清算機関に預託することになる（証拠金規則11条）。

③ 取引証拠金維持額の算定

「商品市場における取引」を行う際の取引証拠金については、まず「取引証拠金維持額」が算定される。これは、後述④の「預託必要額」とは異なるものであり、取引を維持するために預託が必要となる最低金額を意味し、この金額を基礎にして「預託必要額」が算定される。

【SPAN 証拠金】

Standard Portfolio Analysis of Risk の略称。シカゴ・マーカンタイル取引所（CME）が1988年に開発したリスク・ベースで必要証拠金を計算する方式。商品取引清算機関では、2010（平成22）年5月1日にその利用に関するライセンス契約を締結し、2011（平成23）年1月4日から採用している。商品先物取引の信頼性向上と、投資家にとっての簡明性と利便性の向上を目的とし、国際標準となっているSPAN証拠金を日本の状況に合わせてリスク・パラメーター等を設定・更新する形でカスタマイズして用いている。

(i) 清算参加者自己分

清算参加者にとって、自己分の「取引証拠金所要額」に自己分の「取引受渡証拠金」を加えて得た額が、自己分の「取引証拠金維持額」である（証拠金規則5条柱書）。

【自己分の取引証拠金維持額】
　「自己分のSPAN証拠金額」から「自己分のネット・オプション価値の総額」を控除して算出される額が「自己分の取引証拠金所要額」である。ここに「自己分のSPAN証拠金額」とは、先物取引に係る自己の計算による建玉について「SPAN」により計算した証拠金額をいう。また「自己分のネット・オプション価値の総額」とは、「自己分の買いオプション価値の総額」から「自己分の売りオプション価値の総額」を控除して算出される額をいう。
　また、「自己分の取引受渡証拠金」とは、指定市場開設者の開設する指定商品市場において、受渡しにより決済を行う場合に必要となる証拠金額をいう（証拠金規則5条）。

〈図〉　取引証拠金維持構成図

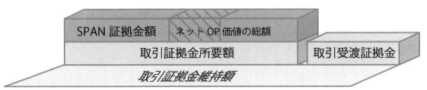

出典：商品取引清算機関のHP。https://www.jcch.co.jp/span/span05.html#itakusha

(ii)　委 託 分

　委託者の「取引証拠金所要額」に当該委託者の「取引受渡証拠金」を加えて得た額が、当該委託者分の「取引証拠金維持額」である（証拠金規則6条1項柱書）。なお、遠隔地仲介非清算参加者が商品清算取引の委託の取次ぎを行う海外顧客については、別途定めがある（同条2項）。

(iii)　清算委託者の取引証拠金維持必要額

　清算参加者にとっては、上記(i)の自己分の「取引証拠金維持額」だけでなく、これに、(ii)の委託分の「取引証拠金維持額」の総額を加えた額が、「取引証拠金維持必要額」（方法書68条1項4号）となる（証拠金規則8条1項）。

④　「預託必要額」の算定

(i)　清算参加者の預託必要額

　清算参加者にとって、自己分の「取引証拠金維持額」が「自己分の預託必要額」である。これに、後述の「委託者の預託必要額」の総額を加えた額が「預

託必要額の総額」（方法書 69 条 1 項、証拠金規則 8 条 2 項）となる。

(ii) 委託者の預託必要額

「委託者の預託必要額」は、各委託者が①取引証拠金として差し入れまたは委託証拠金として預託している金銭の額および充用有価証券等を用いている場合は、商品取引清算機関が定める「充用価格」により評価した額の合計額を基礎として、②当該委託者の値洗損益金通算額、売買差損益金およびオプション取引における未決済の取引代金を加減し、③当該委託者の負担すべき額で清算参加者が必要と認める額を減じて、得られた額である（証拠金規則 7 条 1 項本文）。

ただし、当該「委託者の預託必要額」が当該委託者の「取引証拠金維持額」を下回るときは、当該取引証拠金維持額を当該委託者の預託必要額とする（同条同項但書。なお、海外顧客の場合や取引証拠金の全部または一部について充用有価証券が用いられている場合について、同条 2 項・3 項参照）。

⑤ 預託の期限

取引証拠金は、商品取引清算機関の取締役会が預託日時の繰上げまたは繰下げの決議を行わない限り、①商品市場における取引の売付けまたは買付け（オプション取引の場合は売付けに限る）が成立した取引日の日中立会の属する営業日の翌営業日の正午までに、②清算参加者が取引証拠金の差入れを受けた日または委託証拠金の預託を受けた日の翌営業日の正午までに、預託しなければならない（証拠金規則 14 条）。

⑥ 預託の方法と分別保管

取引証拠金の預託は、原則として、清算参加者が決済銀行（方法書 76 条、方法書運用要綱 19 条（4 店舗が指定されている））における決済口座からの口座振替によりなされる（証拠金規則運用要綱 4 条 1 項）。

自己分の取引証拠金維持額（上記③(i)参照）は、商品取引清算機関から毎営業日、清算参加者に通知される（証拠金規則 21 条 1 項）。清算参加者は、毎営業日（原則として午後 7 時まで。証拠金規則運用要綱 7 条）、委託者の取引証拠金維持額の総額および委託者の預託必要額の総額を毎営業日所定の時限までに、商品取引清算機関に申告する（証拠金規則 21 条 2 項〜4 項）。

預託金は、商先法の定めに従い、分別保管される（同 19 条）。

150　第4章　商品先物取引の決済

⑦　追加預託

　自己分、委託分、取次者、商品清算取引分のいずれについても、取引証拠金として預託された金額が「取引証拠金維持額」に満たなくなった場合には、不足額以上の追加預託が必要となる（証拠金規則15条前段・16条1項・2項・17条2項）。不足が生じた日の翌営業日の正午が預託期限である（同18条）。追加預託された全額もまた、商品取引清算機関に預託され、分別保管される（同16条3項・17条1項）。

> **【証拠金の返還】**
>
> 　各委託者により清算参加者委託分の取引証拠金（直接預託分）として預託されている金銭および充用有価証券等の時価評価額の合計額、並びに清算参加者委託分の取引証拠金（差換預託分）として預託されている金銭の額および充用有価証券等の時価評価額の合計額のうち、委託証拠金として預託されたものの合計額（清算参加者委託分現預託合計額。証拠金規則11条2項の例外的処理に注意）を限度として、清算参加者の各委託者に係る「清算参加者委託分の取引証拠金」に対する返還請求権が認められている（証拠金規則20条1項）。返還請求が認められる範囲は、原則として（例外（換金費用の控除が必要な場合）につき、同20条1項1号括弧書・30条2項参照）、①委託者の場合は「清算参加者委託分現預託合計額」から当該委託者が清算参加者に対して負担する先物取引に係る債務のうち未履行部分に相当する額を控除した額、②清算参加者の場合は「清算参加者委託分現預託合計額」から当該清算参加者が商品取引清算機関に対して支払いまたは引き渡すべき当該委託者の委託に基づく先物取引に係る債務のうち未履行部分に相当する額および当該委託者が清算参加者に対して負担する先物取引に係る債務のうち未履行部分に相当する額を控除した額、である（同20条1項各号）。また、③取次者、清算取次委託者等の場合についても、それぞれ所定の金額についての返還請求が認められる（同20条2項〜8項）。
>
> 　各返還請求権の適用に関して、指定商品市場の上場構成品のうち所定の先物取引に係る債務については、商品取引清算機関が直接返還請求権を行使することができる場合を除き、当該指定商品市場の上場商品構成品以外の上場商品構成品の先物取引に係る債務と区分して管理される（同20条9項）。取引証拠金の返還請求権は、清算参加者本人または指定清算参加者が代理人として申告し、行使する（同20条10項。証拠金規則運用要綱8条参照）。
>
> **【充用有価証券制度とLG契約締結による証拠金預託の猶予】**

証拠金は、①有価証券（法101条3項）、②当該商品取引所・他の商品取引所の開設する商品市場における取引の決済のため受渡しの目的とすることができる当該商品市場の上場商品の保管を証する倉荷証券をもって預託することができ、充用価格（証拠金等規則運用要綱5条参照）で充当することができる（法103条5項・6項・179条6項、規則43条3項・74条、方法書61条3項、証拠金規則9条1項、「充用有価証券に関する取扱要綱」参照）。③外国通貨による預託も可能であるが、実務上は米ドルに限られている。

委託証拠金・取次証拠金につき、会員等または取次者（清算取次者）は、主務大臣の承認を受けるなどの条件をクリアすれば、主務省令に定めるところにより、銀行等との間で、当該会員等または取次者（等）のために所要の取引証拠金に相当する金額が商品取引所または商品取引清算機関の指示に応じて当該商品取引所または商品取引清算機関に預託される旨の契約（LG契約）を締結し、かつ、その旨を当該商品取引所または商品取引清算機関に届け出ることにより、その契約が存続する期間、取引証拠金の預託の全部または一部の「猶予」が認められる（法103条7項〜9項・179条7項・8項、規則44条〜45条の3、方法書35条・36条、証拠金規則35条〜37条の6、「差換預託LG契約に関する取扱要綱」。なお、「直接預託LG契約に関する取扱要綱」参照）。もっとも、LG契約による「猶予」については、商品取引所または商品取引清算機関は、商品市場における取引の公正を確保し、または委託者保護のために必要があると認めたときなどには（法103条10項・11項・179条8項）、猶予された取引証拠金を当該商品取引所または商品取引清算機関に預託すべきことを指示しなければならないとされている。

(6) 取引受渡証拠金

商品取引所が受渡しの円滑な履行を企図して「取引受渡証拠金」を定めたときは、商品取引清算機関は、その授受を行う（証拠金規則5条2号・6条1項2号）。たとえば、大商取は、とうもろこしおよび粗糖の取引を受渡しによって決済する渡方、受方双方から、当月限納会日（早受渡しにあっては当該応諾日）の翌営業日正午までに「取引受渡証拠金」（受渡代金の5％相当額）を預託させるものとしている（大商取業務163条1項・2項本文）。なお、相場に著しい変動がある等理事会が必要と認めるときは、渡方、受方双方またはその一方の取引受渡証拠金の額を変更し預託させることができる、ともされている（同条2項但書）。

152　第4章　商品先物取引の決済

(7)　取次証拠金

　取次ぎを円滑にするために、取次委託者が取次者に預託する証拠金を「取次証拠金」という。取次者は、清算参加者に対して取引証拠金を預託しなければならないが、その取引証拠金としてこの「取次証拠金」を差し入れることができる。

(8)　清算取次証拠金

　指定清算参加者が、清算取次委託者および清算取次者に対する委託者の委託に基づく先物取引について取引証拠金を預託する際に、清算取次者に対する委託者が清算取次者に預託する証拠金を「清算取次証拠金」という（法179条1項2号ハ）。清算取次の円滑化を図る趣旨で預託される。

(9)　証拠金の分別保管

　清算参加者は、①清算参加者の自己分の取引証拠金、②清算参加者委託分の取引証拠金（直接預託）、③同前（取次証拠金の差換預託）、④同前（委託証拠金の差換預託）、⑤非清算参加者自己分の取引証拠金、⑥非清算参加者（清算取次委託者・清算取次者に対する委託者の委託）委託分の取引証拠金（直接預託）、⑦同前（清算取次者から非清算参加者に差し入れられたものの差換預託）、⑧同前（差換預託）の区分に従って、取引証拠金を清算機関に預託しなければならない（証拠金規則19条1項）。清算機関は、この区分に従って、証拠金を管理する（同条2項）。

第3節　証拠金制度　153

〈図〉直接預託と差換預託

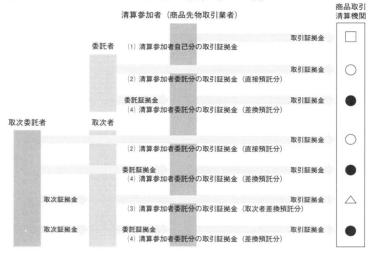

○'：清算取次委託者又は清算取次者に対する委託者の直接預託
●：清算参加者又は会員等（商品先物取引業者）の差換預託
△'：清算取次者の差換預託
□：会員等の自己取引に係わる証拠金

出典：商品取引清算機関のHP。https://www.jcch.co.jp/f/f02.html

【直接預託と差換預託】

清算参加者（商品先物取引業者）が委託者等（取次者または取次委託者を含む）から預託を受けた「委託証拠金」について、その金額以上の額を、現金または有価証券の形で商品取引清算機関に「取引証拠金」として預託（LGによる預託猶予を含む）することを「差換預託」という。これに対して、清算参加者が委託者から差入れを受けた現金または有価証券をそのまま取引証拠金として預託する場合は「直接預託」という。委託者の資金を業者保管とせず、業者から切り離して、分別して保管させる機能を果たす。ただし、差換預託をするには、①委託者等の同意があること、特に、清算参加者が委託者等から「委託証拠金」の預託を受ける場合は、当該委託者等から「委託証拠金」を預託することについて書面（電磁的方法でも可）による同意を得ること、を要し、②有価証券により委託証拠金の預託を受けた場合には、当該有価証券の時価評価額以上の額を「取引証拠金」として商品取引清算機関に預託しなければならない。

⑽　委託証拠金・委託者証拠金

受委託の法律関係における債務不履行リスクを軽減する目的で、商品先物取引業者が委託者から「委託証拠金」を徴収する場合がある（法103条2項・179条2項）。これは、商品先物取引業者において、委託者の債務不履行リスクを軽減するために、事前に担保金として徴収することを意味し、商品先物取引の清算にかかるリスク回避策とは、次元を異にする。

かつては、委託証拠金は、委託者からみての納付義務とする旨の規定が商取法に設けられていたが（2004（平成16）年改正前商取97条）、取引参加条件（納付義務の履行を委託の条件とする）と受委託における債務不履行リスクの問題とは理論上区別が可能であり、商品先物取引業者がそのリスクを最終的に自ら負担するのであれば、委託証拠金の納付を委託者の義務として規定するまでもないとの理解から、2004（平成16）年の商取法改正において委託証拠金の徴収は任意のものに改められた。ただし、商品先物取引業者が委託者から委託証拠金の預託を受ける場合には、委託者保護の観点から、委託者の事前同意が必要である（規則41条1項）。

委託証拠金の徴収・納付を義務としていた当時において、委託証拠金の制度趣旨を単純に債務不履行リスクと結び付けるのではなく、薄資者排除あるいは

過当投機の抑制策と捉える（委託証拠金率を高く設定すれば商品先物取引に参加しづらくなる）見解も有力であった。このように、証拠金制度は、一般に、レバレッジ取引（投下可能な資金の一部をもって本来可能な数量を超えた契約を締結することができる）に特有のものであり、その担保的機能を有することは疑いないものの、市場管理機能（あるいは投機に不適格な者を排除する機能）をも有するものであるとの指摘は正当であろう。このことは、取引証拠金だけでなく、委託証拠金の法的性格にも妥当する。すなわち、市場が過熱している場面での臨時増証拠金、取引終了日が近接してきた場面での定時増証拠金という証拠金制度が存在するのは、債務不履行リスクの高まりに対応するという面もあるが、市場の鎮静化という政策的側面もあると考えられるのである。

　このように、委託者から清算参加者に預託される委託証拠金（「委託者証拠金」という。東商取準則2条12号）の「預託必要額」は、取引証拠金維持額以上の額で商品先物取引業者（清算参加者）ごとに定めた額となる。法定の額ではないので、その額は一律ではない。委託者証拠金は、金銭だけでなく有価証券による預託も認められる。

　委託者証拠金の構成要素としては、値洗差損が発生した場合や売買差損が発生した場合への備えが考えられる。受け入れていた委託者証拠金の額に不足が発生したときは、商品先物取引業者から追加差入れの請求がなされるのが通常である。

第4節　最終決済

　当月限納会までに反対売買による決済（手仕舞い）をしなかった未決済の約定は、最終決済へと進む。

1　現物先物取引の場合——受渡しと代金の授受

　現物先物取引の場合は、この最終決済において、売り方は現物（受渡供用品）の引渡し（delivery）をしなければならず、買い方は代金（最終決済価格）の支払い（payment）をしなければならない。これは通常の物品の売買の場合と同様である。

　商品取引清算機関の業務方法書によれば、指定市場開設者が定めるところに

156　第4章　商品先物取引の決済

より「受方会員等」（買い方）と「渡方会員等」（売り方）との間で「受渡し」が行われたことをもって、商品取引清算機関と清算参加者との間において決済が行われたものとしている（方法書54条）。したがって、アウトハウス型のクリアリングハウス・システムにおいても、取引対象となっている「現物」の「受渡し」は、各商品取引所の業務規程等（各商品の「受渡細則」）の定めに従って、その管理下において行われている（東商取業務47条以下、大商取業務59条以下参照）。その業務規程等においては、通常の物品売買の場合と同様に、受渡しの場所・日時・値段、受渡供用品、受渡日以前の受渡し（早受渡し・申告受渡し）、倉荷証券等による受渡し、検品、保管料・消費税を含む諸経費の負担などが定められている。

【早受渡し、申告受渡し、ADP（代替受渡し）】

　「早受渡し」とは、当月限の建玉をもつ取引参加者が、受渡期日以前に受渡しを行うことをいう。東商取ではゴム市場、貴金属市場、農産物・砂糖市場で認められ（東商取業務56条）、大商取では大豆・小豆・とうもろこし・米穀・精糖・粗糖・冷凍えびについて認められている（大商取業務61条・75条・88条の5・88条の24・91条・106条・139条）。

　「申告受渡し」とは、当月限の建玉をもつ取引参加者が、その建玉の全部または一部について、受渡期日以前に受渡しを行うことをいう。東商取ではゴム市場、貴金属市場（貴金属受渡細則に定める上場商品構成品に限る）、石油市場、中京石油市場、アルミニウム市場、農産物・砂糖市場（農産物・砂糖受渡細則に定める上場商品構成品に限る）で認められている（東商取業務57条）。

　ADP（Alternative Delivery Procedure）とは、当月限の「受渡玉」が確定した後に、正規の受渡条件とは異なる方法で受渡・決済を行うことをいう（代替受渡し）。東商取では各受渡細則・ADP実施細則に従って行われ、取引所の承認を必要とする（東商取業務58条の2）。取引参加者・当業者・取引所が適当と認めた者に限られ（東商取ADP細則3条）、石油（ガソリン・灯油・軽油）、中京石油（ガソリン・灯油）、貴金属（金・銀・白金・パラジウム）、ゴム（RSS3号・TSR20番）、農産物・砂糖（一般大豆・小豆・とうもろこし）について認められる（同2条）。なお、大商取には、米穀と冷凍えびについて、合意早受渡し（大商取業務88条の39・152条）の特例が認められている。いずれも、商品取引所の業務規程・各細則に定めがあり、受渡し・決済は当事者間の合意により、その責任においてなされる。自己責任の下で、柔軟な受渡しを可能とする趣旨である。

第5節　特殊な取引の結了　157

【受渡しの当事者たる会員等が受渡しを履行しない受渡玉の処理】
　業務規程に基づいて、受渡しの当事者たる会員等が受渡しを履行しない受渡玉について、当該会員等が指定市場開設者により定められた金銭を所定期日までに商品取引清算機関に納付し、商品取引清算機関が当該金銭を受渡しの相手方会員等に交付することをもって当該受渡玉の転売・買戻しをしたものとみなされる（方法書54条3項）。

2　現金決済型先物取引・指数先物取引の場合——金銭の授受

　現金決済型の先物取引においては、最終決済は金銭の授受しかあり得ない。商品清算機関の業務方法書によれば、①限月現金決済先物取引については、指定市場開設者が定めるところにより、当月限のすべての未決済約定について、最終決済価格をもって、指定市場開設者が定めた取引において、反対売買（転売または買戻し）により決済するものとして処理される（方法書55条・56条）。②限日現金決済先物取引についても、同様に、反対売買により決済するものとして処理される（同56条の2本文）。ただし、業務規程に基づき指定市場開設者が適当と認めるときは、現物の受渡しにより決済することができる（同条但書）。③指数先物取引の場合についてもほぼ同様であり（同57条・58条）、④オプション取引については、最終決済において権利行使の対象とならなかった場合の未決済約定は、消滅するものとされる（同59条2項。東商取業務67条、大商取業務56条）。権利行使日（業務取引最終日の翌営業日（東商取業務64条1項））に権利を行使したときは、「オプション最終清算価格」（①同一商品の限月を同一とする現物先物取引の当月限納会日の日中立会開始後の最初の約定値段、②日中立会開始後に約定が成立しない場合は、商品取引清算機関が指定する価格）で決済するものとされている（同条2項）。

第5節　特殊な取引の結了

　通常の場合とは異なる例外的な決済がある。

158　第4章　商品先物取引の決済

1　相互決済結了取引取決め

　商品取引所は、他の商品取引所との間で、「相互決済結了取引取決め」を締結することができる。「相互決済結了取引取決め」とは、会員等が当該商品取引所の商品市場において決済を結了していない取引を有する場合に、当該会員等が他の商品取引所（商品取引所に相当する外国の施設を含む）の商品市場（商品市場に相当する外国の市場を含む）において、当該他の商品取引所の定款（会員商品取引所）または業務規程（株式会社商品取引所）に定めるところに従い、その取引の決済を結了させるための取引を行うことができる旨（逆に、他の商品取引所の会員等が当該商品取引所で結了のための取引を行う場合も同様）を約する、商品取引所間の取決めをいう（法98条2項）。その際、自らが会員等でない他方の商品取引所の会員等の資格が、そのような取引を行う目的の範囲内において、例外的に認められる（同条1項）。取引証拠金等の規定の適用については、会員等と同じ扱いを受ける（同条3項）。

　これは、相互決済結了取引取決めにより、決済機能（クリアリング）の連携（リンケージ）の拡大を意図したものである。取引の成立場所とその決済場所が異なってもよいことから、決済が容易になるほか、取引の幅も広がることになり、両市場間で「鞘（さや）」をとる機会が与えられるなどのメリットが生じる。国際的な商品取引所との間の商品市場連携の手法として活用することも考えられる。

2　脱退会員等の未決済取引の結了

　会員が会員商品取引所から脱退した場合、または、取引参加者が株式会社商品取引所の取引資格を喪失した場合において、相続（法37条1項・2項）・合併（法40条・83条）による承継をする者があるときを除き、当該会員等の商品市場における取引の決済が結了していないときは、その結了のための特別の仕組みが必要となる。その場合、商品取引所は、定款で定めるところにより、①脱退した当該会員または資格を喪失した当該取引参加者（本人）、②その決済が結了していない取引に係る権利義務の承継者、③当該商品市場における取引をすることができる他の会員等、のいずれかの者に、当該取引の決済を結了させなければならないとされる（法113条1項）。

①による場合は、当該脱退会員または資格喪失取引参加者は、その決済の結了の目的の範囲内に限って、なお会員または取引参加者とみなされる（同条2項）。③による場合は、本人またはその承継者と当該会員等との間に委任契約が成立しているものとみなされる（同条3項）。当該他の会員等がなす取引行為が本人またはその承継者の授権に基づくものであるとする趣旨である。

3　取引停止時の未決済取引の結了

商品市場において、買占め、売崩しその他の方法により過当な数量の取引が行われるか、そのおそれがあり、市場の秩序の維持と公益の保護の必要があるときなどには、会員等の取引が停止される場合がある（法118条参照。後述）。また、商品取引所自身の判断において、そのような状況等の場合に、商品市場における取引を停止するなどの管理行為がなされることもある（東商取業務8条・9条・30条参照）。こうした状況においては、取引が停止されているため反対売買ができず、未決済取引についてのリスク回避手段をとることができないことは問題である。そこで、上記2の場合に準じて、取引の結了がなされる（法114条）。

商品先物取引業者の許可の失効・取消し、または、受託業務の廃止があった場合に、その業者がその受託に係る取引の決済を結了していないときにも、同様の措置がとられる（法238条）。

4　臨機の措置──建玉の解合い等

商品取引所は、①買占め、売崩しその他の方法により過当な数量の取引が行われるとき、不当な対価の額や約定価格等が形成され、またはそれらのおそれがあるとき、商品市場の秩序を維持するためやむを得ない理由があるとき、②天災地変、戦争、暴動、相場の著しい騰落その他これらに準じる事由により、取引の締結や取引の決済に著しい支障が生じ、またはそのおそれがあると認められるとき、③商先法118条に基づく主務大臣の命令を受けたとき、において、売買約定の全部または一部の取消しをすることができ（売買約定が取り消されたときは、当該売買約定は初めから成立しなかったものとみなされる（東商取業務82条2項））、または建玉の解合い・受渡条件の変更その他の「臨機の措置」を講じることができる（東商取業務82条、82条の2等、大商取業務187条・188条

等）。ここに「解合い（とけあい）」とは、商品取引所の決定により未決済約定の決済を強制することであり、異常事態における緊急の取扱いとして認められるものである。なお、商品取引所における全部の建玉を解け合うことは「総解合い」と呼ばれる。

第6節　債務の不履行・違約

　商品先物取引の最終決済時においては、通常の売買と同様であることから、その債務不履行は、金銭の支払義務の不履行と受渡義務の不履行とがある。

1　違約者・違約受渡玉・違約中間玉

　商品取引所の会員等が、①信認金を預託しない、②取引所に納入または預託すべき金銭等の納入または預託をしない場合は、「建玉移管」をした場合を除き、当該会員等を「違約者」とし、その建玉（違約玉）の「整理」がなされる（東商取業務133条1項、大商取定款115条2項・大商取業務173条）。また破産手続開始の決定を受けた場合なども、「違約者」とみなす処理がなされ、同様に、建玉の「整理」がなされる（東商取業務133条2項、大商取定款115条3項）。このような建玉の整理は、最終決済時における債務不履行になる前段階の預託金債務の不履行等をもって処理されるものである。

　違約者の未決済の約定は、受渡しにより決済することが決定している場合を「違約受渡玉」と呼び、違約受渡玉以外の違約玉を「違約中間玉」と呼ぶ。この区分に従って、以下のように、建玉の決済の結了が行われる（東商取業務71条1項、大商取業務173条2項）。

2　違約中間玉の処理

(1)　同一限月・同一オプション銘柄の両建玉の違約中間玉

　東商取の場合は、取引所が指定した値段をもって、反対売買（転売・買戻し）により、当該売買約定を結了させる（東商取業務73条1項・4項。なお、大商取業務176条参照）。

(2) それ以外の違約中間玉

東商取の場合は、①違約発生日から起算して3営業日以内に、他の会員等から1人または2人以上の「違約中間玉引受履行者」を選び、その者と引受数量・引受値段を合意し、取引所が指定する日と値段をもって違約中間玉を引き受けさせたうえで、反対売買により結了させる。または②①の方法によることができない場合などにおいては、違約中間玉につき「附加賠償額」を定めて引受けをさせ、その後①と同様の方法で処理する（東商取業務73条2項・4項）。

大商取の場合は、すべての違約中間玉について、違約発生時に「売買玉明細書」を届出させて建玉を確定し、限月ごとに、違約中間玉の同一限月の売買対当数量を控除した「差引建玉」をその反対建玉（会員ごとの売買建玉を含む）の反対建玉数に按分して割り当て、割り当てられた会員（大阪堂島商取代行株式会社を除く）を「被違約者」とし、割り当てられた数量に相当するものを「被違約中間玉」として、取引所が指定する立会において転売・買戻しにより結了する（大商取業務174条2項・176条1項）。

(3) 違約者が非清算参加者の場合

東商取の場合は、原則として、当該非清算参加者の指定清算参加者を違約中間玉引受履行者として、(2)と同様の処理を行う（東商取業務73条3項・4項）。大商取もほぼ同様である（大商取業務174条3項・4項）。

3 違約受渡玉の処理

(1) 両建玉の場合

当該違約者の両建の受渡玉の部分（「両建受渡玉」）は、受渡値段をもって転売・買戻ししたものとして、取引所が指定する日に当該売買約定を結了させる（東商取業務74条2項、大商取業務175条1項）。

(2) 受渡対当玉の場合

東商取は、その石油市場、中京石油市場、アルミニウム市場、農産物・砂糖市場について、違約が当該受渡玉の相手方が決定した後に生じたものであって、当該違約者内において受渡しの渡方および受方になるものを「受渡対当玉」と呼んでいる。この受渡対当玉については、受渡値段をもって当該違約受

渡玉と被違約受渡玉とを転売・買戻ししたものとして、取引所が指定する日に当該売買約定を結了させる（東商取業務74条2項）。

(3) それ以外の違約玉
① 相手方決定前

両建玉の違約受渡玉を除く違約受渡玉については、原則として、その反対受渡玉（両建玉の違約受渡玉を除く）を有する他の会員等に按分して割り当て、その割り当てを受けた会員等を「被違約者」とし、割り当てられた数量に相当する受渡玉を「被違約受渡玉」として（東商取業務74条1項1号、大商取業務174条1項1号）、①違約発生日から起算して3営業日以内に、他の会員等から1人または2人以上の「違約受渡玉引受履行者」を選び、その者と被違約者との間で、取引所が指定する期間内に、受渡しをさせる。または②①の方法によることができない場合などにおいては、違約発生日から5営業日以内に、違約受渡玉につき「附加賠償額」を定めて、受渡値段をもって当該違約受渡玉と被違約受渡玉とを転売・買戻ししたものとして、取引所が指定する日に当該売買約定を結了させる（東商取業務74条3項。なお、大商取業務175条2項参照）。

違約者が非清算参加者である場合には、原則として、当該非清算参加者の指定清算参加者を違約受渡玉引受履行者として、(2)と同様の処理を行う（東商取業務74条4項、大商取業務175条3項）。

② 相手方決定後

当該違約者の相手方となった会員等を「被違約者」とし、違約受渡玉に対当する反対受渡玉を「被違約受渡玉」として（東商取業務74条1項2号、大商取業務174条1項2号）、処理をする。

(4) 違約処理に係る内容の通知

商品取引所は、違約処理を行ったときは、遅滞なく、その内容を商品取引清算機関に通知する（東商取業務76条、大商取業務171条3項）。

4 商品取引清算機関による違約の処理

アウトハウス型のクリアリングハウスのもとで、最終決済における不履行に伴う損失は、当該クリアリングハウスの負担となる。そこで、商品取引清算機

関は、清算参加者の信用状況が悪化した場合について、業務方法書・取引証拠金規則等に規定を置いて対応している。

(1) 「支払不能」

業務方法書によれば、清算参加者が所定の日時までに納入すべき金銭等を納付しない場合には、当該清算参加者を「支払不能」とし、当該清算参加者に係る清算対象取引に基づくすべての債務の引受けを停止するとともに、未決済のものがあるときは、他の清算参加者への引継ぎ等の措置がとられる（方法書68条1項）。当該清算参加者に係る金銭等の引取りも制限される（同70条1項参照）。支払不能と取り扱われた会員等は、商品取引所において「違約者」とみなされる（東商取業務133条2項2号）。

(2) 損失の補てん

「支払不能」となった清算参加者の清算約定について、指定商品市場ごとに損失額が算定される（方法書73条）。そして、その各指定商品市場の損失額は、当該支払不能清算参加者の各種事前預託金から補てんされる（同72条）。すなわち、当該支払不能清算参加者が当該指定商品市場について預託している①自己分の取引証拠金、②清算預託金、③その他の預託金等、④当該清算参加者が返還請求権を有する当該指定商品市場分の委託分の取引証拠金、である（同条1項）。それらで補てんし得ない損失がある場合は、さらに当該支払不能清算参加者が預託した特別清算預託金などが使用される（同条2項）。それでも損失が完全に補てんされないときは、当該支払不能清算参加者が会員等である指定市場開設者に預託している信認金等が使用される（同条3項～7項。この場合は、使用の順序が決まっている）。

【損失額】

補てんされる損失額は、①違約受渡玉の引受値段と受渡値段の差金、②違約受渡玉・違約中間玉の附加賠償額、③違約中間玉の引受値段と引き受けたときの約定値段との差金、④違約中間玉について、決済不履行の原因となった債務の属する計算区域から未決済約定の整理が終了した日の属する計算区域までの間の当該指定商品市場に係る約定差金・帳入差金・権利行使差金・オプション対価、⑤清算手数料、⑥その他、である（方法書73条）。

(3) **求　　償**

　商品取引清算機関の剰余金を用いて損失補てんがなされたとき（方法書72条4項）は、商品取引清算機関は、その補てん分につき、当該支払不能清算参加者に対して求償することができる（同74条1項）。同様に、第三者が損失補てんまたは損失保証により損失が補てんされたとき（同72条5項）、当該指定商品市場について他の清算参加者が預託している一般清算預託金により補てんされたとき（同条6項）、損失を補てんし得ない指定商品市場に係る清算資格を有する他の清算参加者がそれを負担したとき（同条7項）は、それぞれが求償をすることができる（同74条2項・3項）。

第5章

商品先物取引の受委託

第1節　非会員等と商品先物取引

1　会員等と非会員等

　商品取引所が開設する商品市場において取引をすることができるのは、商品市場ごとに定められる有資格者に限られ、これを、会員商品取引所では「会員」、株式会社商品取引所では「取引参加者」という（法97条1項・2項）。したがって、会員または取引参加者（「会員等」）ではない者（非会員等）が商品先物取引をしようとするときは、会員等に委託して行わざるを得ない。

　会員商品取引所の会員は市場ごとに定められ（大商取定款115条）、株式会社商品取引所の取引参加者も商品市場ごとに定められるので（東商取業務86条）、ある商品取引所の甲商品市場において会員等であっても、その商品取引所の乙商品市場において会員等でなければ、乙商品市場における商品先物取引については非会員等なので、乙商品市場の会員等に委託して行わなければならない。

2　非会員等と商品先物取引

⑴　受託会員等への委託

　非会員等が商品デリバティブ取引をする場合には、会員等に対し、「商品市場における取引」を委託することになるが、すべての会員等が非会員等から商品市場における取引の委託を受けられるわけではない。すなわち、業として商品市場における取引の委託を受けることは「商品先物取引業」に該当し（法2条22項）、商品先物取引業を営むには主務大臣の許可を得なければならない

166　第5章　商品先物取引の受委託

（同条23項）。この許可を得た者が「商品先物取引業者」である。結局、商品市場における取引資格のない者は、商品先物取引業者を介して商品デリバティブ取引（同条15項）に参入することになり、商品先物取引業者は、商品先物取引業を独占するという特権が与えられているのである。

　このように、商品取引所の会員等であり、かつ、非会員等から商品市場における取引の委託を受けることのできる者を、会員商品取引所では「受託会員」といい（大商取定款第5章、大商取業務87条）、株式会社商品取引所では「受託取引参加者」という（東商取業務87条2号）。両者を合わせて、「受託会員等」という。他方では、「会員等」であっても委託を受けることのできない者を、会員商品取引所では「一般会員」といい、株式商品取引所では「市場取引参加者」という（同条1号）。

(2)　商品先物取引の仲介

　非会員等は、委託の取次を業として行う者（その商品市場について受託会員等でない商品先物取引業者および商品先物取引仲介業者）を介して受託会員等に委託をすることもできる。

　会員等と非会員等との別と商品先物取引業者等との関係は、次の通りである。

〈表〉会員等と非会員等との別と商品先物取引業者等との関係

【会員商品取引所】

	会員		非会員		
会員の種別	受託会員	一般会員	－	－	－
取引資格	○	○	×	×	×
商品先物取引業者	○	×	○	×　仲介業者	×
受託の可否	○	×	×	×	×
取次ぎ等の可否	取次ぎ・媒介・代理	×	取次ぎ・媒介・代理	媒介	×

【株式会社商品取引所】

	取引参加者		非取引参加者		
取引参加者の種別	受託取引参加者	市場取引参加者	－	－	－
取引資格	○	○	×	×	×
商品先物取引業者	○	×	○	×　仲介業者	×
受託の可否	○	×	×	×	×
取次ぎ等の可否	取次ぎ・媒介・代理	×	取次ぎ・媒介・代理	媒介	×

〈参考〉東商取業務規程
（取引参加者の種類）
第87条　当社の取引参加者は、当社の市場における取引の態様により、次の各号の種類に区分する。
(1) 市場取引参加者　国内に当社の市場における取引を行う営業所又は事務所を保有し、当社の市場において自己の計算による取引を行うことができる取引資格を有する取引参加者
(2) 受託取引参加者　商品先物取引業者であって、当社の市場において自己の計算による取引及び委託者の計算による取引を行うことができる取引資格を有する取引参加者
(3) 遠隔地市場取引参加者　国内に当社の市場における取引を行う営業所又は事務所を保有せず、当社の市場において自己の計算による取引（商品清算取引の委託を行うものに限る。）を行うことができる取引資格を有する取引参加者
(4) 遠隔地仲介取引参加者　国内に当社の市場における取引を行う営業所又は事務所を保有しない外国商品先物取引業者であって、当社の市場において自己の計算による取引及び海外顧客の計算による取引（いずれの取引も商品清算取引の委託を行うものに限る。）を行うことができる取引資格を有する取引参加者

3　商品取引契約

　商品先物取引業者が顧客を相手方とし、または顧客のために、商品先物取引業に関する行為（法2条22項）を行うことを内容とする契約を「商品取引契約」という（同条24項）。従来から、商品先物取引業者が商品市場における取引等の受託を内容とする契約を「受託契約」と呼んでおり、顧客が商品先物取引業者に対し、商品市場における取引を委託する場合や、顧客が商品先物取引業者に商品市場における取引の委託の取次ぎを委託する場合を合わせてその対象としている。商品取引契約では受託契約準則の遵守がきわめて重視されている。
　顧客と商品取引契約を締結した商品先物取引業者が会員等であるかどうかによって、顧客との法律関係には、次のような違いがある。

〈図1〉**商品先物取引業（受託）**

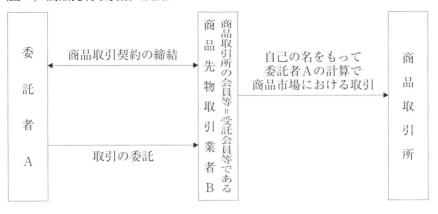

第1に、〈図1〉のように、委託者Aが、会員等である商品先物取引業者Bとの間で、商品市場における取引を委託する契約を締結する場合であり、最も基本的な類型である。この契約は、「商品取引契約」に該当し（法2条24項）、商品先物取引業者Bからすれば受託契約であり、委託者Aからすれば委託契約である。委託者Aから商品市場における取引の委託を受けた商品先物取引業者Bは、商品取引契約に基づいて、自己の名をもって委託者Aの計算において、商品市場における取引をすることになる。このように自己の名をもって他人の計算において行為をすることを、商法上は「取次ぎ」という（商502条11号）。

〈図2〉 商品先物取引業（取次ぎ）

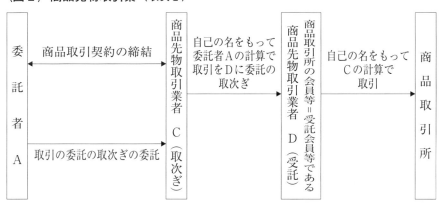

第2に、〈図2〉のように、委託者Aは、商品市場における取引を直接委託するのではなく、商品先物取引業者Cとの間で、会員等である商品先物取引業者Dに対して、当該商品市場における取引の委託の取次ぎを委託する契約を締結する。この場合は、委託者Aから委託の取次ぎを引き受けた商品先物取引業者Cは、自己の名をもって委託者Aの計算において、商品先物取引業者Dに商品市場における取引の委託を取次ぎ、その委託を受けた商品先物取引業者Dが、自己の名をもって商品先物取引業者Cの計算において、商品市場における取引を行うことになる。Cが商品先物取引業者でありながら、当該商品市場の会員等でなく、他方、Dは商品先物取引業者であり、かつ、当該商品市場の会員等である場合である。

〈図３〉商品先物取引仲介業

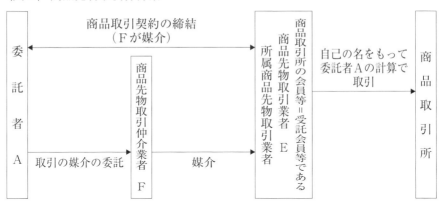

　第３に、〈図３〉のように、委託者Ａが、商品先物取引業者Ｅとの間で商品取引契約を直接締結するのではなく、「商品先物取引仲介業者」Ｆを通して、「商品市場における取引の委託」を商品先物取引業者Ｅに委託する場合がある。
　「商品先物取引仲介業者」は、特定の商品先物取引業者のために、委託者と当該商品先物取引業者との間で、商品市場における取引の受委託等が行われるように、業として媒介（仲介・仲立ち）を行う者である。この場合、委託者Ａは、商品市場における取引を商品先物取引業者Ｅに委託することにつき、媒介してくれるように、商品先物取引仲介業者Ｆに委託する。Ａから委託を受けた商品先物取引仲介業者Ｆは、商品先物取引業者Ｅに商品市場における取引の委託の媒介をし、Ａと商品先物取引業者Ｅとの間で、商品取引契約が締結される。そして、Ａからその委託を受けた商品先物取引業者Ｅが、自己の名をもって委託者Ａの計算において、商品市場における取引を行うことになる。

第２節　商品先物取引業者の規制

1　商品先物取引業者規制の必要性

　「商品先物取引業者」は、商品先物取引業を営むことについて主務大臣の許可を受けた者である（法２条23項）。
　商品先物取引業者には、商品市場において大きな役割が期待されている。そ

170　第 5 章　商品先物取引の受委託

の中心は市場仲介者としての機能であり、高い公共性がある。そこで、3 つの点が重要視されている。第 1 に、市場仲介者としての信頼性の向上、第 2 に、委託者に対するチェック機能の発揮、第 3 に、市場プレーヤーとしての自己規律の維持である（監督指針Ⅲ-1）。受託業者としては、特に第 1 と第 2 の点が重要である。第 1 の点に関しては、注文の管理や電子情報処理組織の管理の整備等が重要になり、第 2 の点では、委託者の不公正取引（作為的相場形成等）の防止やそのための売買審査基準の策定等が必要である。

2　商品先物取引業者の意義と特質

⑴　商人であること

　第 1 に、商品先物取引業者は商品先物取引業を営む「商人」である。取引所においてする取引は絶対的商行為であるから（商 501 条 3 号）、商品先物取引業者が会員商品取引所の会員または株式会社商品取引所の取引参加者（会員等）であれば、商品市場における取引資格をもっているので、自己の名をもって、かつ、自己の計算において取引をする売買業者としての一面がある（自己売買業務）。さらに仲立ち、取次ぎおよび商行為の代理の引受けは営業的商行為である（商 502 条 11 号・12 号）。そして、自己の名をもって他人の計算において物品の販売または買入れをすること（取次ぎ）を業とするので、「問屋（といや）」としての一面を有する（商 551 条）。また、商行為の媒介を業とするので、「仲立人」としての一面もある（商 543 条）。したがって、商品先物取引業者は商人である（商 4 条 1 項）。

> **【媒介・取次ぎ・代理】**
> 　商法では、この 3 つの概念が明確に区別されている。「媒介」とは、他人間の取引の成立に尽力することを内容とする事実行為であり、「仲立ち」や「仲介」とも呼ばれる（商 502 条 11 号）。商行為の媒介をする業者を「仲立人」といい（商 543 条）、結婚の仲介や個人の住宅に関する宅地建物取引などの商行為ではない行為の媒介をする業者を「民事仲立人」という。仲立人は直接法律行為を行うわけではなく、契約当事者となるべき者同士を引き合わせて契約を締結させ、手数料を得る。「取次ぎ」とは、自己の名（名義）において他人の「計算で」（経済的効果の帰属）法律行為を行うことである。物品の販売・買入れの取次業を営む者を「問屋（といや）」という（商 551 条）。法律上は、取次

ぎをする者自身が取引の当事者となるが、経済上は、取引から生じるすべての損益が委託者に帰属し、法律的効果と経済的効果の帰属が異なる。金融商品取引業者や商品先物取引業者のブローカー業務がその例である。法律関係は、委託者（顧客）と取次業者との関係（内部関係）および取次業者と第三者との関係（外部関係）に分かれ、取次業者は第三者との関係では、自らが権利義務を有する点で代理と異なる（「間接代理」ともいう）。「代理」とは、本人から代理権を授与された者（代理人）が本人に代わって法律行為を行うことであり、代理人がその権限内で行った第三者との間の法律行為の効果は、直接に本人と第三者間で発生する（民99条以下、商502条12号）。民法では、代理人が本人のためにすることを示して代理行為をすることが原則として要求されるが（顕名主義。民99条1項）、商行為の代理では、本人のためにすることを示さなくてもよい（非顕名主義。商504条）。

【商品先物取引業者と問屋】

　商品先物取引業者には商先法が適用されるので、問屋の介入権（商555条）はのみ行為の禁止（法212条）によって排除され、問屋の通知義務（商557条・27条）よりも詳細な通知義務が商品先物取引業者に課され（法220条）、特にクリアリングハウス制度の下では問屋の履行担保責任（商553条）は問題にならないなど、商法の問屋に関する規定はほとんど適用されない。したがって、商品先物取引業者を問屋であると解する意味はあまり大きくない。

⑵　商品先物取引業を行う者であること

　第2に、商品先物取引業者は「商品先物取引業」を行う者である（法2条23項）。商品先物取引業とは、次の①〜⑤の行為のいずれかを業として行うことをいう（同条22項各号）。

① 　商品清算取引を除く商品市場における取引の委託を受け、またはその委託の媒介、取次ぎもしくは代理を行う行為（1号）

② 　商品清算取引の委託の取次ぎの委託を受け、またはその委託の媒介、取次ぎもしくは代理を行う行為（2号）

③ 　商品清算取引に類似する取引を除く外国商品市場取引の委託を受け、またはその委託の媒介、取次ぎもしくは代理を行う行為（3号）

④ 　外国商品市場取引のうち、商品清算取引に類似する取引の委託の取次ぎの委託を受け、またはその委託の媒介、取次ぎもしくは代理を行う行為（4

号)

⑤　店頭商品デリバティブ取引またはその媒介、取次ぎもしくは代理を行う
　行為（5号）

　商取法では、商品清算取引を除く商品市場における取引の委託を受ける業務
を「商品取引受託業務」とし、商品取引員は商品取引受託業務を営む者として
いたが、2009（平成21）年改正の商先法は、②の商品清算取引の委託の取次ぎ
の受託等だけでなく、③④の外国商品市場における取引に関する業務や、⑤の
店頭商品デリバティブ取引に関する業務を営む者も商品先物取引業者に追加し
た。①についても、委託を受けまたは委託の取次ぎを業とすることしか認めて
いなかったが、委託の媒介または代理を業とすることを認めている。このよう
に商先法における商品先物取引業は、取引の対象、取引の種類、取引の場所、
行為の種類のいずれについても、従来の商品取引受託業務よりも大幅に拡大さ
れている。しかし、商品清算取引については、2004（平成16）年商取法改正に
より、アウトハウス型の清算機関が選択的に導入され、主務大臣の許可または
承認を受けた商品取引清算機関が商品取引債務引受業を営むこととされている
（法2条17項・18項・167条・173条）。したがって、商品清算取引自体は商品先
物取引業者の業務ではなく、商品清算取引の委託の取次ぎの委託を受け、また
はその委託の媒介、取次ぎもしくは代理を行う行為が商品先物取引業とされて
いるにとどまる（法2条22項2号）。また商先法は、商品先物取引業者の委託
を受けて①〜⑤の媒介を行う「商品先物取引仲介業」の制度を創設している
（同条28項）。

(3)　主務大臣の許可を要すること

　第3に、商品先物取引業者は「主務大臣の許可」を受けなければならない
（法2条23項・190条1項）。営業姿勢や財務基盤に問題のある業者が商品先物
取引業者となった場合には、一般顧客が大きな損害を被るおそれがある。そこ
で一定の基準を充たした者に限って主務大臣の許可を付与することによって、
適格性を欠く者が商品先物取引業者となるのを防止する趣旨であり、いわゆる
参入規制である。また商品市場における取引については、商品取引所の監督下
に置かれる。

第2節　商品先物取引業者の規制　173

(4)　会員等であることを要しないこと

　第4に、商品先物取引業者は、商品取引所の会員等である必要はない。商品市場における取引資格のない一般顧客が商品デリバティブ取引（法2条15項）を行おうとするときに、取引資格をもち、かつ、受託業務のできる商品先物取引業者に委託すれば、その商品先物取引業者が商品市場に売買注文を出し、取引を成立させることにより、一般顧客は商品デリバティブ取引の経済的効果を自己に帰属させることができる。それに対し、取引資格のない商品先物取引業者は、一般顧客から商品市場における取引の委託を受けても、商品市場に売買注文を出すことができない。しかし、取引資格のない商品先物取引業者であっても、商品市場における取引の委託の媒介・取次ぎ・代理をすることはできるので、取引資格をもつ商品先物取引業者に対し、顧客のために商品市場における取引を委託することによって、一般顧客を商品デリバティブ取引に参入させることができる。このように取引資格のない商品先物取引業者は、商品市場における取引の委託の媒介・取次ぎ・代理を行っているのである。

　さらに、外国商品市場取引を行う場合には、外国の商品先物取引業者に委託することも可能ではあるが、外国商品市場取引の経験や知識が乏しい委託者にとって、国内の商品先物取引業者を介して外国の商品取引所における取引を行う方がはるかに便利である。したがって、商先法は、「商品デリバティブ取引」に「外国商品市場取引」を含め、商品先物取引業者が窓口になることを認めている。

【商品仲買人・商品取引員・商品先物取引業者】

　1967（昭和42）年の商取法改正前は、商品先物取引業者は「商品仲買人」と呼ばれており、商品取引所はすべて会員制であったため、商品取引所の会員であって、他人の委託を受けて商品市場において売買取引をすることが認められたものをいうと定義されていた（同改正前商取法2条6項）。そして、商品市場において売買取引をすることができる商品仲買人は、商品取引所別に主務省に備える「商品仲買人登録簿」に登録を受けたものに限るとし（同41条）、当該商品市場において売買取引をする商品仲買人である旨の登録を受けているものでなければ、当該商品市場における売買取引について委託を受けてはならないとして（同43条）、商品仲買人の登録制をとっていた。商品取引所法が登録制をとっていたのは、1950（昭和25）年の同法制定当時の他の産業警察立

法と同様に、業者の参入の自由を保障するためであったが、一定額の純資産額の保有という形式的要件を充足すれば、商品仲買人としての登録を受けることができ、その適格性について行政機関による実質的な審査はほとんどできない状態であった。しかし、その後商品先物取引への大衆参加が活発化するにつれて、受託業務を公正に行わない商品仲買人と委託者との間の紛争が多発したため、委託者保護の観点から許可制を採用することになり、名称も「商品取引員」と改められた。1975（昭和50）年改正商取法では商品取引員の許可更新制、1990（平成2）年法改正では許可区分、許可要件の強化などの改善がなされ、1998（平成10）年法改正では取次ぎ制度が導入され、また取引所会員資格と商品取引員資格が分離された。2009（平成21）年改正商先法では、業務に関する規制の横断化と対象取引の拡大を受けて、業者の名称が「商品先物取引業者」と改められた。

【当業者主義と商品先物取引業者】

　かつての商取法は、「当業者主義」を採用し、商品取引所の会員は上場商品構成物品等の売買等を営業としている者（いわゆる「当業者」）か、上場商品構成物品等の公正な価格形成に資するとして政令で定める要件に該当する者（外国先物取引業者など）に限定されていた。1998（平成10）年の商取法改正により、当業者でなくても商品取引員には会員資格が与えられ、また、「取次商品取引員」は商品市場における取引資格がないのに会員資格が認められていた。2004（平成16）年の商取法改正により、商品市場における取引資格は、会員商品取引所の会員または株式会社商品取引所の取引参加者（両者を併せて「会員等」という）に限定された（同改正法97条1項・2項）。商先法は、商品先物取引業者に会員等の資格を付与する規定（商取法30条・82条1項1号ロ）を削除しており、商品先物取引業者は会員等となることができるが、必ずしも会員等でなくてもよい。

3　商品先物取引業者の許可等

(1)　商品先物取引業者の許可

　商品先物取引業者は、主務大臣の許可を受けなければならない。そこで、商品先物取引業者の許可がどのような意味をもつのかを個別に検討する。

　第1に、商品先物取引業者は主務大臣の許可を得ることにより、商品市場における取引の受託等について独占的な特権が与えられる。すなわち、商先法は、「商品先物取引業は、主務大臣の許可を受けた者でなければ、行うことができ

ない」と規定して（法190条1項）、商品先物取引業者だけが商品市場における
取引の受託等を業とすることができることを明らかにしている。商品先物取引
業者でない者が商品先物取引業を営んだ場合は、3年以下の懲役もしくは300
万円以下の罰金に処し、またはこれを併科する（法357条4号）。法人の代表者
または法人もしくは人の代理人、使用人その他の従業者がその法人または人の
受託業務として違反行為をしたときは、その行為者を罰するだけでなく、その
法人または人に対して300万円以下の罰金刑を科する（法371条1項5号）。

　第2に、商品先物取引業の許可は包括的なものである。商品先物取引業は、
商品市場における取引の受託をはじめ、商先法2条22項に列挙されている行
為のいずれかを業として行うことであるが、同条同項各号の行為ごとに許可を
受けるのではなく、商品先物取引業について包括的に許可を受ければよい。つ
まり、主務大臣による商品先物取引業の許可には、商品市場における取引の委
託を受けることと、その委託の媒介・取次ぎ・代理を行うことの区別はない。
商品先物取引業の許可を得た商品先物取引業者は、個々の商品市場・商品取引
所の枠にとらわれずに、また外国商品市場取引であっても、商品先物取引業を
営むことができる。

【店頭商品デリバティブ取引業】

　業として店頭商品デリバティブ取引を行う者も商品先物取引業者である（法
2条22項）。店頭商品デリバティブ取引は商品市場・外国商品市場・取引所金
融商品市場によらないで行われる取引であり（同条14項）、店頭商品デリバ
ティブ取引を業として行うときは、その委託を受けることができず、店頭商品
デリバティブ取引を行うことと、その媒介・取次ぎ・代理を行う行為に限られ
る（同条22項5号）。

　第3に、商先法2条22項1号の「商品市場における取引」から商品清算取
引は除外されている。したがって、商品清算取引自体または商品清算取引の委
託を受ける行為は、商品先物取引業に含まれないが、商品清算取引の委託の取
次ぎの委託を受け、またはその委託の媒介・取次ぎ・代理を行う行為を業とし
て行うことが商品先物取引業とされている（同条同項2号）。商品清算取引と
は、清算参加者が商品取引清算機関の業務方法書の定めるところにより商品取
引所の会員等の委託を受けて行う商品市場における取引であって、当該取引に

176 第5章 商品先物取引の受委託

基づく債務を当該商品取引清算機関に引き受けさせることおよび当該会員等が当該清算参加者を代理して当該取引を成立させることを条件とするものをいう（法2条20項）。したがって、商品先物取引業者の許可を得ても、当然に清算参加者となれるわけではなく（同条19項・174条）、また商品取引債務引受業（法2条17項）を営めるわけでもない。

第4に、主務大臣は商品先物取引業者の許可（許可の更新を含む）に条件を付することができるが（法191条1項）、その条件は、商品市場における秩序を維持し、または委託者等を保護するために必要な最小限度のものでなければならない（同条2項）。条件を付するのは許可または許可の更新の際に限られるので、無条件で許可をした後で、委託者保護を理由に条件を付することはできない。条件を付した場合でも、後にその内容を強化する条件の変更は許されないが、内容を緩和する条件の変更は、商品先物取引業者にとって有利なので、許されると解される。

(2) 許可申請手続

商品先物取引業の許可を受けようとする者は、法定事項および主務省令で定める事項を記載した申請書を主務大臣に提出しなければならない（法192条1項）。申請書には、定款、登記事項証明書、貸借対照表、損益計算書その他の主務省令で定める書類を添付しなければならない（同条2項）。主務大臣は農林水産大臣および経済産業大臣であるので（法354条1項3号）、両大臣に対して同一の書類を提出して審査を受けなければならない。主務大臣は、許可の申請を無条件で受け付けるわけではなく、申請が許可基準のすべてに適合していると認めるときでなければ、商品先物取引業の許可をしてはならない（法193条1項）。許可基準を充足していないと認めるときは、不許可処分がなされるが、この場合には、聴聞手続がとられなければならない（法194条・15条5項～9項）。

【許可申請書の記載事項】
①商号または名称（法192条1項1号）、②純資産額（同項2号）、③本店、支店その他の営業所または事務所の名称および所在地（同項3号）、④役員の氏名または名称および住所（同項4号）、⑤商品先物取引業に係る業務の種別

（同項5号）、⑥資本金の額、出資の総額または基金の総額（同項6号、規則79条1号）、⑦商品市場における取引等（商品清算取引を除く）または外国商品市場取引等の受託を行う場合には、当該受託に係る商品市場または外国商品市場（法192条1項6号、規則79条2号）、⑧商先法2条22項1号または2号に掲げる商品先物取引業を行う場合には、加入する委託者保護基金の名称（法192条1項6号、規則79条3号）、⑨加入する商品先物取引協会の名称（法192条1項6号、規則79条4号）

　申請書または添付書類に虚偽の記載をして提出した者は1年以下の懲役もしくは300万円以下の罰金に処し、またはこれを併科する（法362条1号）。商品先物取引業者の代表者、代理人、使用人その他の従業者が違反行為をしたときは、その行為者を罰するだけでなく、その商品先物取引業者に対して2億円以下の罰金刑を科する（法371条1項3号）。

【受託許可と取次許可の区別の廃止】

　1998（平成10）年改正前の商取法145条の2は、「何人も、業として、商品市場における取引の委託の媒介、取次ぎ又は代理をしてはならない。」と規定していた。「委託の媒介」とは、委託者と商品先物取引業者の間に立って、商品市場における取引等の受託契約が締結されるように周旋をすることをいい、いわゆる「客外交」はこれに当たる。「委託の取次ぎ」とは、自己の名をもって他人の計算において商品先物取引業者に取引の委託をすることをいう。「委託の代理」とは、委託者の代理人として商品先物取引業者に取引の委託をすることをいう。この規定は、1967（昭和42）年の商取法改正に際して商品取引員の許可制が採用されたのに伴って、委託者保護の観点から設けられたが、実質的には1967（昭和42）年改正前の商取法93条（商品仲買人以外の委託の媒介等の禁止）を継承するものであった。この規定により、商品市場における取引等の受託業務は、当該商品市場における取引資格を有する商品取引員だけが行えることになっていた。

　1998（平成10）年の商取法改正で「委託の取次ぎ」の禁止を削除し、業務の多様化を可能とした。媒介・代理と異なり、取次ぎの場合には委託者との間で責任関係が明確になり、トラブルの原因となる可能性が低いと判断されたためである。このように委託の取次ぎを解禁した結果（商取145条の2）、商品取引員の許可には受託許可と取次許可の2種類が生じ（商取126条）、一般顧客からの受託を専門に行う「受託商品取引員」と商品市場における取引の委託

の取次ぎを引き受ける「取次商品取引員」に区別されることになった。

2004（平成16）年の商取法改正により、これらは「商品先物取引業」として一本化されたため、受託許可と取次許可の区別はなくなった。さらに2009（平成21）年商取法改正により、依然として禁止されていた商品市場における取引等の委託の媒介または代理を営業とすることも解禁された。一般顧客から取り次いだ注文は、取次業者の名において会員等である商品先物取引業者に再委託されて商品市場で実行されるので、商品市場で注文を実行した商品先物取引業者には本来の顧客が誰かがわからない。委託の取次ぎを解禁しながら、媒介と代理を業として禁止する意味はほとんどなかったといえよう。

【許可の基準】
① 申請者が株式会社または政令所定の者（信用金庫、信用協同組合、労働金庫、農林中央金庫など）であること。外国の法令に準拠して設立された法人でもよいが、外国法人の場合は、株式会社と同種類の法人で国内に営業所または事務所を有するか、外国に住所を有する者であって政令で定めるものに限る（法193条1項1号、令23条）。
② 申請者がその商品先物取引業を健全に遂行するに足りる財産的基礎を有し、かつ、その商品先物取引業の収支の見込みが良好であること。なお、許可申請者の純資産額が委託者等の保護のため必要な額として主務省令で定める額（1億円）を下回る場合には、その商品先物取引業を健全に遂行するに足りる財産的基礎を有しないものとされる（法193条1項2号・2項、規則81条）。
③ 申請者がその商品先物取引業を公正かつ的確に遂行することができる知識および経験を有し、かつ、十分な社会的信用を有するとともに、その商品先物取引業を行うことが委託者等の保護に欠けるおそれがないこと（法193条1項3号）
④ 申請者が取引所許可拒否事由のうちの一定の欠格事由（法15条2項1号ハ〜ホ・リ・ヲ）のいずれかに該当する者でないこと（法193条1項4号）
⑤ 申請書またはこれに添付すべき書類のうちに重要な事項につき虚偽の記載がないこと（同条同項5号）

商品先物取引業の許可は、許可の更新を受けないまま6年を経過すれば、効力を失う（法190条2項）。商品先物取引業者の許可が失効すれば、商品先物取引業をすることができなくなる。許可の更新の不許可がなされる場合も、聴聞手続をとらなければならない（法194条・15条5項〜9項）。

第2節　商品先物取引業者の規制　179

【許可更新制の導入と更新期間の緩和】

　商品取引員の許可制は、1967（昭和42）年商取法改正によって採用されたが、その許可には期限の定めがなく、許可の取消しも法律の定める要件を充たす場合を除いて行うことができなかった。そこで1975（昭和50）年商取法改正において、商品取引員の資質の向上を図るために許可の更新制が導入され、4年ごとに主務大臣による許可の更新を受けなければ、その期間の経過によって許可は効力を失うものと改められた（同改正法41条4項）。1998（平成10）年商取法改正では、許可の更新期間が4年ごとから6年ごとに延長され、許可の申請が簡素化されてコストの削減が図られた（同改正法126条4項）。

⑶　変更・廃業等・兼業業務の届出

　主務大臣が商品先物取引業者に関して最新の状態を把握しておくため、重要な事項について届出義務を課している。これには、その日から2週間以内に、商品先物取引業者が当該事項に関する届出書を主務大臣に提出しなければならない事項（法195条1項、規則82条1項）、およびその日から30日以内に、所定の者が届け出なければならない事項がある（法197条1項）。

【2週間以内の届出事項】

　①商号または名称、本店・支店その他の営業所または事務所の名称および所在地、役員の氏名または名称および住所、商品先物取引業に係る業務の種別のほか、主務省令で定める事項（規則79条各号）を変更したとき、②国内の全営業所・事務所において商品市場における取引の受託、その委託の媒介・取次ぎ・代理、商品清算取引の委託の取次ぎの受託、その委託の媒介・取次ぎ・代理に係る業務を廃止したとき、③商品先物取引業の開始、休止または再開をしたとき、④破産手続・再生手続・更生手続の開始の申立てを行ったとき、⑤その他主務省令で定める場合（定款変更、総株主等の議決権の過半数が他の法人等によって保有されることとなった場合、商品先物取引業を遂行するための方法の変更など）に該当するとき

【30日以内の届出事項と届出義務者】

　以下の①～⑥のいずれか（⑤⑥については、全部の場合に限る）に該当することとなったときは、商品先物取引業者の許可は効力を失う（法197条2項）。
　①商品先物取引業を廃止したとき　その商品先物取引業者、②合併により商品先物取引業者が消滅したとき　その代表役員であった者、③破産手続開始の

180 第 5 章 商品先物取引の受委託

決定により解散したとき　その破産管財人、④合併および破産手続開始の決定
以外の理由により解散したとき　その清算人、⑤会社分割により商品先物取引
業の全部または一部を承継させたとき　その商品先物取引業者、⑥商品先物取
引業の全部または一部を譲渡したとき　その商品先物取引業者

　商品先物取引業者は、商品先物取引業の廃止をし、合併をし、または合併・
破産手続開始の決定以外の理由による解散をしようとするときは、その日の
30 日前までに、その旨を公告するとともに、すべての営業所または事務所の
公衆の目につきやすい場所に掲示しなければならない（法 197 条 3 項）。商品先
物取引業者は、公告をしたときは、直ちにその旨を主務大臣に届け出なければ
ならない（同条 4 項）。その公告をした場合には、商品先物取引業者は、自己
が行った委託者の計算による商品市場における取引を速やかに結了するととも
に、商品市場における取引につき委託者から預託を受けた財産およびその計算
において自己が占有する財産を遅滞なく返還しなければならない（同条 5 項）。
　商品先物取引業者が兼業を行っている場合、その兼業部門の業績が悪化して
商品先物取引業者の財務内容に悪影響が及ぶと、委託者保護に欠けるおそれが
あり、また取引所取引の健全性を害するおそれがある。そこで、主務大臣が兼
業業務の状況を把握して、行政上の監督責任を適切に行使できるように、兼業
業務について事前届出義務を課している（法 196 条）。「兼業業務」とは、商品
先物取引業およびこれに附帯する業務のいずれにも該当しない業務である（同
条 1 項）。たとえば、会員等として行う上場商品構成品の自己玉売買は兼業業
務ではない。

【変更許可制度の廃止】
　1998（平成 10）年商取法改正により、商品取引員資格は、取引所会員資格
を前提としなくなったので、「商品取引所を脱退したとき」が許可の失効事由
から削除された。また、かつては資本の減少など一定の事項の変更についても、
主務大臣の許可を受けなければならなかったが（同改正法 131 条）、2004（平
成 16）年商取法改正により、それらの事項も届出事項に改められ、変更許可
の制度は廃止された。同年の法改正により、商品取引受託業務を廃止したとき
は、商品取引員は、その旨を主務大臣に届け出なければならないとされたため
（法 197 条 1 項 1 号）、商品取引員が受託等業務を廃止したときは、商品取引員

の許可は効力を失う旨の規定（商取136条）は削除された。

⑷ 許可の取消しなどの監督上の処分

主務大臣は、商品先物取引業者が次のいずれかに該当する場合においては、当該商品先物取引業者の商品先物取引業の許可の取消しをし、または6カ月以内の期間を定めて商品市場における取引もしくは商品先物取引業の停止を命じることができる（法236条1項）。許可の取消しと役員の解任命令については、商品取引所の業務改善命令に関する参考人の意見聴取・鑑定・聴聞等の規定が準用されている（法237条・158条2項・159条4項）。

【許可取消事由等】

①商品先物取引業者が取引所許可拒否事由のうち一定の欠格事由（法15条2項1号ハ～ホ・リ・ヲ）のいずれかに該当することとなったとき（法236条1項1号）、②株式会社および政令所定の者でなくなったとき（同号2号）、③商品先物取引業者の純資産額が主務省令で定める基準額を下回るとき（同項3号）、④不正の手段により商品先物取引業の許可を受けたとき（同項4号）、⑤商先法、同法に基づく主務大臣の命令もしくは処分または商品先物取引業の許可に付された条件に違反したとき（同項5号）、⑥正当な理由がないのに、商品先物取引業の開始が可能となった日から3カ月以内にその業務を開始しないとき、または引き続き3カ月以上その業務を休止したとき（同項6号）、⑦業務または財産の状況に照らし支払不能に陥るおそれがあるとき（同項7号）。

なお、商品先物取引業者の役員が⑤に該当する行為をしたときは、主務大臣は、当該商品先物取引業者に対し、当該役員の解任を命じることができる（法236条2項）。

4　商品先物取引業者の財務規制

⑴ 純資産額規制比率

商品先物取引業者は、純資産額規制比率を算出し、毎月末および主務省令で定める場合に、主務大臣に届け出なければならない（法211条1項）。「純資産額規制比率」とは、純資産額の、その商品デリバティブ取引につき生じる相場の変動その他の理由により発生し得る危険に対応する額として主務省令で定め

るところにより算定した額（市場リスク相当額・取引先リスク相当額・基礎的リスク相当額の合計額。規則99条1項）に対する比率である。この「純資産額」は、資産の合計金額から負債の合計金額を控除した額とし、主務省令で定めるところにより計算しなければならない（法211条4項・99条7項）。主務省令により純資産額規制比率の届出が必要な場合とは、具体的には、純資産額規制比率が140％を下回った場合、および140％以上に回復した場合である（規則100条3項）。商品先物取引業者は、毎年3月、6月、9月および12月の末日における純資産額規制比率を記載した書面を作成し、当該末日から1カ月を経過した日から3カ月間、すべての営業所または事務所に備え置き、公衆の縦覧に供しなければならない（法211条3項）。商品先物取引業者は、営業日ごとに、純資産額規制比率の状況を適切に把握しなければならない（規則100条7項本文）。

　主務大臣は、商品先物取引業者の純資産額規制比率が120％を下回っている場合に、委託者等の保護のため必要かつ適当であると認めるときは、必要な限度において、商品先物取引業の方法の変更を命じ、財産の供託その他監督上必要な措置を命じることができる（法235条1項）。したがって、商品先物取引業者は、純資産額規制比率が120％を下回ることのないようにしなければならない（法211条2項）。さらに、その純資産額規制比率が100％を下回る場合に、委託者等を保護するため必要かつ適当であると認めるときは、その必要の限度において、3カ月以内の期間を定めて商品先物取引業の停止を命じることができる（法235条2項）。商品先物取引業の停止を命じた場合に、その日から3カ月を経過した日における当該商品先物取引業者の純資産額規制比率が引き続き100％を下回り、かつ、当該商品先物取引業者の純資産額規制比率の状況が回復する見込みがないと認められるときは、当該商品先物取引業者の商品先物取引業の許可を取り消すことができる（同条3項）。

　商品先物取引業の停止命令や商品先物取引業の許可の取消しなどの処分については、商品取引所の業務改善命令に関する参考人の意見聴取・鑑定・聴聞等の規定が準用されている（法237条・158条2項・159条4項）。商品先物取引業の停止命令に違反した者は、2年以下の懲役もしくは300万円以下の罰金に処し、またはこれを併科し（法361条）、商品先物取引業者の代表者、代理人、使用人その他の従業者が商品先物取引業者の業務または財産に関して命令に違反したときは、その行為者を罰するだけでなく、その商品先物取引業者に対し

ても3億円以下の罰金刑を科する（法371条1項2号）。

(2) 資産の国内保有

主務大臣は、商品市場における秩序の維持、または委託者等の保護のため必要かつ適当であると認める場合には、商品先物取引業者に対し、その資産のうち政令で定める部分を国内において保有することを命じることができる（法234条）。外国法人でも商品先物取引業者の資格が認められているが、外国法人の営業の拠点は国外にあるため、最終的な支払能力を国内に担保して委託者を保護する必要があるからである。また内国法人である商品先物取引業者についても、商品デリバティブ取引の国際化に伴って、将来的に海外進出により委託者資産の海外流出が生じる可能性がある。そこで、相当額の資産を国内に保有させることにより、委託者資産の保全を図ったものである。

(3) 商品取引責任準備金

商品先物取引業者は、「商品取引事故」による損失の補てんに充てるため、主務省令で定めるところにより、商品デリバティブ取引の取引高に応じ、「商品取引責任準備金」の積立てが義務付けられている（法221条1項）。商品取引責任準備金は、主務大臣の承認を受けたときを除き、商品先物取引業に関する行為に関して生じた事故であって、主務省令で定めるものによる損失の補てんに充てる場合のほかには、使用してはならない（同条2項）。

> 【商品取引事故】
> 　「商品取引事故」とは、商品先物取引業者（商品先物取引仲介業者および特定店頭商品デリバティブ取引業者を除く）の代表者等が、その業務に関し、次の行為によって顧客に損失を及ぼしたものをいう（規則112条1項）。
> 　①　委託者等の注文内容について確認しないで、当該委託者等の計算による商品デリバティブ取引を行うこと
> 　②　取引の条件および商品市場における相場等に係る変動について顧客を誤認させるような勧誘をすること
> 　③　委託者等の注文の執行において、過失により事務処理を誤ること
> 　④　電子情報処理組織の異常により、委託者等の注文の執行を誤ること
> 　⑤　その他法令に違反する行為を行うこと

商品先物取引仲介業者またはその代表者等の行為についても、ほぼ同様の事由が規定されている（同条2項）。また特定店頭商品デリバティブ取引業者については、業者またはその代表者等がその業務に関して、過失または電子情報処理組織の異常により事務処理を誤ること、その他法令に違反する行為を行うことにより、顧客に損失を及ぼしたものをいう（同条3項）。

(4) 法定帳簿の作成等

株式会社である商品先物取引業者は、会社法上、会計帳簿の作成および10年間の保存義務を負う（会社432条）。それ以外にも、商先法上、商品先物取引業者が作成・保存すべき帳簿等がある。

第1に、商品先物取引業者は、商品デリバティブ取引について、主務省令で定めるところにより、帳簿を作成し、これを保存しなければならない（法222条）。それを受けて、主務省令は、商品先物取引業者が商品デリバティブ取引について作成・保存すべき帳簿を明らかにしている（規則113条）。

第2に、商品先物取引業者は、事業年度ごとに、商先法上の事業報告書を作成し、毎事業年度経過後3カ月以内に主務大臣に提出しなければならない（法224条1項）。その事業報告書には、計算書類等およびその附属明細書を添付しなければならない（規則116条2項）。

第3に、商品先物取引業者は、商品先物取引業または財産の状況に関する報告書を主務大臣に提出しなければならない（法224条2項）。これは、月次報告書および訴訟・調停の発生状況やその処理状況についての報告書である（規則117条）。

このような帳簿の作成・保存や事業報告書の提出は、商品デリバティブ取引の公正の確保や商品先物取引業者の業務の健全化、行政官庁による監督、取引をめぐる紛争処理のための証拠などのために必要である。商品デリバティブ取引に関する帳簿の作成・保存をせず、もしくは虚偽の帳簿を作成した者、または事業報告書を提出せず、もしくは虚偽の記載をした事業報告書を提出した者は、1年以下の懲役もしくは300万円以下の罰金に処し、またはこれを併科する（法362条9号・11号）。商品先物取引業者の代表者、代理人、使用人その他の従業者が商品先物取引業者の業務または財産に関して命令に違反したときは、その行為者を罰するだけでなく、その商品先物取引業者に対しても、2億

円以下の罰金刑を科する（法371条1項3号）。これらの法定帳簿等の作成・保存義務に関する規定は、1998（平成10）年の商取法改正で新設された。

(5) 自己玉と委託玉の区分経理

商品先物取引業者は、委託者保護のために、国内商品市場取引または外国商品市場取引について、主務省令で定めるところにより、商品先物取引業者自身の計算による取引（「自己玉」）と委託者の計算による取引（「委託玉」）とを帳簿上区分して経理しなければならない（法223条、規則115条）。また会員等は、商品市場における取引について、その他の取引と帳簿上区分して経理し、かつ、帳簿その他業務に関する書類を保存しなければならない（法115条、規則50条）。

5 商品先物取引業者に関するその他の規制

(1) 商号等の制限

商品先物取引業者でない者は、その商号または名称中に商品先物取引業者であると誤認されるおそれのある文字を用いてはならない（法197条の2）。商品先物取引業は許可が必要であり、主務大臣の厳格な監督下にあるが、商品先物取引業者と紛らわしい商号等を使用して、一般顧客に対する詐欺的な行為が行われるおそれがあるので、これを防止するためである。これに違反した者は、30万円以下の罰金に処される（法369条2号）。

(2) 名義貸しの禁止

商品先物取引業者は、自己の名義をもって、他人に商品先物取引業を行わせてはならない（法199条）。許可業者である商品先物取引業者の名義貸しを認めたのでは、許可制が全くの尻抜けになるので、当然の禁止である。1998（平成10）年の商取法改正で規定が新設された。これに違反して他人に商品先物取引業を営ませた者は、3年以下の懲役もしくは300万円以下の罰金に処せられ、またはこれらが併科される（法357条6号）。

(3) 標識の掲示

商品先物取引業者は、営業所または事務所ごとにその見やすい箇所に、主務省令で定める標識を掲げなければならない（法198条1項）。商品先物取引業者

186 第5章 商品先物取引の受委託

以外の者は、商品先物取引業者の標識またはこれに類似する標識を掲示しては
ならない（同条2項）。これに違反して標識を掲示した者は、30万円以下の罰
金刑に処される（法369条2号・4号）。

(4) 広告等の規制

商品先物取引業者は、その行う商品先物取引業の内容について広告その他こ
れに類似する行為をするときは、主務省令で定めるところにより、①当該商品
先物取引業者の商号または名称、②商品先物取引業者である旨、③商品先物取
引業の内容に関する事項であって、顧客の判断に影響を及ぼすこととなる重要
なものとして政令で定めるもの、を表示しなければならない（法213条の2第
1項）。これは、広告における積極的表示事項を定めるものである（令29条）。
商品先物取引業者が広告等をするときは、①～③を明瞭かつ正確に表示しなけ
ればならず（規則100条の4第1項）、損失が生じるおそれがある旨およびその
理由は、広告中で使用する文字または数字のうち最も大きいものと著しく異な
らない大きさで表示しなければならない（同条2項）。

【顧客の判断に影響を及ぼす重要事項】
「顧客の判断に影響を及ぼす重要事項」として、政令は以下の事項を定める
（令29条）。
① 商品取引契約に関して顧客が支払うべき手数料、報酬その他の対価に関す
る事項（規則100条の5）
② 商品取引契約に関して顧客が預託すべき取引証拠金等がある場合には、そ
の額または計算方法
③ 商品取引契約に基づく取引の額が、当該取引について顧客が預託すべき取
引証拠金等の額を上回る可能性がある場合には、その旨、および当該取引の
額の当該取引証拠金等の額に対する比率。その比率を算出することができな
い場合には、その旨およびその理由
④ 商品市場における相場等に係る変動により商品取引契約に基づく取引につ
いて顧客に損失が生じることとなるおそれがあり、かつ、当該損失の額が取
引証拠金等の額を上回ることとなるおそれがある場合には、その旨およびそ
の理由
⑤ これらの事項に準ずるものとして主務省令で定めるもの（規則100条の6）

商品先物取引業者は、その行う商品先物取引業に関して広告その他これに類

似する行為（「広告等」）をするときは、商品先物取引業に関する行為を行うことによる利益の見込みその他主務省令で定める事項について、著しく事実に相違する表示をし、または著しく人を誤認させるような表示をしてはならない（法213条の2第2項）。これは誇大広告を禁止するものである。これらの広告規制に違反した者は、6カ月以下の懲役もしくは50万円以下の罰金に処し、またはこれを併科する（法367条5号・6号）。

　商先法には、「広告」それ自体に関する定義規定はないが、一般には、ある事項を広く多数の者に知らせることを意味すると考えられる。「広告等」については、郵便、信書便、ファクシミリ装置や電子メールを用いて送信する方法、ビラやパンフレットの配布その他の方法により、多数の者に対して同様の内容で行う情報の提供とされている（規則100条の3柱書）。しかし、①法令または行政官庁の処分に基づき作成された書類を配布する方法、②相場等の分析・評価に関する資料であって、商品取引契約の締結の勧誘に使用しないものを配布する方法、③商品取引契約の名称または通称、商品先物取引業者の商号もしくは名称またはこれらの通称、損失が生じるおそれ、契約締結前交付書面の内容を十分に読むべき旨のすべての事項のみを表示した景品等を提供する方法は、「広告等」から除外されている（同条1号～3号）。また、テレビ・ラジオのCM、インターネットの動画、看板等では、上記の積極的表示事項の遵守は困難であるため、商品先物取引業者の商号または名称、商品先物取引業者である旨、相場等の変動により損失が生じるおそれ、契約締結前交付書面の内容を十分に読むべき旨のみを表示すれば足りる（同条4号）。

6　商品先物取引業者の合併・会社分割・事業譲渡

⑴　合併・会社分割

　商品先物取引業者を全部または一部の当事者とする合併の場合には、商品先物取引業者である法人と商品先物取引業者でない法人が合併して商品先物取引業者たる法人が存続する場合を除き、当該合併について主務大臣の認可を受けなければならない。また、会社分割の場合には、商品先物取引業の全部または一部を承継させる場合に限り、当該分割について主務大臣の認可を受けなければならない。そして、当該合併または会社分割について主務大臣の認可を受けたときは、合併後存続する法人もしくは合併により設立される法人（合併後の

法人）または会社分割により商品先物取引業の全部もしくは一部を承継する法人（分割承継法人）は、商品先物取引業者の地位を承継する（法225条1項）。合併または会社分割の認可を受けようとする商品先物取引業者は、合併後の法人または分割承継法人について、商品先物取引業の許可申請書の記載事項（法192条1項各号）と同じ事項を記載した申請書を主務大臣に提出しなければならない（法225条2項）。この申請書には、合併契約書・分割契約書その他主務省令で定める書類を添付しなければならない（同条3項）。主務大臣は、当該認可申請が、①合併後の法人または分割承継法人が商品先物取引業の許可の基準（法193条1項各号）を充足すること、②商品先物取引業の承継が円滑かつ適切に行われる見込みが確実であることのいずれにも適合していると認めるときでなければ、合併または会社分割の認可をしてはならない（法225条4項）。

(2) 事業譲渡

　商品先物取引業者が商品先物取引業の全部または一部を譲渡する場合にも、主務大臣の認可を受けなければならない。譲渡人および譲受人が譲渡および譲受けについて主務大臣の認可を受けたときは、譲受人は商品先物取引業者の地位を承継する（法228条1項）。事業譲渡の認可を受けようとする商品先物取引業者は、事業譲渡により商品先物取引業の全部または一部を譲り受ける者について、商先法192条1項各号に掲げる事項を記載した申請書を主務大臣に提出しなければならないこと（法228条2項）、その申請書には、譲渡契約書その他主務省令で定める書類を添付しなければならないこと（同条3項）、主務大臣は合併・会社分割と同様の基準に適合していると認めるときでなければ、認可をしてはならないこと（同条4項）は、合併・会社分割と同じである。

7　商品先物取引業者の監督

(1) 業務改善命令

　主務大臣は、商品市場における秩序の維持または委託者等の保護のため必要かつ適当であると認めるときは、その必要の限度において、商品先物取引業者に対し、財産の状況または商品先物取引の運営の改善に必要な措置をとることを命じることができる（法232条1項）。その場合に、商品先物取引業者の財産の状況または商品先物取引業の運営が次のいずれかに該当するときは、その

必要の限度において、3カ月以内の期間を定めて、商品市場における取引または商品先物取引業の停止を命じることができる（同条2項）。

① 負債の合計金額の純資産額に対する比率が主務省令で定める率（50倍。規則123条）を超えた場合（法232条2項1号）　負債の合計金額等は、主務省令で定めるところにより計算しなければならない（同条3項、規則125条1項）。また純資産額は、資産の合計金額から負債の合計金額を控除した額とし、主務省令で定めるところにより計算しなければならない（法232条4項・99条7項）。

② 流動資産合計金額の流動負債合計金額に対する比率が主務省令で定める率（1倍。規則123条）を下回った場合（法232条2項2号）　流動資産の合計金額および流動負債の合計金額は、主務省令で定めるところにより計算しなければならない（同条3項、規則125条2項・3項）。

③ そのほか、財産の状況または商品先物取引業の運営につき是正を加えるために商品市場における取引または商品先物取引業の停止を命じることが必要な場合として、主務省令で定める場合（法232条2項3号）

【業務停止命令の事由】
　主務大臣による業務停止命令の事由として、法232条2項3号の主務省令で定める場合は次のものである（規則124条1項）。
　① 純資産額が基準額（1億円。規則81条）を下回るおそれがある場合
　② 顧客との間に商品先物取引業に関する紛争がひん発し、または使用人に対する指導監督が不適切であるため商品先物取引業に関する紛争がひん発するおそれがある場合
　③ 商品先物取引業者が、その取り扱う個人顧客に関する情報の安全管理、従業者の監督および当該情報の取扱いを委託する場合にはその委託先の監督について、当該情報の漏えい、滅失またはき損の防止を図るために必要かつ適切な措置を講じていない場合
　④ 商品先物取引業者が、その取り扱う個人顧客に関する人種、信条、門地、本籍地、保健医療または犯罪経歴についての情報その他の特別の非公開情報を、適切な業務の運営の確保その他必要と認められる目的以外の目的のために利用しないことを確保するための措置を講じていない場合

190　第5章　商品先物取引の受委託

(2)　勧　　告

　主務大臣は、商品先物取引業者の商品先物取引業の健全な遂行を確保するため必要があると認めるときは、当該商品先物取引業者に対し、兼業業務または当該商品先物取引業者が支配関係をもっている法人の業務に関し必要な措置をとるべきことを勧告することができる（法233条）。

8　商品先物取引仲介業者

(1)　商品先物取引仲介業者の意義

　「商品先物取引仲介業者」は、主務大臣の登録を受けて商品先物取引仲介業を行う者である（法2条29項）。「商品先物取引仲介業」とは、商品先物取引業者の委託を受けて、当該商品先物取引業者のために、①商品市場における取引の委託の媒介、②商品清算取引の委託の媒介、③外国商品市場取引の委託の媒介、④外国商品市場取引のうち、商品清算取引に類似する取引の委託の媒介、⑤店頭商品デリバティブ取引の媒介、のいずれかを業として行うことをいう（同条28項・22項各号）。商品先物取引の委託者トラブルが減少傾向にあること、商品先物取引業者の減少により新規の顧客が商品先物取引の委託をしづらくなっていることから、商品市場における取引の受託は認められないが、投資の相談等に対応する窓口として、2009（平成21）年の商取法改正で別個の業態として導入されたものである。

(2)　商品先物取引仲介業者の登録等

　商品先物取引業は許可を必要とするが、商品先物取引仲介業は登録を必要とするものであり、その登録をすれば、商品先物取引業者の許可を得ていなくても、上記(1)①〜⑤の行為をすることができる（法240条の2第1項）。商品先物取引仲介業の登録を受けようとする者は、法定事項を記載した申請書を所定の添付書類とともに主務大臣に提出しなければならない（法240条の3、規則126条の2・126条の3）。登録申請書には、委託を受ける商品先物取引業者（「所属商品先物取引業者」）の商号または名称を記載することが求められており（法240条の3第1項4号）、商品先物取引仲介業者が媒介した取引の契約当事者となる商品先物取引業者を定めたうえで主務大臣の登録を受ける「所属商品先物取引業者」制度がとられている。これは、商品先物取引仲介業の解禁に伴うト

ラブルの増加を防ぐためである。すなわち、所属商品先物取引業者は、委託を行った商品先物取引仲介業者が商品先物取引仲介業につき顧客に加えた損害を賠償する責任を負い（法240条の26）、当該商品先物取引仲介業者に対する指導・監督の主体となる。

　登録の申請があった場合には、拒否事由（法240条の5）に該当しない限り、主務大臣は「商品先物取引仲介業者登録簿」に登録し、公衆の縦覧に供しなければならない（法240条の4）。商品先物取引仲介業者の登録は、商品先物取引業の許可と同様に、6年ごとに更新を受けなければ失効する（法240条の2第2項）。商品先物取引仲介業者が登録事項の変更や廃業等を届け出なければならないのは、商品先物取引業者の場合と同様である（法240条の6・240条の7）。

⑶　商品先物取引仲介業者の業務

　商品先物取引仲介業者は、いかなる名目によるかを問わず、商品先物取引仲介業に関して、顧客から金銭や有価証券の預託を受けてはならず、また一定の親族や役員・使用人など自己と密接な関係を有する者に顧客の金銭や有価証券を預託させてはならない（法240条の15、令37条、規則126条の17・126条の18）。そのほか、商品先物取引業者と同様の規制を受けており、商品先物取引仲介業者でない者が商品先物取引仲介業者であると誤認されるおそれのある商号等の使用を制限されるほか（法240条の8）、商品先物取引仲介業者は誠実・公正義務を負い（法240条の12）、名義貸しの禁止（法240条の10）、標識の掲示の義務付け（法240条の9）、広告等の規制（法240条の13）、不当勧誘等の禁止（法240条の16）、損失補てん等の禁止（法240条の17）、説明義務および損害賠償責任（法240条の18・240条の19）、帳簿の作成・保存義務（法240条の20）、事業報告書の提出義務（法240条の21）などが定められている。

9　外務員

⑴　外務員の意義

　外務員とは、商品先物取引業者の役員または使用人であって、その商品先物取引業者のために商品先物取引業に関する行為（法2条22項）またはそれらの行為の勧誘を行う者、すなわち、①国内商品市場取引・外国商品市場取引の受託またはその委託の媒介・取次ぎ・代理、②商品清算取引・外国商品市場にお

192　第5章　商品先物取引の受委託

ける商品清算取引類似の取引の委託の取次ぎの受託またはその委託の媒介・取次ぎ・代理、③それらの行為の勧誘、④店頭商品デリバティブ取引またはその媒介・取次ぎ・代理、⑤それらの行為の申込みの勧誘、のいずれかを行う者をいう。

　商品先物取引業者は、外務員について主務大臣の行う登録を受けなければならず（法200条1項）、登録を受けた外務員（「登録外務員」）以外の者に外務員の職務を行わせてはならない（同条2項）。違反者は1年以下の懲役もしくは100万円以下の罰金に処し、またはこれを併科する（法363条7号）。当初は、外務員制度は、商取法上認められていなかったが、1952（昭和27）年商取法改正で導入された。

【外務員登録制度の導入】

　1950（昭和25）年の商取法制定当時は、商品先物取引業者（1967（昭和42）年商取法改正前は「商品仲買人」、2009（平成21）年商取法改正前は「商品取引員」）が登録してある営業所以外の場所で受託をし、または商品先物取引業者本人（法人のときは役員）以外の者に委託の勧誘をさせてはならないとして、受託・勧誘場所を制限するとともに、外務員制度を禁止していた。しかし、1952（昭和27）年改正商取法は、委託者にとっての利便性と「商品仲買人」の営業上の必要性から、証取法（現行の金商法）における外務員と同様の「商品外務員」制度を導入し、使用人による委託の勧誘を認めた。その後、悪質なセールスの横行による紛争の増大が社会問題化したので、1967（昭和42）年改正商取法は、外務員の資質の向上によって委託者保護を図るため、「登録外務員」制度を導入した。もっとも、「商品取引員」が許可された営業所以外の場所で受託することは、依然として禁止されていたので、外務員は、受託の勧誘はできるが、受託自体はできなかった。1975（昭和50）年改正商取法は、「商品取引員」が主務大臣の許可に係る営業所以外の場所を受託業務を行う場所としてはならないと改め、営業所以外の場所を受託場所とすること自体は禁止せずに、外務員に受託の権限を認めた。その結果、外務員であれば営業所以外の場所で受託業務を行えることとなったので、受託業務を行う場所の制限はあまり意味をもたなくなっていた。1998（平成10）年改正商取法は、受託業務を行う場所の制限を撤廃し、規制の整合性を図った。

【登録外務員以外の者に締結させた委託契約の効力】

　最判昭和57・11・16判時1062号140頁は、委託者が委託契約の無効を理由に委託証拠金充用有価証券またはそれに相当する金員の返還を請求した事案に

おいて、「商品取引員」が登録を受けていない「外務員」をして営業所以外の場所で基本契約を締結させても、その契約の効力を左右するものではないとして、請求を棄却した。

(2) 外務員の権限

外務員は、その所属する商品先物取引業者に代わって、商品市場における取引等の受託または委託の勧誘に関し、一切の裁判外の行為を行う権限を有するものとみなされる（法202条本文）。外務員が権限外の行為をした場合、それが外務員の不法行為になり、商品先物取引業者が顧客に対して使用者責任を負うことはあるとしても（民709条・715条）、無権代理であるから、表見代理が成立しない限り、商品先物取引業者が契約上の責任を負うことはないはずである（民113条）。しかし、顧客が外務員の具体的な権限を知ることは難しいので、商先法202条本文は、商品先物取引業者が外務員の権限を内部的に制限している場合であっても、その外務員の行った権限外の行為についても、商品先物取引業者は顧客に対して責任を負わなければならないとしている。もっとも、同条但書は、相手方が悪意であったときは、この限りでないと規定している。これは、善意の第三者の保護を目的とする趣旨であるから、その外務員が当該行為をする権限がないことを顧客が知っていた場合には、商品先物取引業者は契約上の責任を負う必要はない。

なお、同条は、外務員が登録を受けていない場合でも、適用があると解される。

【商業使用人・会社の使用人の代理権との比較】

ある種類または特定の事項の委任を受けた商業使用人・会社の使用人は、その事項に関し一切の裁判外の行為をする権限があり、その代理権に加えた制限は善意の第三者に対抗することができない（商25条、会社14条）。一般に、重過失は悪意と同視されるが、商品先物取引の場合には、顧客は商品先物取引業者に比べて弱い立場にあるので、委託者保護のためには重過失を悪意と同視しない方がよいと思われる。

【外務員と顧客との代理関係】

外務員は顧客個人の代理人となることが認められるだろうか。最判昭和50・10・3判時799号37頁は、「外務員と顧客との間に一般的取引関係からす

194　第5章　商品先物取引の受委託

> る信用をこえる特別の個人的信頼関係が存在し、顧客が外務員に対し商品取引業者の使用人たる地位を去つて自己のために行為することを求め、外務員がこれに応じたものと認められるだけの特別事情が存しないかぎり、外務員は一般に商品取引業者を代理する」と判示した。特別の事情があれば、外務員が商品先物取引業者の代理人ではなく顧客の代理人として行動したと認められるので、その行為について商品先物取引業者は責任を負わないとしながら、その特別事情については非常に厳格に判断しており、委託者保護の観点からは妥当であろう。ただし、取引証拠金の預託および返戻については、委託者の代理人となる。

(3)　外務員の登録等

①　外務員登録

　商品先物取引業者は、外務員について、主務大臣の行う登録を受けなければならない（法200条1項）。1998（平成10）年の商取法改正の前は、商品取引所の登録を受けることになっていたが（同年改正前商取91条の2）、「商品取引員」の許可区分の見直しに伴って、取引所を横断的に登録させるため、登録先が主務大臣に改められた。登録を受けようとする商品先物取引業者は、法定記載事項を記載した登録申請書を主務大臣に提出するが、それには登録を受けようとする外務員の履歴書などを添付しなければならない（法200条3項・4項、規則92条）。外務員登録の申請があった場合には、拒否事由がない限り、主務大臣は直ちに氏名・生年月日などの事項を登録原簿に登録し、登録後遅滞なくその旨を登録申請者に書面で通知しなければならない（法200条5項・6項、規則93条）。外務員登録の有効期間は登録の日から6年であり、6年ごとに更新を受けないとその期間の経過によって登録は効力を失う（法200条7項）。

　主務大臣は、自主規制機関である商品先物取引協会に所属する商品先物取引業者の外務員に関しては、その登録事務を当該商品先物取引協会に委任することができるとされており（法206条）、実際には日商協が登録事務を行っている。これを受けて、日商協の定款は、主務大臣から委任された外務員の登録に関する事務を行うとし、それに関し必要な事項は、「会員等の外務員の登録等に関する規則」で定める旨を規定している（日商協定款65条・66条）。商品先物取引業者が外務員登録をしようとするときは、所定の事項を記載した登録申

請書を日商協に提出しなければならない（日商協外登5条1項）。外務員登録の更新をしようとする商品先物取引業者は、外務員登録の有効期間満了日の1カ月前までに、外務員登録更新申請書を日商協に提出しなければならない（同7条1項）。

外務員登録を受けようとする商品先物取引業者は、登録手数料を国に納めなければならないが、商品先物取引協会に登録する場合は、商品先物取引協会に納めなければならない（法207条1項、令26条1項、日商協外登5条3項・7条4項）。その場合には、登録手数料は商品先物取引協会の収入となる（法207条2項）。登録事務を行う商品先物取引協会につき登録申請に係る不作為があるときは、不服がある商品先物取引業者は、主務大臣に対し、行政不服審査法による審査請求をすることができる（法208条）。

【外務員登録資格試験と外務員講習】

　日商協では、協会員の役員および使用人並びに商品先物取引仲介業者の役員および使用人の資質の向上を図るために研修等を行うものとし（日商協定款67条）、外務員資格を取得しようとする者に対し、外務員に必要と認められる知識について試験を実施している（同68条）。新規に外務員登録を受けるには、日商協が実施する外務員登録資格試験に合格していなければならない（日商協外登4条1号）。また有効期間の満了による登録の更新を受けようとする者は、日商協が実施する登録更新講習を受けなければならない（同条4号）。

　なお、新規に登録を受けようとする場合であって、細則に定める地位や経験等の要件に該当し、日商協が特に認めたものには、外務員登録資格試験の受験に代えて社内研修の受講等による特例がある（同条2号、日商協外登細則2条）。

---

②　外務員登録の拒否

　主務大臣は、①登録の申請に係る外務員が一定の欠格事由（法15条2項1号イ～ル）に該当するとき、②その者が外務員登録を取り消され、その日から5年を経過していないとき、③その者が登録申請者以外の商品先物取引業者または商品先物取引仲介業者に属する外務員として登録されているとき、④その者が商品先物取引仲介業者として登録されているとき、または⑤申請書・その添付書類のうちに重要な事項について虚偽の記載があり、もしくは重要な事実の記載が欠けているときには、その登録を拒否しなければならない（法201条1

項）。この場合には、聴聞等の手続がとられなければならない（同条2項・15条5項～9項）。

さらに、日商協は、商先法と同様に、登録または登録の更新の拒否を定めている（日商協外登10条1項）が、自主規制として、外務員登録資格試験に合格した者などを登録外務員の資格要件に定めており（同4条）、これらの資格要件を具備していない場合は、登録することができない。

商品先物取引協会による登録の拒否について不服がある商品先物取引業者は、主務大臣に対し、行政不服審査法による審査請求をすることができる（法208条）。

【外務員の二重登録の禁止と再登録】

　登録申請者以外の商品先物取引業者に属する外務員として登録されているときは、申請に係る外務員登録は拒否される（法201条1項3号）。二重登録は禁止されているのである。

　商品先物取引業者A所属の登録外務員Bが、商品先物取引業者Cのもとに移動する場合はどうか。Bは商品先物取引業者Aのもとを退職したので、外務員登録は抹消される。そこで新たに商品先物取引業者CがBの登録申請をすることになる。形式的には新規登録に該当し、Bは外務員登録資格試験を改めて受験し、合格しなければならないはずである。しかし、Bが過去6年以内に外務員登録を受けた者であり、かつ、今回の登録申請の前1年以内に更新講習の受講・修了をしていれば、改めて受験することなく外務員登録（再登録）をすることができる（日商協外登4条3号、日商協外登細則3条1号）。

---

③　外務員についての届出

商品先物取引業者は、登録外務員について、①氏名・住所、役員・使用人の別に変更があったとき、②欠格事由（法15条2項1号イ～ル）に該当することとなったとき、③退職その他の理由により外務員の職務を行わないこととなったときは、遅滞なく、その旨を主務大臣（日商協）に届け出なければならない（法203条・206条、規則94条6号、日商協外登11条）。

④　外務員登録の取消し

主務大臣（日商協）は、①外務員登録が不正の手段によって行われたことを発見したとき、②登録外務員が欠格事由（法15条2項1号イ～ル）のいずれかに該当するとき、③法令に違反したとき、④その他外務員の職務に関して著しく不適当な行為をしたと認められるときは、当該登録を取り消し、または当該

登録外務員に対し、2年以内の期間を定めて職務の停止を命じることができる（法204条1項・206条、規則94条7号、日商協外登12条）。主務大臣（日商協）は、登録取消処分をしたときは、書面により、その旨を当該外務員について登録を受けた商品先物取引業者に通知しなければならない（法204条2項・206条、規則94条3号）。登録取消処分に関する審理は公開であり、参考人の意見聴取などの手続をとることができる（法204条3項・206条・158条2項・159条4項、規則94条8号）。商品先物取引協会による登録取消しまたは職務停止命令の処分について不服がある商品先物取引業者は、主務大臣に対し、行政不服審査法による審査請求をすることができる（法208条）。

⑤　外務員登録の抹消

主務大臣（日商協）は、①外務員登録を取り消したとき、②外務員の所属する商品先物取引業者が解散し、または商品先物取引を廃止したとき、③退職その他の理由により外務員の職務を行わないこととなった事実が確認されたとき、のいずれかに該当する場合は、当該外務員の登録を登録原簿から抹消する（法205条・206条、規則94条9号、日商協外登13条）。

【商品先物取引業者による外務員登録の抹消】
　商品先物取引業者が外務員登録を無断で抹消した行為は違法であるとして、商品先物取引業者に対する慰謝料請求を認容して外務員の救済を図った判例がある（東京高判昭和57・5・13判タ476号185頁）。すなわち、商品先物取引業者が雇用関係のない者を自己の外務員として登録した場合、その者から直接雇用するよう要望されたならばこれに応じるかどうかを誠実に検討しなければならない立場にあったものというべきであって、同人に無断で外務員としての登録を抹消した結果、その商品先物取引業者に直接雇用されて正常な登録外務員となる可能性を失ったことによって被った精神的損害について賠償を求めることができると判示した。

⑥　商品先物取引仲介業者に所属する者の外務員登録等

商品先物取引仲介業者に所属する役員または使用人であって、その商品先物取引仲介業者のために商品先物取引仲介業に関する行為（法2条22項に規定する媒介）を行う外務員について、商品先物取引仲介業者は、主務大臣（日商協）の行う登録を受けなければならない（法240条の11・200条・206条、令35条、規則126条の7〜126条の10、日商協外登16条）。

実際には日商協が登録事務を行っていることから、商品先物取引仲介業者は、日商協の会員である所属商品先物取引業者を通じて行う（規則126条の9）。

第3節　商品先物取引の受委託

1　基本契約の締結から決済までの概要

　商品先物取引業者が顧客を相手方とし、または顧客のために、商品市場における取引の委託を受け、またはその委託の媒介・取次ぎ・代理を行うことを内容とする契約が「商品取引契約」である（法2条24項）。商品取引契約では、受託契約準則の遵守がきわめて重視されている。また顧客が商品取引契約を締結した商品先物取引業者が会員等であるかどうかによって、顧客との法律関係に大きな違いがある。

　以下では、新規の顧客が、商品先物取引業者から商品市場における取引等の勧誘を受けて、基本契約を締結したうえで、具体的な商品市場における取引を委託し、商品先物取引業者が受託した取引を執行し、最終的に、その取引の決済を終了するまでのながれについて、受託契約準則を含めて説明する。

【基本契約から決済まで】

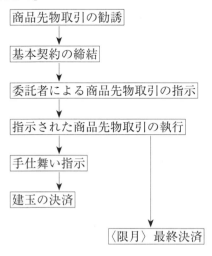

まず、商品先物取引業者が顧客に対する商品取引契約の勧誘を行う。その際、商品先物取引業者または外務員は、顧客に対して、あらかじめ商品取引契約の概要等を記載した書面を交付して説明する。その後、基本契約を締結し、顧客から約諾書および通知書を受理する。基本契約は、顧客から具体的な商品市場における取引の委託を受けたときには、商品先物取引業者は、顧客の指示に基づいて、受託した取引の執行・決済等を行うというものである。勧誘段階では、「顧客」と商品先物取引業者との間に契約関係は生じていないが、基本契約の締結後は、顧客は、商品先物取引業者に対して、具体的な取引の指示・委託をするので、「委託者」である。商品先物取引業者は、委託者から「買い」または「売り」の取引の指示（新規注文）を受けるが、その前に委託者から「取引証拠金」の差入れを受ける。

　次に、商品先物取引業者が「受託会員等」であって取引資格を有している場合、委託者の指示に基づいて、その注文のあった取引を商品取引所の開設する商品市場で成立させる（買い建てまたは売り建て）。当該商品先物取引業者が当該商品市場における取引資格を有しない場合には、受託会員等に注文を取り次ぐ。

　注文のあった取引が成立したら、委託者は取引証拠金を商品取引清算機関に預託しなければならない。その際、商品先物取引業者は、遅滞なく売買報告書および売買計算書を作成し、委託者に対して、取引の成立を報告しなければならない。なお、一定の場合には、商品先物取引業者は、委託を受ける際に委託者から「委託証拠金」（委託の取次ぎの場合には「取次証拠金」）の預託を受けることもできる。

　その後、商品先物取引業者は、相場の動向に注意して、委託者に必要な通知や適切な助言をするなど、善管注意義務に基づいて受託業務を行わなければならないが、あくまでも取引は委託者の主体的判断に基づいて行われる。

　委託者から取引の決済の指示（「仕切注文」）があったときは、商品先物取引業者は、直ちに商品取引所の市場において反対売買（買建玉なら転売、売建玉なら買戻し）によって仕切注文を執行し（「手仕舞い」）、委託の取次ぎの場合には、受託会員等に執行させる。手仕舞いが成立した場合、遅滞なく売買報告書および売買計算書を作成して委託者に送付する。

　決済の結了後、商品先物取引業者と委託者との間で清算を行い、差損益金お

200　第 5 章　商品先物取引の受委託

および委託手数料等を受け払いし、取引証拠金または委託証拠金・取次証拠金の
余剰金があれば、委託者の請求により返還する。

2　受託契約準則

　商品先物取引業者は、商品市場における取引等の受託については、商品取引
所の定める「受託契約準則」によらなければならず（法 216 条）、これに違反
するときは 30 万円以下の罰金が科せられる（法 369 条 6 号）。商品市場におけ
る取引を受託した会員等（「受託会員等」）および委託者は、受託契約準則を遵
守し、これに従って取引を処理しなければならない（東商取準則 1 条 2 項）。

　商品取引所は、その受託契約準則において、①商品市場における取引等の受
託の条件、②受渡しその他の決済の方法、③以上の事項のほか、商品市場にお
ける取引等の受託に関し必要な事項、に関する細則を定めなければならない
（法 119 条）。受託契約準則は、会員商品取引所の設立申請書の添付書類、株式
会社商品取引所の許可申請書の添付書類および組織変更または合併の認可申請
書の添付書類とされており（法 14 条 2 項・79 条 2 項・132 条・145 条）、その変
更には主務大臣の認可が必要になる（法 156 条）。それに加え、主務大臣は商
品取引所に対し、その定款や業務規程のほか受託契約準則についても、重要事
項に係る部分の変更を命じることもできる（法 159 条 2 項）。

　各商品取引所の受託契約準則の内容は、1966（昭和 41）年にほぼ統一された。
一般委託者の増加を受けて取引を定型化することにより、商品先物取引の利便
性を高めるとともに、委託者に不当に不利な条件で契約が締結されないよう
に、商品先物取引業者に対する監督規制を強化する趣旨である。そのため、そ
の基本的な内容は共通化しているが、各商品取引所によって取引証拠金・決済
等について特例が定められている。なお、受託契約準則は、国内の商品市場に
おける取引等に適用されるものであるから、店頭商品デリバティブ取引や外国
市場取引には適用されない。

　【受託契約準則と普通取引約款】
　　受託契約準則は、いわゆる「普通取引約款」（「約款」ともいう）であるが、
　商品取引所の商品市場における取引等の委託については、商品先物取引業者だ
　けでなく、委託者も、その意思のいかんにかかわらず、また知・不知を問わず

拘束される。受託契約準則が改正された場合には、改正後の売買取引の委託については、委託者をも拘束する（最判昭和44・2・13民集23巻2号336頁）という強い効力が認められているが、受託契約準則に準拠しない商品取引契約も有効であると解されている（最判昭和41・10・6判タ199号123頁）。

　受託契約準則の拘束力の根拠は、判例によれば、当事者の意思の推定に求められている（意思推認説。最判昭和37・2・6商事248号31頁）。これに対しては、受託契約準則は法律に基づいて作成され、商品先物取引業者がそれに準拠して取引することが義務付けられ、さらに認可や変更命令等といった行政上の監督が広く及んでいることから、法規性を認める見解や、商慣習の成立を認める白地商慣習説も有力である。

【民法改正と約款規制】

　従来、民法に約款に関する規定はなかったが、2017（平成29）年の民法改正で、「定型約款」に関する規定が新設された（民548条の2以下）。定型約款は、従来の「約款」よりも狭い概念で、「定型取引において、契約の内容とすることを目的としてその特定の者により準備された条項の総体をいう」と定義されている。そして、定型取引とは、「ある特定の者が不特定多数の者を相手方として行う取引であって、その内容の全部又は一部が画一的であることがその双方にとって合理的なもの」である。一定の事業者間取引や労働契約の就業規則は定型取引に該当しないとされる。受託契約準則は、遵守義務が定められており（法216条）、当事者間の交渉でその内容を修正する余地はなく、「定型約款」に該当すると解される。もっとも、より具体的で詳細な規制は、商先法令の適用を受けることになる。

3　適合性の原則

　商品先物取引業者は、顧客の知識、経験、財産の状況および商品取引契約を締結する目的に照らして不適当と認められる勧誘を行って、委託者等の保護に欠けまたは欠けることとなるおそれがないように、商品先物取引業を行わなければならない（法215条）。これは「適合性の原則」を定めたものである。1998（平成10）年の商取法改正で導入された。立法当初は、適合性の原則の違反が主務大臣による業務改善命令や業務停止命令の対象となる旨が規定されていたが（平成16年改正前商取136条の25第1項4号）、2004（平成16）年の商取法改正で現在のように商品先物取引業者の義務として規定されることになった。

202　第5章　商品先物取引の受委託

2006（平成18）年の商取法改正で、顧客の知識・経験・財産の状況に加えて、商品取引契約を締結する目的にも配慮することが義務付けられた。先物取引は、投機性が高く取引リスクが大きいので、顧客の取引適合性が厳格に問われるべきであり、取引の初心者や年金生活者などに対する商品先物取引業者の適切な営業姿勢が期待される。

　問題は、顧客の知識、経験、財産の状況及び商品取引契約を締結する目的に照らして不適当と認められるのがどのような場合かである。適合性の原則では、勧誘の在り方が問題とされ、説明義務、リスク開示、不当勧誘などとも関係するし、取引に参入した段階では、一任売買や過当売買との関係も問題になるであろう。

　日商協は、自主規制規則として「商品先物取引業務に関する規則」を制定し、商品先物取引業者は、商品デリバティブ取引について、顧客の知識、経験、財産の状況および商品取引契約を締結する目的に照らして不適当と認められる商品先物取引業務を行ってはならないと規定するとともに（同規則4条1項）、顧客の知識、経験等の属性を踏まえ、商品デリバティブ取引についての取引開始に係る基準を定め、当該基準に適合した顧客と商品取引契約を締結しなければならないとし、適合性の審査に係る記録の作成・保存を義務付けている（同条2項）。この基準は、顧客の取引経験、財産その他協会員が必要と認める事項について、商品先物取引業務の相手方、勧誘の有無等、自社の商品先物取引業務の実態に応じて定めなければならない（同条3項）。初めて顧客に商品デリバティブ取引を勧める場合だけでなく、既に取引を行っている顧客に対し、枚数を増やすことを勧誘する場合なども含まれる。

　適合性の原則に照らして不適当と認められる勧誘に該当するかどうかの判断をするために、商品先物取引業者は、顧客に適合性の原則の趣旨を説明したうえで、顧客の知識、経験、財産の状況および商品取引契約を締結する目的に関する情報の提供を求め、顧客の属性の把握に努めなければならない。具体的には、顧客の申告に基づき、氏名、住所、生年月日、職業、収入、資産の状況、投資可能資金額、商品デリバティブ取引その他の投資経験の有無およびその程度、商品取引契約を締結する目的等について情報収集を行い、これらの情報を記載した「顧客カード」を作成して、適切な情報管理をしなければならない（同規則6条1項）。他方では、これらは顧客の重要な個人情報であり、その保

第3節　商品先物取引の受委託　203

護に特に留意する必要がある（同条2項）。そして、顧客の知識、経験、財産の状況および商品取引契約を締結する目的等に照らして過度な取引とならないよう、必要な基準を定めて適切な委託者管理を行うことを求めている（同規則11条）。未成年者・成年被後見人・被保佐人・被補助人・精神障害者・知的障害者・認知障害の認められる者等に対する勧誘、生活保護法による保護世帯に属する者に対する勧誘、破産手続開始の決定を受けて復権していない者に対する勧誘や、商品先物取引をするための資金の借入れの勧誘などは、常に不適当と認められるし、年金生活者や高齢者に対する勧誘も原則として不適当な勧誘と認められる。

　顧客の適合性については、外務員による勧誘過程での確認とともに、商品先物取引業者の社内の管理部門における確認も必要であり、顧客に適合性がないことが判明した場合は、直ちに勧誘を中止すべきである。また商品先物取引の経験の浅い委託者については、習熟期間を設けて、その期間内は未経験者にふさわしい取引量にとどめる等の保護措置を講じるべきである。

【適合性の原則（Suitability Rule）の沿革】

　「適合性の原則」は、米国法上、証券取引の分野においては、すでに数十年前に生まれており、現在では一般的に受け入れられるに至っている原則であり、証券会社は、投資者の意向と実状に適合する証券を推奨し取引を行う義務がある、というものである。

　日本では、1992（平成4）年の改正証取法において、大蔵大臣（当時）が証券会社に対して監督上必要な是正命令を出せる一場合として、適合性の原則が導入された。金商法40条は、金融商品取引業者等は、業務の運営の状況が顧客の知識、経験、財産の状況および金融取引契約を締結する目的に照らして不適当と認められる勧誘を行って投資者の保護に欠けることとなっており、または欠けることとなるおそれがあること（同条1号）に該当することのないように、業務を行わなければならないと定めている。

　商品先物取引については、昭和40年代後半以降、不適格な顧客に対する勧誘を禁止する自主規制ルールが制定されていた（商品取引所の「商品取引員の受託業務に関する取引所指示事項」、全国商品取引所連合会の「受託業務指導基準」など）。日本商品取引員協会（現在の日商協）は自主規制規則として「受託業務に関する規則」を制定し、適合性の原則を明定していた。

4 基本契約の締結等

(1) 契約締結前の書面の交付

商品先物取引業者は、商品取引契約を締結しようとするときは、主務省令で定めるところにより、あらかじめ顧客に対して契約の概要その他の主務省令で定める事項を記載した書面（「契約締結前交付書面」）を交付しなければならない（法217条1項、規則104条〜106条）。ただし、顧客の承諾を得て、書面の交付に代えて、その書面に記載すべき事項を、電子メールなど電子情報処理組織を使用する方法その他の情報通信の技術を利用する主務省令所定の方法で提供することもできる（法217条2項、令31条）。商品先物取引は、複雑な仕組みのうえに、高度の投機的リスクを伴う取引であるから、委託者の自己責任原則が真に機能するためには、商品先物取引の仕組みと危険性を十分に理解させる必要性がある。そこで、契約締結前に商品先物取引と商品取引契約の概要を記載した説明書の事前交付による情報提供を義務付けて、商品先物取引には危険が伴うことを認識させ、一般大衆が安易に取引に参入することのないように注意を促す趣旨であり、いわゆるリスク開示である。このような趣旨からすれば、「特定委託者」は、商品先物取引の仕組みと危険性を十分に知っているはずなので、契約締結前交付書面は「一般委託者」に対してのみ交付すればよい（法220条の4第1項2号）。

また、商品先物取引業者が新規の委託者から取引の委託を受けるときには、当該委託者に対し、契約締結前交付書面とともに、受託契約準則を契約に先立って交付することが義務付けられている（東商取準則3条1項本文）。委託者が先物取引に参入する意思決定をしようとする際に、受託契約の内容を知らせるためであり、「特定委託者」には交付する必要がない（同条同項但書）。「契約締結前の書面の交付義務」は、商品取引契約の締結が営業所内で行われるか営業所外で行われるかにかかわらず、商品先物取引業者に課せられている。

必要な書面を交付せず、または所定の事項の記載を欠き、もしくは虚偽の記載のある書面を交付した者等は、6カ月以下の懲役もしくは50万円以下の罰金に処せられ、またはこれらが併科される（法367条7号）。

さらに個人顧客を相手方とし、または個人顧客のために店頭商品デリバティブ取引またはその媒介・取次ぎもしくは代理を行う場合（法2条22項5号）の

商品取引契約に係る契約締結前交付書面については、特則が設けられている（規則105条1項。コラム参照）。

　以上の契約締結前交付書面については、いずれも、1の商品デリバティブ取引について2以上の商品先物取引業者が関与している場合に、いずれか1の商品先物取引業者が契約締結前交付書面を交付したときは、他の商品先物取引業者は重ねて同様の記載をする必要はない（規則104条2項・105条2項）。一部の記載の省略を認めるものであり、交付義務自体の免除ではない。ただし、当該他の商品先物取引業者が顧客のために代理している場合には、顧客本人への交付が重視されるため、その記載を要する（同105条2項後段）。

【契約締結前交付書面の法定記載事項】
　契約締結前に交付すべき書面に共通する記載事項は、以下のとおりである（法217条1項各号、監督指針Ⅱ-4-3-2(2)参照）。
① 当該商品取引契約に基づく取引の額が、当該取引について顧客が預託すべき取引証拠金等の額を上回る可能性がある場合には、その旨および当該取引額の当該取引証拠金等の額に対する比率
② 商品市場における相場その他の商品の価格または商品指数に係る変動により当該商品取引契約に基づく取引について顧客に損失が生じるおそれがあり、かつ、その損失額が取引証拠金等の額を上回るおそれがある場合には、その旨
③ 以上のほか、当該商品取引契約に関する事項であって、顧客の判断に影響を及ぼすこととなる重要なものとして政令で定めるもの（現在、政令で定める事項はない）
④ 以上のほか、当該商品取引契約の概要その他の主務省令（規則104条・105条）で定める事項

【個人顧客の店頭商品デリバティブ取引に関する記載事項】
① 当該商品先物取引業者が個人顧客を相手方として行う店頭商品デリバティブ取引により生じるおそれのある損失を軽減することを目的として、当該個人顧客が行った店頭商品デリバティブ取引の対象となる商品または商品指数および当該店頭商品デリバティブ取引に係る売買の別その他これらに準ずる事項が同一となる商品市場における取引、外国商品市場取引または他の商品先物取引業者その他の者（「他の商品先物取引業者等」）を相手方として行う店頭商品デリバティブ取引（「カバー取引」）を行う場合には、当該カバー取引に係る商品取引所もしくは外国商品市場開設者の名称

もしくは商号（外国商品市場開設者の名称または商号にあっては、日本語により翻訳して表示したものを含む）または当該カバー取引の相手方となる他の商品先物取引業者等の商号、名称もしくは氏名およびその業務内容（当該他の商品先物取引業者等が外国法人である場合には、その商号、名称または氏名を日本語により翻訳して表示したものおよび当該他の商品先物取引業者等が監督を受けている外国の当局の名称を含む）

②　当該商品先物取引業者が個人顧客のために店頭商品デリバティブ取引の媒介、取次ぎまたは代理を行う場合には、当該媒介、取次ぎまたは代理の相手方となる他の商品先物取引業者等（「媒介等相手方」）の商号、名称または氏名およびその業務内容（当該媒介等相手方が外国法人である場合には、その商号、名称または氏名を日本語により翻訳して表示したものおよび当該媒介等相手方が監督を受けている外国の当局の名称を含む）

③　商品先物取引業者が個人顧客を相手方とし、または個人顧客のために店頭商品デリバティブ取引等（法2条22項5号）に掲げる行為を業として行う場合における禁止行為に関する事項

④　外国商品市場取引および店頭商品デリバティブ取引に関する分離保管（法210条2号）に基づく措置に関する事項

(2)　**説明義務**

　商品先物取引業者は、商品取引契約を締結しようとする場合には、単に契約締結前交付書面を交付するだけでなく、顧客に十分な理解が得られるように、あらかじめ、顧客に対し、契約締結前交付書面に掲げる事項（法217条1項各号）について説明をしなければならない（法218条1項）。その際には、説明に先立って、顧客に対し契約締結前交付書面を交付しなければならない（規則107条）。その説明は、顧客の知識、経験、財産の状況および当該商品取引契約を締結しようとする目的に照らして、当該顧客に理解されるために必要な方法および程度によるものでなければならない（法218条2項）。個人顧客との間の取引行為については、特に経験がない者の場合、顧客が十分に理解できるよう具体例や図画、表等を活用することも重要になる（監督指針Ⅱ-4-3-2(5)）。

　もっとも、1個の商品取引契約の締結について、複数の商品先物取引業者または商品先物取引業者の委託を受けた商品先物取引仲介業者（「商品先物取引業者等」）が契約締結前交付書面の記載事項について説明義務を負う場合におい

て、いずれか1の商品先物取引業者等が当該事項について説明をしたときは、他の商品先物取引業者等は、当該事項について説明しなくてもよい（法218条3項本文）。商品デリバティブ取引について複数の商品先物取引業者が関与する場合の説明義務も、同様である（規則108条。ただし、他の商品先物取引業者が代理業を行う場合は除く）。説明の重複による煩雑さや取引のコスト増を避ける趣旨である。

　説明義務に違反したときは、これにより当該商品取引契約につき顧客に生じた損害の賠償責任を負う（法218条4項）。また「金融商品の販売等に関する法律」（以下、「金販法」という）は、同法に定める説明義務の違反および断定的判断の提供等について、損害賠償責任を定めており（金販6条〜9条）、商先法はそれらの規定を準用している（法220条の3）。

【差玉向かいと商品先物取引業者の説明義務】

　「差玉向かい（さぎょくむかい）」とは、「板寄せ」による取引について、商品の種類および限月ごとに、委託に基づく売付けと買付けを集計し、売付けと買付けの数量に差がある場合に、この差の全部または一定割合に対当する自己玉を建てることを繰り返すものであり、「特定取引」ともいう。商品先物取引業者と委託者との間に利益相反関係が生じる可能性が高いことから、差玉向かいを行っている旨および利益相反のおそれがある旨を委託者に説明しなければならない（法214条10号、規則103条1項21号）。

　判例は、「商品取引員が差玉向かいを行っている場合に取引が決済されると、委託者全体の総益金が総損金より多いときには商品取引員に損失が生じ、委託者全体の総損金が総益金より多いときには商品取引員に利益が生ずる関係となるのであるから、商品取引員の行う差玉向かいには、委託者全体の総損金が総益金より多くなるようにするために、商品取引員において、故意に、委託者に対し、投資判断を誤らせるような不適切な情報を提供する危険が内在することが明らかである」として、「商品取引員は、上記委託契約上、商品取引員が差玉向かいを行っている特定の種類の商品先物取引を受託する前に、委託者に対し、その取引については差玉向かいを行っていること及び差玉向かいは商品取引員と委託者との間に利益相反関係が生ずる可能性の高いものであることを十分に説明すべき義務を」負うと判示していた（最判平成21・7・16民集63巻6号1280頁。同旨、最判平成17・7・14民集59巻6号1323頁、最判平成21・12・18判タ1318号90頁）。

　差玉向かいについては、監督指針においても、委託者への十分な説明が重視

されている（監督指針Ⅱ-4-3-2(6)。なお、社内で委託玉と自己玉の部門の的確な情報隔壁措置が講じられている場合、故意性が否定される）。

(3) 取引態様の事前明示義務

　商品先物取引業者は、商品取引契約を締結しようとするときは、あらかじめ顧客に対し、自己が行うのは、商品先物取引業（法2条22項各号）のうちどの業務に該当するのかを明らかにしなければならない（法219条1項）。委託者（顧客）が、商品先物取引業者の行為は日本の市場に関するのか、外国の市場か、店頭商品デリバティブ取引かといった重要な契約内容を事前に把握して、リスクの程度を理解できるようにする趣旨である。

　さらに、商品先物取引業者は、顧客から店頭商品デリバティブ取引に関する注文を受けようとするときは、あらかじめ顧客に対し自己がその相手方となって当該取引を成立させるか（「仕切売買」）、または媒介し、取次ぎし、もしくは代理して当該取引を成立させるか（「委託売買」）の別を明らかにしなければならない（同条2項）。このような情報は、特に店頭商品デリバティブ取引に関しては、取引の信用リスクという点で重要な事項となる。仕切売買は商品先物取引業者と顧客の相対取引となり、利益相反関係が生じる可能性があるためである。

【金商法上の委託売買と仕切売買】

　金商法において、金融商品取引業者が顧客の注文を媒介・取次ぎ・代理して取引を成立させる場合を「委託売買」というのに対し、金融商品取引業者自身が相手方となって取引を成立させる場合を「仕切売買」という。金融商品取引業者は、あらかじめ顧客に対し、仕切売買か委託売買かの別を明示しなければならない（金商37条の2）。金商法は、市場集中義務を廃止し、金融商品市場取引について「のみ行為」を禁止していない。ただし、商品関連市場デリバティブ取引は除かれる（金商40条の6）。

　他方、商先法は、国内商品市場取引および外国商品市場取引等について、「のみ行為」を禁止している（法212条）。そこで「のみ行為」が禁止されていない店頭商品デリバティブ取引についてのみ、委託売買か仕切売買かの別を事前に明示することを義務付けている。

⑷　委託者の約諾書と通知書

　委託者は、新規に取引の委託をするときは、商品先物取引業者（東商取では「受託取引参加者」）に対し、先物取引の危険性を了知したうえで受託契約準則に従って取引を行うことを承諾する旨の書面（「約諾書」）を差し入れる（東商取準則4条1項）。商品先物取引業者は、この約諾書の差入れを受けた後でなければ、取引の委託を受けてはならない（同条2項・3項。委託者の承諾を得れば、電磁的方法でも可）。委託者の意思を慎重に確認し、自己責任であることについて自覚と注意を喚起するものである。

　委託者は、新規に取引の委託をするときは、あらかじめ、商品先物取引業者に対し、一定の事項を書面（「通知書」）で通知し（同5条1項）、それらの事項に変更があったときは、遅滞なく、商品先物取引業者に通知するものとされている（同条5項）。

5　商品先物取引の委託と執行

⑴　委託の際の指示

　商品先物取引業者は、商品市場における取引等の委託を受けるときは、主務省令で定める事項について、委託者からそのつど明確な指示を受けなければならない（法214条3号、規則101条）。取引内容を商品先物取引業者または外務員に任せきりにする「一任売買」は、委託者の投資判断を公正に市場に反映せず、また商品先物取引業者がその裁量権を濫用して取引を行い、手数料稼ぎを図る危険性があることから、原則として禁止されている（東商取準則25条）。金融商品取引業者は、委託者の指示に基づいて、その注文を金融商品取引所において成立させるよう努める義務を負う（金商40条の2参照）。なお、約定価格等については、売買注文を出す際に、値段を指定する「指値（さしね）注文」だけでなく、値段を決めずに売買注文を出す「成行（なりゆき）注文」も認められる（規則101条4号・102条1項1号）。指値注文の場合、指定する値段によっては、注文が成立しない可能性もあるからである。

　【具体的な指示事項】
　主務省令で定める委託の際の指示事項は、具体的には次のものである（規則101条）。

① 上場商品構成品または上場商品構成品指数の種類

② 取引の種類および期限

③ 数量

④ 対価の額または約定価格等（指値注文または成行注文の別を含む）

⑤ 売付け・買付けの別その他これに準ずる事項

⑥ 新たな売付け・買付けまたは転売・買戻しの別その他これに準ずる事項

⑦ 取引をする日時または注文の有効期限

　東商取の受託契約準則でも、以下のような具体的な指示事項を定めているが、主務省令で定める事項と基本的には異ならない（東商取準則6条）。

① 取引の種類

② 上場商品構成品または上場商品指数の種類

③ 限月

④ 売付けまたは買付けの区別

⑤ 新規または仕切りの区別

⑥ 枚数

⑦ 注文の種類の別

⑧ 取引を行う日時、および値段または約定数値を指定する注文の場合は、その値段または約定数値

⑨ そのほか受託取引参加者が定める事項

　なお「プログラム自動取引」に関する契約を委託者と締結した場合には、受託取引参加者は、一定の場合には、受託契約準則所定の事項について、指示を受けることなく、その取引の委託を受けることができる（同6条の2第1項）。

【指値遵守義務】

　商品先物取引業者は、委託者が指値注文を出した場合に、売り注文であれば、指定金額以上の価格で販売をし、買い注文であれば、指定金額以下の価格で買入れをする義務があり、これを「指値遵守義務」という。問屋が委託者の指定した金額より廉価で販売をし、または高価で買入れをした場合には、その売買の効力を委託者に帰属させることはできないが、問屋自らその差額を負担すれば、その販売または買入れは委託者に対して効力を生じるとされている（商554条）。商品先物取引業者についても、同様に解される。

(2) 受託の際の義務

　商品先物取引業者は、商品取引契約に基づいて、善良な管理者の注意をもって委託者の指図を実行すべき義務を負い（善管注意義務。民644条）、顧客のた

めに、自己の名において、商品市場における取引またはその取次ぎを行わなければならない。他方では、商品先物取引業者は、受託契約または取次契約上の債務を履行すれば、顧客に対して報酬として委託手数料を請求することができる（商512条）。

商品先物取引業者は、自己の名をもって他人の計算において物品の販売または買入れをすることを業とする商法上の問屋と解されており、商品先物取引業者と委託者の間には委任および代理に関する規定が準用される（商551条・552条2項）。商品取引契約は、反対売買または受渡しにより取引が終了するまで継続するので、商品先物取引業者は、委託者の指示に従って受託した取引を行う義務（「指図遵守義務」）があり、委託者の承諾によって初めてこの義務が発生するものではない（最判昭和50・7・15判時790号105頁）。そこで、商品先物取引業者が委託者の指示に従わないときは、契約上の債務不履行となる。この点、判例では、立会停止中の手仕舞い指示の撤回に従わなかったケースにおいて、商品先物取引業者は自己に帰責事由のないことの挙証責任を負うものとされており（名古屋高金沢支判昭和53・10・25判時927号234頁）、自己の責めに帰すべき事由によらないときは、損害賠償責任を負うことはない。

(3) 取引証拠金等の授受

商品市場における取引について、委託者は、場合に応じて取引証拠金・委託証拠金・取次証拠金のいずれかを預託する。商品取引清算機関が商品市場における取引に基づく債務の引受けを行う方法によって商品市場における取引の決済が行われる場合は、商品取引清算機関が取引証拠金の預託を受けなければならない（法179条1項）。委託者が清算参加者である商品先物取引業者に商品市場における取引を委託した場合、または取次委託者が清算参加者ではない商品先物取引業者に商品市場における取引の委託の取次ぎを委託した場合は、原則として商品先物取引業者を代理人として取引証拠金を差し入れる（同条同項1号ロ・2号）。商品先物取引業者に対し、委託者または取次委託者等の承諾を得て、委託証拠金または取次証拠金を差し入れ、商品先物取引業者が取引証拠金に差し替えて商品取引清算機関に預託することも可能である（同条2項以下）。そして、現在、各商品取引所は、商品取引清算機関を通じて取引の決済をしているため（東商取業務35条の3、大商取定款122条）、商品先物取引業者は、委

212　第5章　商品先物取引の受委託

託者から取引証拠金の差入れを受け、当該委託者の代理人としてこれを商品取引清算機関に預託しなければならない（規則72条、東商取準則7条1項・8条）。

　取引証拠金については、一定の有価証券および倉荷証券をもって充用することができ、充用価格については信認金の規定が準用されている（法103条5項・6項・101条4項、東商取準則9条）。また、商品先物取引業者が認める場合には、外貨をもって充用することもできる（東商取準則10条）。

　商品先物取引業者は、その行う商品先物取引業に関して委託者等が預託すべき取引証拠金等を受領したときは、委託者等に対し、直ちに、主務省令で定めるところにより、その旨を記載した書面（受領書）を交付しなければならない（法220条の2、委託者等の承諾を得て電子情報処理組織を使用する方法その他でも可能）。業者と顧客との間で金銭を授受する際に発生し得るトラブルを防止する趣旨である。その書面には、8ポイント以上の大きさの文字および数字で、「①当該商品先物取引業者の商号又は名称、②委託者等が連絡する方法、③委託者等の氏名又は名称、④取引証拠金等を受領した日付、⑤当該取引証拠金等の金銭又は有価証券等の別等、⑥その取引が市場取引の場合には商品取引所等の名称又は商号」を記載しなければならない（規則110条の2第1項・2項）。ただし、取引証拠金等の受領が金融機関を介しての受領であり、委託者等から書面による同意が得られた場合にあっては、書面の交付を必要としない（同条3項）。

(4)　取引の成立・不成立とその通知

　商品先物取引業者は、その商品取引契約に係る取引が成立したときは、遅滞なく書面をもって、①成立した取引の種類ごとの数量および対価の額または約定価格等、②成立の日、③その他の主務省令で定める事項を委託者等に通知しなければならない（法220条1項、規則109条、東商取準則19条1項）。ただし、その商品取引契約の内容その他の事情を勘案し、当該書面を委託者等に交付しなくても公益または委託者等の保護に欠けるおそれがないと認められるものとして主務省令で定める場合は、この義務を負わない（法220条1項但書）。この例外となるのは、①店頭商品デリバティブ取引の場合であって、その条件を記載した契約書を交付するとき（スワップ取引の形態の取引等）、②注文・清算分離行為の場合であって、清算執行会員等が通知することにつき合意しているとき（ギブアップ取引の例外）、などである（規則109条の2第1項参照）。この通

知により、第1に、その内容が委託者の指示した通りであるかを常に確認し、公表された相場と比べて通知が正しいか否かを判断でき、第2に、外務員によるのみ行為や手張りの防止に役立ち、第3に、後日の紛争が発生した場合の証拠資料になる。

　取引成立の通知を受けた委託者は、異議があるときには、遅滞なくその旨を商品先物取引業者に申し出なければならない（東商取準則19条2項）。異議の申立てがあった場合、商品先物取引業者は、遅滞なく、当該委託者に対して書面により回答しなければならない（同条3項）。

　委託を受けた取引の全部または一部が成立しなかったときは、商品先物取引業者は、遅滞なくその旨を委託者に通知しなければならない（同20条1項）。この通知義務は、商品先物取引業者の善管注意義務に含まれる。委託者はこの通知に対し、異議を申し出ることができるが、不成立の原因が、①委託注文に適合する上場商品の価格が形成されない場合、②値幅制限や異常状態の下での数量制限など、商品取引所の業務規程に基づく取引制限による場合には、異議の申立てはできない（同条2項）。

　これらの通知をせず、または所定の事項を記載していない書面もしくは虚偽の記載をした書面を交付した者は、6カ月以下の懲役もしくは50万円以下の罰金に処せられ、またはこれらが併科される（法367条8号）。

(5)　残高照合通知書の送付等

　商品先物取引業者は、委託者に対し、定期的に預り証拠金の残高につき、残高照合通知書を送付しなければならない。具体的には、商品先物取引業者は、委託者に対し、原則として3カ月に1回は書面により、①作成日現在における預り証拠金の残高（金銭、充用有価証券等の合計額等）、②委託者証拠金の額、③未決済の取引の内訳等（取引の種類等）、④受入証拠金の総額、⑤預り証拠金余剰額、⑥計算上の利益額の払出し等を行う場合にあってはその可能額、を通知し、その照合を求めるとともに、預り証拠金余剰額の返還について、委託者の指示を受けなければならない（東商取準則22条1項）。委託者はその内容を確認し、異議があるときは、遅滞なくその旨を商品先物取引業者に申し出なければならない（同条3項）。

　このような定期的な通知のほかにも、委託者から請求があった場合（同条2

項以下。異議の申立てが可能）や、投機の過熱等の異常事態の収拾のために臨機の場合の措置等や市場等の廃止・休止における措置等が講ぜられ、反対売買による処分をする場合（同24条・24条の2。異議申立ては不可）にも、委託者に対する通知義務が生じる。なお、取引証拠金の不納等、委託者の指示に基づかない建玉処分の場合にも、売買報告書および売買計算書によって通知する必要がある（同23条）。

6 商品先物取引の決済

(1) 手仕舞いの指示がある場合

委託者は、当月限（とうげつぎり）の取引最終日の終了までに、同一限月・同一商品・同一数量に係る反対売買（転売・買戻し）を行うことにより、商品先物取引から途中離脱することができる（「手仕舞い」）。商品先物取引業者は、指図遵守義務を負うので、委託者から手仕舞いの指示があれば、その指示に従って、当該商品先物取引を結了させる義務を負う。すなわち、商品先物取引業者は、自らまたは受託会員等に取り次いで、指定された建玉の反対売買を行い、売買差損益金を計算して差金決済をする（東商取準則15条）。委託者から手仕舞いの指示があるにもかかわらず、商品先物取引業者がその履行を拒否し、または不当に遅延することは禁止されている（法214条10号、規則103条1項1号、仕切り拒否）。

(2) 手仕舞いの指示がない場合

当月限の最終取引日の終了までに委託者から手仕舞いの指示がないときは、最終決済により、現物受渡しまたは差金決済による決済が行われる。しかし、日々の値洗いによって損計算となり、証拠金の追加預託が必要となったときに、所定の期日までに委託者からその提供がない場合には、受託会員等は、どの取引について処分を行うかにつき委託者の指示がないときは、当該委託を受けた取引の全部または一部を委託者の計算において転売・買戻しにより、任意に処分することができる（東商取準則14条）。

7 取引決済後の処理

取引が決済された後の処理はどのようになるか。商品先物取引業者が委託者

のために取引を決済する場合、委託者の指示があればそれに従い、指示がなければ取引の成立の古い順に決済する（東商取準則15条2項）。転売または買戻しによって差金決済をしたときは、商品先物取引業者はその約定値段等の差額（当初の建値と仕切値の差額）によって売買差損益金を計算する（同条1項）。その結果、不足額が生じたときは、委託者は受託取引参加者に取引証拠金を預託しなければならない（同11条2項）。

それに対し、余剰金があるときは、委託者からその返還請求があれば、返還しなければならない（同12条）。現物の受渡しによって建玉を決済する場合には、商品先物取引業者に対して所定の日時までに、売り方の委託者は、当該売付けに係る倉荷証券を差し入れ、買い方の委託者は、総取引金額を差し入れなければならない（同16条1項）。商品取引所において受渡しが終了したときは、商品先物取引業者は遅滞なく、売り方の委託者に対しては、受渡代金および消費税相当額を交付し、買い方の委託者に対しては、商品取引所から受領した倉荷証券を交付しなければならない（同条5項）。受渡しにより決済したときは、委託者に対して「委託受渡計算書」が送付される。

第4節　受委託の公正確保

1　委託者保護の要請

⑴　総　　説

先物取引は、少額の証拠金によって多額の取引を行うことができる投機性の高い取引であり、わずかの値動きによって多額の差損益を生じ得る。そのため、短期間の間に多額の利益を獲得することもあるが、損計算になった場合には、委託者が手仕舞いを指示しない限り、損失が増大し続け、預託した証拠金額を大幅に上回る損失が発生するケースも多く、非常にリスクの大きな取引である。

かつて商取法は、その目的として、「商品の価格の形成及び売買その他の取引の公正」と「商品の生産及び流通の円滑」を掲げるだけで、「委託者の保護」は明示されていなかった（1990（平成2）年改正前商取1条）。しかし、当該商品を扱う当業者の市場だった商品先物取引市場に、大衆が委託者として多数参入するようになり、それに伴って委託者と商品先物取引業者との間のトラ

216　第5章　商品先物取引の受委託

ブルも激増し、委託者の保護が強く要請されるようになった。その結果、1967
（昭和42）年および1975（昭和50）年の商取法改正が行われ、条文上明示はさ
れなかったが、委託者保護も同法の目的であると解されるようになり、さらに
1990（平成2）年の商取法改正で、同法の目的として委託者保護を明示し、現
在に至っている（商先1条）。

　その後、日本社会全般で規制緩和の要請が高まってきたなかで、商品先物取
引についても、1998（平成10）年の商取法改正で大幅な規制緩和が行われ、行
政による事前規制から自主規制を中心とする体制に移行した。他方では、委託
者の「自己責任の原則」が強調されるとともに、市場取引の公正確保と委託者
保護がいっそう強く要請されることになった。そこでこの改正では、「誠実か
つ公正の原則」が新たに定められ、「フロントランニングの禁止」や「適合性
の原則」が導入されるなど、受委託の公正確保の強化が図られた。2004（平成
16）年商取法改正では、商品先物取引業者の「説明義務」が明定され、2006（平
成18）年の商取法改正では、同年の証取法改正に伴って、広告等の規制や損失
補てん等の禁止などが定められた。

　2011（平成23）年に名称を改めた商先法は、「不招請勧誘の禁止」などを新
たに規定して委託者保護を強化するとともに、「特定委託者」と「特定当業
者」という概念を導入し、保護の必要性の乏しい委託者については、商品先物
取引業者の行為規制の多くを適用除外とすることとし、プロ・アマ規制の概念
を導入した。委託者保護の措置にはコストがかかるが、必要のない過大な保護
措置を排除することによって、取引の知識・経験の豊富な顧客の利便性に配慮
した制度に改められている。

　以下においては、一般委託者を対象とする保護制度について説明した後に、
特定委託者・特定当業者の特例を取り上げる。委託者保護といっても様々な側
面があるが、本節では、主として勧誘や受託の執行における公正確保の問題を
取り上げる。商先法214条（当時は商取94条）は、1967（昭和42）年の商取法
改正に際して、1965（昭和40）年証取法改正で新設された証取法42条（当時は
証取50条）にならって追加された規定であり、商品先物取引業者による断定
的判断の提供や利益保証等による不当勧誘を禁止し、一任売買等の取引または
受託に関する一定の行為を不当・違法なものとして禁止している。そのほかに
も法令や受託契約準則等によって、のみ行為、故意による向い玉、無断売買、

委託者の指示の履行拒否・遅延等を禁止し、委託者の保護を図ったが、商品先物取引業者や外務員による違反事例は根絶されていない。委託者も安易な委託をせず、自己責任の認識を十分にもって対応することが必要である。

(2)　誠実かつ公正の原則

　商品先物取引業者ならびにその役員および使用人は、顧客に対して誠実かつ公正にその業務を遂行しなければならない（法213条）。これを「誠実かつ公正の原則」といい、1998（平成10）年の商取法改正により、このような一般的義務が定められたが、「誠実かつ公正」の文言は抽象的であって、違反の効果も不明確であり、その具体的な内容は今後も検討されていくことになるであろう。なお罰則はないが、この義務に違反すれば、行政処分の対象となる。

> **【IOSCO と誠実かつ公正の原則】**
> 　1990（平成2）年11月の証券監督者国際機構（IOSCO）の総会は、証券業者の行為規範原則を採択した。その(1)において、「業者は、その業務に当たっては、顧客の最大の利益及び市場の健全性を図るべく、誠実かつ公平に行動しなければならない」と定められている。1992（平成4）年の証取法改正において、この「誠実かつ公正の原則」が立法化された（同年改正証取49条の2）。現行金商法36条1項は、「金融商品取引業者等並びにその役員及び使用人は、顧客に対して誠実かつ公正に、その業務を遂行しなければならない」と規定している。商先法213条の規定は、これと同趣旨のものである。

2　不当勧誘等の禁止

(1)　総　　説

　商先法214条は、商品先物取引業者による「不当勧誘」および受託に関する一定の行為を不当・違法なものとして禁止している。2006（平成18）年商取法改正は「虚偽告知の禁止」を規定し、2009（平成21）年商先法改正は「不招請勧誘の禁止」を導入した。不招請勧誘は、従来から金商法では取引所取引を除き店頭取引を対象に禁止されていたが（金商38条4号）、商先法では取引所取引であっても初期の投資額以上の損失が発生する可能性のある取引も禁止の対象にされることになった（法214条9号、令30条）。

(2) 不招請勧誘の禁止

商品取引契約の締結の勧誘の要請をしていない顧客に対し、訪問し、または電話をかけて、商品取引契約の締結を勧誘してはならない（法214条9号）。これを「不招請勧誘の禁止」という。商品デリバティブ取引については、突然の勧誘や執拗な勧誘で顧客が迷惑するというトラブルが多く報告されているため、2009（平成21）年改正の商先法は、契約締結の勧誘を要請していない顧客に対する訪問や電話による勧誘を禁止する規定を新設した。ただし、不招請勧誘の禁止は商品先物取引業者の営業をかなり制約することになるので、禁止の対象となる商品取引契約は、委託者等の保護を図ることが特に必要なものとして政令で定めるものに限定するとともに、委託者等の保護に欠け、または取引の公正を害するおそれのない行為として主務省令で定める行為は除外される（法214条9号、令30条、規則102条の2）。

【政省令の定め】

　政令で対象とされるものは、①個人顧客を相手方とする国内商品市場取引および外国商品市場取引に係る商品取引契約であって、当該契約に基づく取引について顧客に発生し得る損失額が取引証拠金等の額を上回るおそれがあるもの、②個人顧客を相手方とするすべての店頭商品デリバティブ取引に係る商品取引契約、である（令30条）。

　省令で定める適用除外は、訪問または電話による、上記①②の商品取引契約の締結を勧誘する行為であって、商品先物取引業者と継続的取引関係にある顧客に対する勧誘、他社契約者である顧客に対する勧誘のほか、省令が定める条件のすべてを充たすもの、である（規則102条の2）。

　省令が定める条件とは、第1に、委託の勧誘に先立って、顧客の勧誘を受ける意思の有無を確認する際に、当該顧客に対し、当該顧客が以下の条件のすべてに該当しない限り商品取引契約を締結することができない旨を説明し、顧客からその説明を受けたことの確認書をとることである。その説明・確認の内容は、(a) 年齢が65歳未満であること、(b) 主として年金等により生計を維持している者として主務大臣が定める者でないこと、(c) ①年収が800万円以上か、「保有金融資産額」が2,000万円以上かのいずれかであり、かつ、商品取引契約の締結前に交付される書面の内容について適切な理解をしていることが確認できる者であるか、または②資格保有者（弁護士・司法書士・公認会計士・税理士・ファイナンシャルプランナー・証券外務員・証券アナリスト）であるこ

と、である。第2に、第1の条件を充たしていることの確認を所定の書面等で行い、その書面を所定期間（10年間）保存すること、第3に、商品取引契約の締結後所定期間内（14日以内）は当該顧客から「顧客の指示を受けるべき事項」（規則101条）の指示を受けられないことや、所定期間内（当該商品取引契約を締結した日から取引開始日まで）に「投資上限額」（年収と保有金融資産額の合計額の3分の1が上限）を設定しなければならないことなどを、当該商品取引契約の内容とすること、である（規則102条の2）。

(3) 勧誘を受ける意思の確認の義務

商品取引契約の締結の勧誘に先立って、顧客に対し、自己の商号または名称および商品取引契約の締結の勧誘である旨を告げたうえで、その勧誘を受ける意思の有無を確認することをしないで勧誘してはならない（法214条7号）。

(4) 委託を行わない旨の意思を表示した顧客への勧誘の禁止

国内商品市場取引・外国商品市場取引・店頭商品デリバティブ取引等につき、その委託または申込みを行わない旨の意思を表示した顧客に対し、それらの委託等を勧誘してはならない（法214条5号）。これを「再勧誘の禁止」といい、従来、主務省令で禁止されていたが、2004（平成16）年商取法改正により法律で禁止されることとなった。さらに、2009（平成21）年商先法改正により、顧客が勧誘を受けることを希望しない旨の意思を表示した場合も含むこととなった。

(5) 迷惑な仕方での勧誘の禁止

顧客に対し、迷惑を覚えさせるような仕方で、国内商品市場取引・外国商品市場取引・店頭商品デリバティブ取引等の委託等の勧誘をしてはならない（法214条6号）。顧客が勧誘を受ける意思を表示した場合であっても、社会通念上迷惑と考えられるような時間・場所・方法による勧誘をしてはならない。禁止されるのは、類型的に迷惑と認められるような勧誘であり、顧客が実際に迷惑と感じる必要はない。たとえば、夜間・早朝・勤務時間中などの迷惑な時間帯に、電話または訪問による勧誘を行うこと、顧客の意思に反して長時間にわたる勧誘を行うこと、顧客に対し、威迫し、困惑させ、または不安の念を生じさ

せるような勧誘を行うこと、顧客が迷惑だと表明した時間・場所・方法で勧誘を行うことなどである（監督指針Ⅱ－4－3－1－(3)）。

(6)　断定的判断の提供の禁止

商品先物取引業者は、顧客に対し、不確実な事項について断定的判断を提供し、または確実であると誤認させるおそれのあることを告げて国内商品市場取引・外国商品市場取引・店頭商品デリバティブ取引等の委託等を勧誘してはならない（法214条1号）。商品市場等における相場の推移については、何人も確実に予測をすることができるわけではないが、特に先物取引の経験や知識に乏しい顧客の場合、専門業者である商品先物取引業者またはその外務員が利益を生じることが確実であると誤解させるべき「断定的判断の提供」をするときは、それが相当な根拠をもつものと誤信して、冷静な判断をすることなく勧誘に応じるおそれがある。そこで委託者保護のため、断定的判断の提供による委託の勧誘を禁止したものであり、いわゆる不当勧誘の一類型である。金販法は商品取引契約に準用されるが（法220条の3）、断定的判断の提供は同法によっても禁止されている（金販4条）。

(7)　虚偽告知の禁止

商品先物取引業者は、商品取引契約の締結または勧誘に関して、顧客に対し虚偽のことを告げてはならない（法214条2号）。

(8)　一任売買の禁止

国内商品市場取引・外国商品市場取引等につき、数量・対価の額・約定価格等その他の主務省令で定める事項について、顧客の指示を受けないでその委託を受けてはならない（法214条3号）。経験の浅い委託者は、先物取引の仕組みや相場の変動要因などについて十分に理解していないため、登録外務員に任せきりにしてしまうケースがある。しかし、このような「一任売買」は、不当勧誘や証拠金の不徴収などと相まって、未経験な委託者が不用意に先物取引に誘い込まれる原因となり、また商品先物取引業者がその裁量権を濫用して過当な数量の取引をし、いわゆる「ころがし」による手数料稼ぎの手段とするおそれがある。ただし、委託者の保護に欠け、または取引の公正を害するおそれのな

いものとして主務省令で定めるものについては、顧客の指示を受けずに、国内商品市場取引・外国商品市場取引等の受託をすることができる。これを受けて、一定の事項について、外国商品先物取引業者から同意を得たうえで受託する場合や、非居住者から同意を得たうえで、時差を考慮して必要な幅を持たせた範囲内で商品先物取引業者が決定できるものとして受託する場合などが規定されている（規則102条）。なおラップ口座の解禁について、**本節6**参照。

⑼　フロントランニングの禁止

　国内商品市場取引・外国商品市場取引につき、顧客から委託を受けながら、その委託に係る取引の申込みの前に、自己の計算において、その委託に係る取引と同一の取引を成立させることを目的として、当該委託に係る取引における対価の額より有利な対価の額で国内商品市場取引・外国商品市場取引をしてはならない（法214条4号）。このような取引を「フロントランニング」といい、商品先物取引業者が顧客から相場の変動をもたらすような大量の注文を受けた場合に、予想される相場変動を利用して利益を得るために、その注文を執行する前に、自己のために委託された取引注文と同一の売付けまたは買付けをすることである。自分のみが知っている情報で利得をする点で、金融商品取引における内部者取引（インサイダー取引）と同様である。また、商品先物取引業者が顧客の注文を市場に出す前に自己売買をすることにより利益を獲得することは、商品先物取引業者の自己売買によって相場が変動してしまった後に注文が執行されるため、委託者は十分な利益をあげることができないので、委託者に対する背信行為ともいえる。したがって、フロントランニングは大口顧客の不信感を招き、市場から資金が逃避する原因にもなる。そこで自己売買を利用した不当な利得行為を抑制するため、1998（平成10）年の商取法改正で、不当な勧誘等の禁止行為の1つとしてフロントランニングが追加された。

⑽　両建ての勧誘の禁止

　国内商品市場取引・外国商品市場取引等につき、顧客に対し、特定の上場商品構成品等の売付けまたは買付けその他これに準ずる取引とこれらの取引と対当する取引の数量および期限を同一にすることを勧めてはならない（法214条8号）。同一市場における同一商品について、同一限月・同一枚数の売り玉と

222　第 5 章　商品先物取引の受委託

買い玉の双方を保持することを「両建て」という。両建ては、一見損失がゼロになるように見えるが、損勘定の状態で両建てをすると、その時点でその損勘定分の損失が確定することになる。しかし、損切りの決済と異なり、顧客が取引から離脱するのを抑止することになり、手数料は一般的には 2 倍かかる計算になる。顧客を取引に縛り付けたり、手数料稼ぎのために両建てを勧誘することが想定されるため、禁止される。店頭商品デリバティブ取引については、個人顧客を相手方とする取引の両建ての勧誘が禁止されている（規則 103 条 1 項 22 号）。

(11)　その他の禁止行為

以上のほかにも、委託者等の保護に欠け、または取引の公正を害するものとして主務省令で定める行為が禁止されている（法 214 条 10 号）。

【主務省令が定める禁止行為】

主務省令が定める禁止行為は次のものである（規則 103 条 1 項）。

① 委託者等の指示を遵守することその他の商品取引契約に基づく委託者等に対する債務の全部または一部の履行を拒否し、または不当に遅延させること

② 故意に、商品市場における取引の受託に係る取引と自己の計算による取引を対当させて、委託者の利益を害することとなる取引をすること（向かい建玉）

③ 受託契約準則に定める場合を除き、顧客の指示を受けないで、顧客の計算によるべきものとして取引をすること（無断売買）。無断売買は顧客の委託を受けずになされるので、取引の効果は顧客に及ばないと解される（京都地判昭和 58・3・23 判タ 506 号 195 頁）。

④ 商品市場における取引につき、新たな売付けもしくは買付けまたは転売もしくは買戻しの別その他これに準ずる事項を偽って、商品取引所に報告すること

⑤ 商品市場における取引等の委託につき、顧客もしくはその指定した者に対し特別の利益を提供することを約し、または顧客もしくはその指定した者に対し特別の利益を提供すること。第三者をして特別の利益の提供を約させ、またはこれを提供させることを含む（特別利益提供）。

⑥ 商品市場における取引等の委託、外国商品市場取引等の委託または店頭

商品デリバティブ取引もしくはその媒介・取次ぎ・代理（店頭商品デリバティブ取引等）につき、顧客（特定委託者および特定当業者を除く）に対し、取引単位を告げないで勧誘すること

⑦　商品市場における取引等の委託、外国商品市場取引等の委託または店頭商品デリバティブ取引等につき、決済を結了する旨の意思を表示した委託者等（特定委託者および特定当業者を除く）に対し、引き続き当該取引を行うことを勧めること（仕切り拒否）

⑧　商品市場における取引等の受託、外国商品市場取引等の受託もしくは店頭商品デリバティブ取引等またはこれらに係る勧誘に関して、重要な事項について誤解を生ぜしめるべき表示をすること

⑨　商品市場における取引等または外国商品市場取引等につき、特定の上場商品構成品等の売付けまたは買付けその他これに準ずる取引と対当する取引（これらの取引から生じ得る損失を減少させる取引）であってこれらの取引と数量または期限を同一にしないものの委託を、その取引を理解していない顧客（特定委託者および特定当業者を除く）から受けること。両建ては、商先法で勧誘が禁止され、省令ではこのように受託が制限される。

⑩　不招請勧誘の禁止を回避するため、セミナーなどの名目で顧客を集めて商品取引契約の締結を勧誘すること

⑪　商品市場における相場もしくは商品市場における相場もしくは取引高に基づいて算出した数値を変動させ、または取引高を増加させることにより実勢を反映しない作為的なものとなることを知りながら、商品市場における取引の委託を受けること

⑫　商品市場における取引等、外国商品市場取引等または店頭商品デリバティブ取引等に関し、受渡状況その他の顧客に必要な情報を適切に通知していないと認められる状況において、商品先物取引業に係る行為を継続すること

⑬　商品先物取引業に係る電子情報処理組織の管理が十分でないと認められる状況にあるにもかかわらず、商品先物取引業を継続すること

⑭　委託を行った商品先物取引仲介業者の商品先物取引仲介業に係る法令に違反する行為を防止するための措置が十分でないと認められる状況にあるにもかかわらず、商品先物取引業を継続すること

⑮　委託を行った商品先物取引仲介業者の商品取引事故につき損失の補てんを行うための適切な措置を講じていないと認められる状況にあるにもかかわらず、商品先物取引業を継続すること

224　第5章　商品先物取引の受委託

⑯　委託を行った商品先物取引仲介業者に、顧客に対する金銭または有価証券の受渡しを行わせること

⑰　個人顧客を相手方として店頭商品デリバティブ取引を行う場合において、当該個人顧客がその計算において行った店頭商品デリバティブ取引を決済した場合に当該個人顧客に生じることとなる損失の額が、当該個人顧客との間であらかじめ約した計算方法により算出される額に達する場合に行うこととする店頭商品デリバティブ取引の決済（「ロスカット取引」）を行うための十分な管理体制を整備していない状況にあるにもかかわらず、商品先物取引業を継続すること

⑱　個人顧客を相手方として店頭商品デリバティブ取引を行う場合において、当該店頭商品デリバティブ取引について、ロスカット取引を行っていないと認められる状況にあるにもかかわらず、商品先物取引業を継続すること

⑲　個人顧客を相手方として店頭商品デリバティブ取引を行う場合において、当該商品先物取引業者が当該個人顧客から預託を受けた取引証拠金等の額に当該店頭商品デリバティブ取引を決済した場合に顧客に生じることとなる利益の額を加え、または当該店頭商品デリバティブ取引を決済した場合に顧客に生じることとなる損失の額を減じて得た額（「実預託額」）が約定時必要預託額に不足するにもかかわらず、直ちに当該個人顧客にその不足額を当該商品先物取引業者に預託させることなく、当該店頭商品デリバティブ取引を行うこと

⑳　個人顧客を相手方として店頭商品デリバティブ取引を行う場合において、その営業日ごとの一定の時刻における当該店頭商品デリバティブ取引に係る取引証拠金等の実預託額が維持必要預託額に不足するにもかかわらず、速やかに当該個人顧客にその不足額を当該商品先物取引業者に預託させることなく、当該店頭商品デリバティブ取引を行うこと

㉑　顧客から商品市場における取引等の委託を受けようとする際、商品先物取引業者が当該委託に係る上場商品構成品または上場商品指数および期限が同一であるものの取引について、故意に、商品市場における取引等の受託に係る取引と当該商品先物取引業者の自己の計算による取引を対当させる取引（「特定取引」）を行っているにもかかわらず、当該顧客に対し、次に掲げる事項を説明しないで、当該委託を受けること

イ　特定取引を行っている旨

ロ　特定取引によって当該委託に係る取引と当該商品先物取引業者の自己

の計算による取引が対当した場合には、当該顧客と当該商品先物取引業者との利益が相反するおそれがある旨

㉒　個人顧客を相手方とし、または個人顧客のために店頭商品デリバティブ取引を業として行う場合において、当該個人顧客（特定委託者を除く）に対し、当該個人顧客が行う店頭商品デリバティブ取引の売付けまたは買付けその他これに準ずる取引と対当する取引（これらの取引から生じ得る損失を減少させる取引）の勧誘その他これに類似する行為をすること

㉓　個人顧客を相手方とし、または個人顧客のために店頭商品デリバティブ取引を業として行う場合において、売付けの価格（価格に相当する事項を含む）および買付けの価格（価格に相当する事項を含む）の双方がある場合に、これらの価格を同時に提示しないこと

㉔　個人顧客を相手方とし、または個人顧客のために店頭商品デリバティブ取引を業として行う場合において、商品先物取引業者が顧客の取引時に表示した価格または価格に相当する事項を、当該価格または価格に相当する事項の提示を要求した当該顧客に提示しないこと

㉕　商品市場における相場もしくは商品市場における相場もしくは取引高に基づいて算出した数値を変動させ、または取引高を増加させることにより実勢を反映しない作為的なものとなることを知りながら、商品市場における取引の委託を受ける行為を防止するための売買管理が十分でないと認められる状況にあるにもかかわらず、商品先物取引業を継続すること

㉖　特定店頭商品オプション取引について、次に掲げる措置を講じていないと認められる状況にあるにもかかわらず、当該特定店頭商品オプション取引を行うこと

　イ　特定店頭商品オプション取引に係る契約を締結しようとするときに、あらかじめ、個人顧客に対し、当該特定店頭オプション取引に係る権利行使価格（一定の方法により定められるものにあっては、その算定方法）を提示すること

　ロ　特定店頭商品オプション取引の取引期間および期限を、個人顧客が、当該取引期間を通じて、権利行使期間、権利行使価格および商品市場における相場その他の指標の実勢条件に基づき公正な方法により算出された対価の額で、かつ、商品の価値等の分析に基づく投資判断に基づいて、特定店頭商品オプション取引に係る権利の取得および付与その他の取引を行うために必要かつ適切なものとすること

㉗　商先法施行規則102条の2第2号または3号の規定に掲げる不招請勧誘

行為により商品取引契約を締結した場合において、当該商品取引契約の内容とされた同条2号ハまたは3号ハ(1)から(3)までに掲げる事項に反して取引を行うこと

㉘　当該商品先物取引業者の役員または使用人による職務の執行が法に適合することを確保するための体制を整備していないと認められる状況にあるにもかかわらず、商先法施行規則102条の2第2号または3号に掲げる行為を行うこと

【受託契約準則等による禁止事項】

　受託契約準則は、受託についての禁止事項として、商品市場における取引につき次のものを定めている（東商取準則25条）。

①　取引の種類、上場商品構成品または上場商品指数の種類、限月、売付け・買付けの区別、新規・仕切りの区別、枚数、指値・成行きの区別、取引を行う日時および指値の場合はその値段といった東商取準則6条1項各号に掲げる事項の全部または一部についての顧客の指示を受けないでその委託を受ける行為

②　顧客の指示を受けないで、顧客の計算によるべきものとして取引する行為

③　東商取準則6条1項各号に掲げる委託の際の指示事項の全部または一部について包括的に委任を受けた代理人から委託を受ける行為

【日商協の自主規制規則による禁止事項】

　日商協の自主規制規則にも受託業務に関する禁止事項が定められており（たとえば「商品先物取引業務に関する規則」11条など）、商品先物取引業者および登録外務員は当然これらの規則等も遵守しなければならない。

3　のみ行為の禁止

　商品先物取引業者は、商品市場における取引等または外国商品市場取引等の委託を受けたときは、その委託に係る商品市場における取引等または外国商品市場取引等をしないで、自己がその相手方となって取引を成立させてはならない（法212条）。このような行為（のみ行為）が禁止される理由は、第1に、のみ行為が行われると委託者の注文が商品市場に出ないので、商品市場における公正な価格形成をゆがめることである。したがって、商品先物取引業者は委託者の注文を商品市場に参加させるべき市場集中義務を負う。第2に、商品取引所の定款に基づいて商品取引所に納付する定率会費は商品市場における取引等

の額を基礎に算定されるが、のみ行為が行われると、商品先物取引業者は定率会費の支払いを免れることである。第3に、無定見なのみ行為が行われると、商品先物取引業者の経営の健全性を害することである。

違反者は、1年以下の懲役もしくは100万円以下の罰金に処せられ、またはこれらが併科される（法363条8号）。なお、金商法では、2004（平成16）年の改正により、「取引所集中義務」が撤廃されたことに伴って、のみ行為の禁止も廃止された。

> **【のみ行為の私法上の効力】**
> 　「のみ行為」は、取次ぎという行為がないので、商品市場における取引等の効力がないのは当然である。しかし、委託者・商品先物取引業者の間の受託契約の私法上の効力は問題であり、東京高判昭和44・8・29高民集22巻5号637頁は、委託者の覚知しないのみ行為等によって成立した取引も、委託者と商品先物取引業者との間においては一応有効に成立し、それが商品取引所においてなされたとした場合に比し、委託者の経済的利益を害することが明らかな場合にのみその効力を否定すべきである、と判示した。

4　損失補てん等の禁止

⑴　商品先物取引業者・商品先物取引仲介業者・特定店頭商品デリバティブ取引業者の禁止行為

商先法214条の3は、商品デリバティブ取引について、商品先物取引業者の損失補てん・利益保証等を禁止する。

第1に、「損失保証」である。これは、商品デリバティブ取引について顧客に損失が生じることとなった場合には、自己または第三者がその損失の全部または一部を補てんするために当該顧客または第三者に財産上の利益を提供する旨を、商品先物取引業者が当該顧客またはその指定した者に対し、申し込み、もしくは約束し、または第三者に申し込ませ、もしくは約束させる行為をいう（法214条の3第1項1号）。

第2に、「利益保証」である。これは、商品デリバティブ取引についてあらかじめ定めた額の利益が生じないこととなった場合には、その不足額を補足するために当該顧客または第三者に財産上の利益を提供する旨を、商品先物取引業者が当該顧客またはその指定した者に対し、申し込み、もしくは約束し、ま

たは第三者に申し込ませ、もしくは約束させる行為をいう（同条同項同号）。

　第3に、「損失補てん」である。これは、商品デリバティブ取引について生じた顧客の損失の全部もしくは一部を補てんするために当該顧客または第三者に財産上の利益を提供する旨を、商品先物取引業者が当該顧客またはその指定した者に対し、申し込み、もしくは約束し、または第三者に申し込ませ、もしくは約束させる行為をいう（同条同項2号）。

　第4に、「利益追加」である。これは、商品デリバティブ取引について生じた顧客の利益に追加するために当該顧客または第三者に財産上の利益を提供する旨を、商品先物取引業者が当該顧客またはその指定した者に対し、申し込み、もしくは約束し、または第三者に申し込ませ、もしくは約束させる行為をいう（同条同項同号）。

　第5に、「利益提供」である。これは、商品デリバティブ取引について生じた顧客の損失の全部もしくは一部を補てんし、またはこれらについて生じた顧客の利益に追加するために、商品先物取引業者が当該顧客または第三者に対し、財産上の利益を提供し、または第三者に提供させる行為をいう（同条同項3号）。

　「損失保証」と「利益保証」は、将来の損失の発生または利益の不足に備えて、あらかじめ財産上の利益の提供の申込みや約束をしておく行為であるのに対して、「損失補てん」と「利益追加」は、そのような約束は事前にないが、実際に損失や利益の不足が生じた段階で、財産上の利益の提供の申込みや約束をする行為である。「損失保証」と「損失補てん」は、顧客に生じた損失の穴埋めを申し込みまたは約束をする行為であるのに対して、「利益保証」と「利益追加」は、利益が出たが十分でない場合に不足分を補うことを申し込みまたは約束をする行為である。「損失保証」「利益保証」「損失補てん」「利益追加」が財産上の利益の提供の申込みや約束をする行為であるのに対して、「利益提供」は、実際に財産上の利益を提供する行為である。

　かつては、顧客に対し、損失の全部もしくは一部を負担することを約し、または利益を保証して、その委託を勧誘してはならないとして、「損失保証」と「利益保証」のみが「不当勧誘行為」として禁止されていた。2007（平成19）年の商取法改正で、金商法（当時は証取法）と同様に、「損失補てん」「利益追加」「利益提供」が追加され、条文上は、それらとともに、「損失保証」と「利

益保証」も商品先物取引業者（当時の商品取引員）の「禁止行為」とされることになった。これらの行為が行われると、商品先物取引業者の中立性や公正性が損なわれることや、損失保証や利益保証があるときは、顧客が商品先物取引の危険性や相場の先行きについて十分に吟味しないで、安易に委託の勧誘に応じるおそれがあること、委託が顧客の真の投資判断に基づくとはいえず、商品市場における公正な価格形成を阻害することなどがその禁止の理由である。

商品先物取引仲介業者および特定店頭商品デリバティブ取引業者も同様である（法240条の17・349条3項）。

商品先物取引業者等がこれらの行為をした場合は、3年以下の懲役もしくは300万円以下の罰金に処され、またはこれらが併科される（法358条の2）。

損失補てん等の申込み・約束または利益提供が「商品取引事故」（法221条2項、規則112条1項）による損失の全部または一部を補てんするものであることにつき、商品先物取引業者があらかじめ所定の手続によって主務大臣の確認を受けた場合、その他主務省令で定める場合は、例外的に認められる（法214条の3第3項・5項、規則103条の3）。

主務大臣の確認を受けようとするときは、確認申請書および添付書類を主務大臣に提出しなければならず（法214条の3第5項、規則103条の5・103条の6）、商品先物取引協会の会員にあっては商品先物取引協会を経由しなければならない（法214条の3第3項、規則103条の4・103条の6）。商品先物取引仲介業者および特定店頭商品取引デリバティブ業者も同様の手続で適用除外を受けることができる（法240条の17、規則126条の21・126条の22・126条の23）。ただし、商品先物取引仲介業者にあっては所属商品先物取引業者が商品先物取引協会の協会員である場合には、当該所属商品先物取引業者を経由しなければならない（規則126条の20第3項但書）。

なお、例外として確認を要しない場合でも主務大臣への報告等が必要なものがある（法214条の3第3項、規則103条の3第3項）。

(2) 顧客の禁止行為

損失補てん等は、顧客が商品先物取引業者に強要して行わせる場合もあり得る。そこで、顧客は、自己が要求しまたは第三者に要求させて、「商品デリバティブ取引」（法2条15項）につき、商品先物取引業者または第三者との間で、①

230 第5章 商品先物取引の受委託

損失保証・利益保証の約束をし、または第三者にその約束をさせる行為、②損失補てん・利益追加の約束をし、または第三者にその約束をさせる行為、③損失補てん・利益追加のために、財産上の利益を受け、または第三者に財産上の利益を受けさせる行為をすることが禁止される（法214条の3第2項）。顧客が違反行為をした場合は、1年以下の懲役もしくは100万円以下の罰金に処され、またこれらが併科される（法363条9号）。

　顧客の要求による損失補てん等の禁止は、商品取引事故による損失の全部または一部を補てんするためのものである場合については、適用されない（法214条の3第4項）。

【金商法における損失保証・損失補てんなど】
　証取法も、かつては損失負担・利益保証を不当勧誘行為の1つとして禁止する規定を設けていた（1991（平成3）年改正前証取50条1項3号・4号）。しかし、バブル崩壊後、大手・準大手の証券各社が大口顧客の証券取引による損失を補てんしていたことが明るみに出て、社会の厳しい批判を受けた。その結果、1991（平成3）年の証取法改正により、事前に約束をする損失保証や利益保証だけでなく、あらかじめ約束をしていない損失補てんや利益追加、さらに損失補てんや利益追加のための利益提供も禁止されることとなった（旧証取50条（金商42条の2））。刑事罰も定められたが、その後の1997（平成9）年証取法改正により、3年以下の懲役もしくは300万円以下の罰金またはその併科まで引き上げられた（旧証取198条の2（金商198条の3））。同年の証取法改正に伴って旧証取法50条（金商39条）も改正され、損失保証・利益保証は不当勧誘行為からは除外されたので、旧商取法の禁止規定とは、だいぶ異なっていたが、商先法は損失保証・損失補てん等について金商法と同様の規定を設けた。

5　商品先物取引仲介業者・特定店頭商品デリバティブ取引業者の禁止行為

⑴　商品先物取引仲介業者の禁止行為

　商品先物取引仲介業者またはその代表者等が、当該商品先物取引仲介業者の業務に関し、次に掲げる行為を行うことにより顧客に損失を及ぼすものが禁止の対象となる（法240条の17・214条の3第3項、規則112条2項）。

① 委託者等の注文内容について確認しないで、当該委託者等の計算による商品デリバティブ取引の媒介を行うこと
② 取引の条件および商品市場における相場等に係る変動について顧客を誤認させるような勧誘をすること
③ 委託者等の注文の媒介において、過失により事務処理を誤ること
④ 電子情報処理組織の異常により、委託者等の注文の媒介を誤ること
⑤ その他法令に違反する行為を行うこと

(2) 特定店頭商品デリバティブ取引業者の禁止行為

特定店頭商品デリバティブ取引業者またはその代表者等が、特定店頭商品デリバティブ取引業者の業務に関し、次に掲げる行為を行うことにより顧客に損失を及ぼすものが禁止の対象となる（法349条3項・214条の3第3項、規則112条3項）。

① 過失または電子情報処理組織の異常により事務処理を誤ること
② その他法令に違反する行為を行うこと

6　商品投資顧問契約に係る業務における禁止行為

かつての商品ファンド法25条は、商品投資顧問業者が、いかなる名目によるかを問わず、その行う商品投資顧問業に関して、顧客から金銭もしくは有価証券の預託を受け、または当該商品投資顧問業者と密接な関係を有する者に顧客の金銭もしくは有価証券を預託させてはならないと規定して、金銭等の預託を受けて一任売買をすることを禁止していた。しかし、委託者にとっては、専門的な能力を有するものに投資判断および個々の取引を一任する方が、リスク・ヘッジを効率的に行えることもある。そこで、2009（平成21）年の同法の改正により、25条に但書が付け加えられて、商先法2条23項に規定する商品先物取引業者である商品投資顧問業者が、その行う商品先物取引業の顧客を相手方とするときは、この限りでないとされた（商品ファンド25条）。いわゆる「ラップ口座」を認めたのである。プロに投資を一任するという意味では「投資信託」に通じるものがあるが、投資信託が多数の投資者から少額の資金を集めて合同運用するのが基本であるのに対し、ラップ口座は、個人が数千万円以上出して、個人ごとの大まかな投資方針だけを決めてプロが運用するものであ

232 第5章 商品先物取引の受委託

る。しかし、ラップ口座が国民一般に理解されていないことや、ラップ口座に名を借りた一任売買の被害が増加するという懸念から、プロの顧客すなわち「特定委託者」および「特定当業者」に対してのみ、ラップ口座を提供できるものとしている（「商品投資顧問業者の業務に関する省令」15条の2）。

このように商品先物取引業者が商品投資顧問業務を兼業し、ラップ口座を提供するときは、利益相反行為の弊害が生じるおそれがある。そこでそのような弊害の防止のため、商品先物取引業者が商品投資顧問業務を兼業する場合には、商品投資顧問契約に係る業務に関する情報を利用して、自己の計算において商品デリバティブ取引を行い、または商品取引契約の締結を勧誘してはならないとしている（法214条の2第1号）。そのほか委託者等の保護に欠け、または取引の公正を害するものとして主務省令で定める行為が禁止されており（同条2号）、それを受けて、商品投資顧問契約に係る取引を結了させ、または反対売買を行わせるため、その旨を説明することなく当該商品投資顧問契約を締結している顧客以外の者に対して商品デリバティブ取引を勧誘する行為が禁止されている（規則103条の2）。これは、商品先物取引業者が市場価格よりも不当に有利な条件で自己の取引を結了させるのを防止するためである。

また商品ファンド法は、商品投資顧問業者が商品先物取引業を行う場合には、商品投資顧問契約を締結した顧客に対して、商品先物取引業による利益を図るため、その行う商品投資顧問業に関して取引の方針、取引の額または市場の状況に照らして不必要な取引を行うことを内容とした商品投資を行ってはならないとしている（商品ファンド28条の2第1号）。無用な手数料稼ぎを防止するためである。

7 不当勧誘等・説明義務違反と損害賠償責任

(1) 一体的不法行為論

実際の紛争の多くは、不当勧誘、一任売買、仕切り拒否等が複合している。委託者は、不当勧誘や一任売買等の場合に委託契約の効力を争っても敗訴することが多いため、最近では、外務員および商品先物取引業者の不法行為責任を追及することが多い。判例は、不当勧誘や一任売買等の場合、①委託契約自体は有効とし、②商品先物取引業者の手数料請求は信義則違反を理由に否定し、③外務員の不法行為責任（民709条）および商品先物取引業者の使用者責任

（民715条）を肯定して解決するのが一般的な傾向である。そして、不法行為の成否の基準として特に違法性の判断を重視し、個々の商先法違反や受託契約準則違反を問題にするのではなく、勧誘から取引方法までの一連の行為が全体として違法性を有し、不法行為を構成すると解している。委託契約自体を無効とするのではなく、不法行為と構成して問題を解決する場合は、過失相殺によって個々の事案に応じた妥当な解決が図れる点にメリットがある。このような判例の傾向からすれば、前述のように、誠実・公正義務や説明義務が定められたことにより、商品先物取引業者と顧客との紛争において、顧客側から商品先物取引業者の債務不履行責任や不法行為責任を追及しやすくなる効果が期待される。

【商品取引契約の効力と商品市場における取引の効力】

　商品取引契約がかりに無効であると解したとしても、その契約が有効であることを前提として行われた商品市場における取引の効力まで無効になるわけではない。顧客と商品先物取引業者間の商品取引契約と商品市場における取引の効力は、取引の安全の見地から分けて考えなければならないが、そのような場合に、商品市場における取引の効果を委託者に帰属させるのは適当ではない。したがって、商品先物取引業者は、委託手数料や取引によって生じた差損金を委託者に対して請求することはできない（最判昭和49・10・15金法744号30頁）。

【不当勧誘等と判例の傾向】

　1998（平成10）年法改正前の商取法94条（法214条）等の違反の受託契約を無効と解する学説もあったが、判例は有効説をとり、不法行為による解決を図っている。判例は、違法性の判断に当たって、商取法および受託契約準則による禁止行為とともに、取引所指示事項（不適格者等の勧誘禁止、両建玉の禁止、他人名義による売買の禁止、投機性等の説明義務、無意味な反復売買の禁止、過当な売買取引の要求の禁止など）や日商協の自主規制規則違反、新規委託者保護管理協定違反（20枚を超える建玉は社内審査を要する）等も含めて総合的に判断してきた。それも個々の商取法違反や受託契約準則違反を問題にするのではなく、勧誘から取引方法までの一連の行為が全体として違法性を有し、不法行為を構成すると解している（京都地判昭和43・11・26判タ234号206頁が不法行為構成による先駆的な判例である。そのほか札幌地判昭和55・3・28判時981号117頁、大阪地判昭和57・9・27金判670号40頁、名古屋高判昭和61・10・31判時1240号73頁、大阪高判昭和62・2・6判タ650号

234 第5章 商品先物取引の受委託

239頁、東京地判平成4・11・10判時1479号32頁ほか）。最高裁判例もこの
ような法律構成を認めている（最判平成7・7・4判例集未登載、消費者法
ニュース27号44頁、NBL590号60頁参照）。その際、商品先物取引や証券取
引の経験者か否かも大いに重視され、職業や学歴に言及したものもある（京都
地判昭和60・6・20判タ566号179頁、秋田地判平成元・3・14判タ701号
210頁ほか）。また過失相殺を認める判例が圧倒的に多く、たとえば、京都地
判昭和43・11・26判タ234号206頁は、先物取引の経験のない元教員につき、
初対面の外務員の言をたやすく信用したこと、契約書を熟読していないこと、
通常人より高い教養があることなどを理由に過失相殺を3分の1認めている。
その後の判例も、3割から5割程度の過失相殺を認めるものが多い（大阪高判
昭和62・2・6判タ650号239頁ほか）。しかし、先物取引の経験・知識のない
顧客が受託契約準則を一読して先物取引の仕組みを十分に理解するのはほとん
ど不可能であり、外務員の強引で執拗な勧誘を拒絶するのも実際にはなかなか
難しい。一般委託者が専門家である外務員の言葉を安易に信じたからといっ
て、その過失を認定するのは酷である。先物取引の経験のない顧客の勧誘や受
託に当たっては、外務員は十分な配慮が必要である。

(2) 説明義務違反等と金販法の準用

　商品先物取引業者は、商品取引契約を締結しようとするときは、あらかじめ
顧客に対して商品取引契約の概要等を記載した書面を交付するか、顧客の承諾
を得ていれば、書面に代えて電子メールなどによって当該書面に記載すべき事
項の提供をしなければならない（法217条）。それとともにその契約締結前交
付書面の記載事項について説明をしなければならない（法218条1項）。商品先
物取引業者が、顧客に対しこの説明義務を怠ったとき、または断定的判断を提
供したときは、これによって当該顧客の商品取引契約について生じた損害の賠
償責任を負う（同条4項）。

　従来、金販法は商品先物取引には適用されなかったが、商先法は、金販法6
条から9条までの規定を商品先物取引業者が行う商品取引契約の締結について
準用している（法220条の3）。不法行為責任（民709条）を追及するときは、
業者の説明がなかったこと、説明がなかったことと顧客の損害の因果関係、業
者の故意・過失について原告に立証責任があるので、顧客側の負担が大きい。
金販法では、顧客は、重要事項について説明をしなかったことまたは断定的判

断の提供等を行ったことと、元本欠損額を立証すれば、立証責任が転換され、元本割れとなっている額が損害額であると推定されるので（金販6条）、裁判の迅速化がはかられ、顧客保護が大幅に強化されている。なお、金販法の損害賠償責任の規定は民法の適用を排除するものではない（金販7条）。

【金販法における説明義務】

2000（平成12）年に制定された金販法は、金融商品販売業者等が金融商品の販売等に際し顧客に対して説明をすべき事項等および金融商品販売業者等が顧客に対して当該事項について説明をしなかったこと等により当該顧客に損害が生じた場合における金融商品販売業者等の損害賠償責任ならびに金融商品販売業者等が行う金融商品の販売等に係る勧誘の適正の確保のための措置について定めることにより、顧客の保護を図り、もって国民経済の健全な発展に資することを目的とする（金販1条）。

金融商品販売業者が説明義務を負う事項は、①当該金融商品の販売について金利、通貨の価格、金融商品市場における相場その他の指標に係る変動を直接の原因として元本欠損または当初元本を上回る損失が発生するおそれがあるときはその旨、当該指標および当該指標の変動を直接の原因として元本欠損または当初元本を上回る損失が発生するおそれを生じさせる当該金融商品の販売に係る取引の仕組みのうちの重要な部分（価格変動リスク）、②当該金融商品の販売について当該金融商品の販売を行う者その他の者の業務・財産の状況の変化を直接の原因として元本欠損または当初元本を上回る損失が発生するおそれがあるときはその旨、当該者および当該者の業務・財産の状況の変化を直接の原因として元本欠損または当初元本を上回る損失が発生するおそれを生じさせる当該金融商品の販売に係る取引の仕組みのうちの重要な部分（信用リスク）、③そのほか当該金融商品の販売について顧客の判断に影響を及ぼすこととなる重要なものとして政令で定める事由を直接の原因として元本欠損または当初元本を上回る損失が発生するおそれがあるときは、その旨、当該事由および当該事由を直接の原因として元本欠損または当初元本を上回る損失が発生するおそれを生じさせる当該金融商品の販売に係る取引の仕組みのうちの重要な部分、④当該金融商品の販売の対象である権利を行使することができる期間の制限または当該金融商品の販売に係る契約の解除をすることができる期間の制限があるときは、その旨（権利行使期間・解約期間の制限）である（金販3条）。

2006（平成18）年の金販法改正により、さらに断定的判断の提供等の禁止を定めている（金販4条）。

236　第5章　商品先物取引の受委託

(3)　勧誘方針の策定・公表と金販法の準用

　商先法220条の3が準用する金販法によると、金融商品販売業者等は、業として行う金融商品の販売等に係る勧誘をするに際し、その適正の確保に努めなければならない（金販8条）。金融商品販売業者等は、業として行う金融商品の販売等に係る勧誘をしようとするときは、あらかじめ、当該勧誘に関する方針を定め、速やかにこれを公表しなければならない。勧誘方針を変更したときも、同様である（金販9条）。したがって、商品先物取引業者も勧誘方針を策定し、これを公表しなければならない。

8　特定委託者・特定当業者

(1)　プロ・アマ区分による規制の柔構造化

　2009（平成21）年改正前の商取法では、顧客の属性にかかわらず、商品取引員の行為規制が一律に適用されていたが、商品デリバティブ取引に関する知識・経験・財産を有するいわゆるプロの投資家については、規制が過剰であり、過剰なコスト負担を強いることになっていた。そこで商先法は、顧客のプロ・アマ区分による規制の柔構造化を導入することにした。このような規制の在り方は、すでに2006（平成18）年の金商法で採用されていたところである。

(2)　特定委託者

　「特定委託者」は、商品デリバティブ取引と金融商品取引の双方を扱う者の利便性に配慮した区分であり、金商法の「特定投資家」（金商2条31項）と整合的である。「特定委託者」とは、①商品先物取引業者、②商品投資顧問業者、③商品デリバティブ取引に係る専門的知識および経験を有する者として主務省令で定める者、④国、⑤日本銀行、⑥商品取引所の会員等、⑦商品取引所に相当する外国の施設の会員等、⑧委託者保護基金その他の主務省令で定める法人をいう（法2条25項）。③は、金商法2条3項1号所定の「適格機関投資家」である（規則1条の5）。

> 【主務省令で定める法人】
> 　商先法2条25項8号の「主務省令で定める法人」とは、①委託者保護基金、②法人である特定店頭商品デリバティブ取引業者（法349条1項）、③特別の

法律により特別の設立行為をもって設立された法人、④金融商品取引業者、⑤第二種金融商品取引業者かつ商品投資販売業者である法人、⑥預金保険機構、⑦保険契約者保護機構、⑧特定目的会社、⑨金融商品取引所の上場株券の発行会社、⑩取引の状況その他の事情から合理的に判断して資本金の額が5億円以上であると見込まれる株式会社、⑪外国法人、である（規則1条の6）。

(3) 特定委託者・一般顧客間の移行

金商法の一般投資家と特定投資家には、相互に移行できるものと移行できないものがあるが、この点は商先法でも同様である。すなわち、上記(2)の①〜⑥は常に特定委託者すなわちアマに移行できるプロであるが、⑦⑧は、自己を特定委託者・特定当業者以外の顧客（「一般顧客」）として取り扱うように申し出ることができる、いわばアマに移行できるプロである（法197条の4第1項）。商品先物取引業者は、⑦⑧の特定委託者から最初に商品取引契約の申込みを受けた場合には、当該商品取引契約の締結までに、当該特定委託者に対し、当該特定委託者が一般顧客としての取扱いを受けるための申出ができる旨を告知しなければならない（法197条の3）。商品先物取引業者は、特定委託者からその申出を受けた場合には、申出を受けた後最初に商品取引契約の締結の勧誘または締結のいずれかを行うまでの間に、その申出を承諾し（法197条の4第2項）、あらかじめ承諾日、一般顧客として取り扱う旨等を記載した書面を交付しなければならない（同条3項）。この承諾および書面の交付がなされたときは、商品先物取引業者が承諾日以後に行う商品取引契約の締結の勧誘または締結について、申出者は一般顧客とみなされる（同条5項）。承諾を得た申出者は、商品先物取引業者に対し、商品取引契約に関して自己を再び特定委託者として取り扱うよう申出（「復帰申出」）をすることができるが（同条10項・11項）、復帰申出を行わない限り、一般顧客としての取扱いが継続する（同条13項参照）。

特定委託者、特定当業者、特定当業者への移行可能な当業者のいずれでもない法人顧客は、プロに移行できるアマであり、商品先物取引業者に対し、商品取引契約に関して自己を特定委託者として取り扱うよう申し出ることができる（法197条の5第1項）。商品先物取引業者がこの申出を承諾するには、申出者から書面による同意を得なければならない（同条2項）。申出が承諾されると、申出者は特定委託者として取り扱われることになり（同条4項）、「期限日」ま

でこの取扱いが継続する。申出者が何もしなければ、期限日後は一般顧客の取扱いに戻ることになるが、申出者が期限日までの間に、期限日後も自己を特定委託者として取り扱うよう申出（「更新申出」）をすることもできる（同条7項）。期限日は、承諾日から起算して1年を経過する日とされているが（同条2項）、商品先物取引業者が一定の日を期限日と定め、これを適切な方法で公表している場合には、すべての顧客に対して統一的な期限日を定めることが可能である（規則90条の7）。特定委託者として取り扱われることになった申出者は、期限日前であっても、自己を一般顧客として取り扱うよう申し出ること（「復帰申出」）ができ（法197条の5第10項）、商品先物取引業者は、復帰申出後最初に商品取引契約の締結の勧誘または締結を行うまでに、この復帰申出を承諾しなければならない（同条11項）。

　個人は、原則として、一般顧客であるが、知識、経験および財産の状況に照らして特定委託者に相当する者として主務省令で定める要件に該当するものに限り、特定委託者として取り扱うよう商品先物取引業者に申し出ることができる（法197条の6第1項）。個人の一般顧客が特定委託者へ移行する手続は、基本的に法人の一般顧客が特定委託者に移行する手続と同様であるが（同条2項以下）、個人顧客の保護のため、商品先物取引業者による確認がより厳重に行われるべきである（同条6項）。

【プロへの移行が可能な個人顧客】

　①～④の要件のいずれかを充たすものがプロへの移行可能な個人顧客である（規則90条の11）。

① 匿名組合の営業者である個人で、申出についてすべての匿名組合員の同意を得ており、当該匿名組合契約に基づく出資の合計額が3億円以上であること

② 民法上の組合の業務執行組合員である個人で、申出について他のすべての組合員の同意を得ており、当該組合契約に基づく出資の合計額が3億円以上であること

③ 有限責任事業組合の重要な業務執行の決定に関与し、かつ、当該業務を自ら執行する組合員である個人で、申出について他のすべての組合員の同意を得ており、当該有限責任事業組合契約に基づく出資の合計額が3億円以上であること

④　取引の状況その他の事情から合理的に判断して、承諾日における申出者の資産の合計額から負債の合計額を控除した額が3億円以上になり、一定の資産の合計額が3億円以上になると見込まれること、および申出者が最初に当該商品先物取引業者との間で申出に係る商品取引契約を締結した日から起算して1年を経過していること

(4)　特定当業者

「特定当業者」とは、①商品先物取引業者が行う商品取引契約の締結の勧誘の相手方、②商品先物取引業者に商品取引契約の申込みをする者、または、③商品先物取引業者と商品取引契約を締結する者であって、(ア)当該商品取引契約に基づく商品デリバティブ取引に係る取引対象商品のすべてについて、当該取引対象商品である物品またはこれに関連する物品として主務省令で定めるものの売買、売買の媒介・取次ぎ・代理、生産、加工または使用を業として行っているもののうち、主務省令で定める要件に該当する法人であって、特定委託者に該当しないもの、(イ)当該取引対象商品である電力の売買、売買の媒介・取次ぎ・代理その他主務省令で定める行為を業として行っているもののうち、主務省令で定める要件に該当する法人であって、特定委託者に該当しないもの、をいう（法2条26項）。要するに、当該商品取引契約に基づく商品デリバティブ取引に係る取引対象商品のすべてについて、当業者性だけでなく、(a)主務省令で定める要件を充足する法人であること、および(b)商品デリバティブ取引をヘッジ取引として利用した経験があること、が要件となる。しかし、要件を充たさない当業者であっても、商品先物取引業者に対し、商品取引契約に関して自己を特定当業者として取り扱うことを申し出ることができる（法197条の9第1項）。

当業者であっても、商品デリバティブ取引の経験がないものは、特定当業者への移行が可能な当業者である。特定当業者から一般顧客への移行手続は、特定委託者が一般顧客に移行する手続と基本的に同様であり（法197条の8第1項）、当業者である一般顧客が特定当業者に移行する手続は一般顧客から特定委託者への移行手続と同様である（同条2項・197条の4第2項〜13項）。

【特定当業者である法人の要件】

取引の状況その他の事情から合理的に判断して、当該法人が最初に商品先物

240 第5章 商品先物取引の受委託

取引業者との間で商品取引契約（取引対象商品が当業者である物品・電力等に限られる）を締結した日から起算して1年を経過していると認められることである（規則1条の9）。

(5) 特定委託者・特定当業者に対する行為規制の適用除外

特定委託者および特定当業者に対しては、以下の禁止行為等が適用除外となる。

第1に、広告等の規制（法213条の2）、委託または申込みしない意思を表示した顧客への勧誘の禁止（法214条5号）、勧誘を受ける意思の確認の義務（同条7号）、不招請勧誘の禁止（同条9号）、適合性の原則（法215条）は、商品先物取引業者が行う国内商品市場取引・外国商品市場取引・店頭商品デリバティブ取引の委託等（法200条1項2号～6号）の勧誘の相手方である顧客が特定委託者または特定当業者に該当する場合には、適用されない（法220条の4第1項1号・2項1号）。

第2に、委託者からの預託財産等の処分の制限（法209条）、両建ての勧誘の禁止（法214条8号）、商品取引契約の締結前の書面の交付（法217条）、説明義務（法218条）、取引態様の事前明示義務（法219条）、取引成立の通知（法220条）、取引証拠金等の受領書面の交付（法220条の2）、金販法の準用規定（法220条の3）は、商品先物取引業者が申込みを受け、または締結した商品取引契約の相手方である顧客が特定委託者または特定当業者に該当する場合には適用されない（法220条の4第1項2号・2項2号）。

第5節　委託者財産の保全

1　総　　説

(1) 委託者財産保全の必要性

商品先物取引業者は、商品市場における取引等の委託を受けるに当たり、委託者から証拠金等の預託を受ける。他人の財産を預かり、また委託された注文を商品市場において執行する際には、取引の直接の当事者となることからも、

商品先物取引業者の財産および経理の状況それ自体、常に健全でなければならない。万一、商品先物取引業者の倒産等の異常事態になれば、預り資産の回収を期待するのが困難となり、また商品市場における債務の不履行を引き起こし、その倒産による被害は広範に及ぶ可能性がある。そのような事態は、商品先物業界全体に対する社会の信用を失墜させる大きな原因ともなりかねない。特に委託者から預託された財産（証拠金等）については、いつでも返還できるように、万全の措置が講じられるべきである。そこで、商品先物取引業者の倒産等によって委託者が証拠金等や差益金を回収できないという事態を避けるために、委託者財産の保全を制度的に図る必要がある。

(2) 充用有価証券の預託

　証拠金として有価証券を預託することが認められている（法103条5項）。委託者からの注文においても証拠金として有価証券が預託されることが少なくない。このような有価証券を「充用有価証券」という。

　かつて充用有価証券を商品取引員が「運用」あるいは「再利用」できるか否かが争われた。この預託を消費寄託と考えれば同種同量の有価証券を返還すればよいだけの債権関係になるが、質権（根質権）の設定と考えれば、所有権は委託者にあり勝手な処分や運用はできないと解される。いずれにしても商品取引員が倒産等になった場合に、委託者が預託した有価証券を取り戻せるかどうかなど、トラブルの原因となりかねないところであった。

　商先法によれば、商品先物取引業者は、委託者等から預託を受けて、または委託者等の計算において自己が占有する物を委託者等の書面による同意を得ないで、商品取引契約の趣旨に反して、担保に供し、貸し付け、その他の処分をしてはならないとする（法209条1項）。違反者は、1年以下の懲役もしくは100万円以下の罰金に処され、またはこれが併科される（法363条8号）。商品先物取引業者は、商品市場における取引等の受託に関連して委託者等のために物品または有価証券を占有するが、これを委託の趣旨に反して使用するときは、委託者の利益が害されるおそれがあると解されたからである。もっとも、商品先物取引業者が占有する委託者等の財産を処分すること自体は、委託の趣旨に反しない限り可能である。ただし、委託者等の書面による同意が必要である（法209条2項）。

242　第5章　商品先物取引の受委託

【委託者の取戻権】
　商品先物取引業者を商法上の問屋（商551条以下）と解すれば、問屋は取引の相手方に対して自ら権利を取得し義務を負うので（商552条1項）、問屋が破産した場合、委託者は買付委託をした物品を問屋から取り戻す権利はないとの理解もありうる。しかし、判例・多数説は委託者が破産法上の取戻権を有すると解している（最判昭和43・7・11民集22巻7号1462頁ほか）。もっとも、買付物品の取戻しを認めても、取戻しの対象が特定されなければならないので、委託者が商品先物取引業者に預託していた委託証拠金等の金銭または有価証券の返還および取引による差益金の支払いを受けられない事態も生じる。したがって、委託者資産の完全分離保管が制度的に要請されるわけである。

2　委託者財産保全のための制度

(1)　分離保管制度の意義と機能

　商品先物取引業者は、商品先物取引業により生じた債務の弁済を確保するため、国内商品市場取引に関し、委託者から預託を受けた金銭、有価証券その他の物および委託者の計算に属する金銭、有価証券その他の物（「委託者資産」）の価額に相当する財産（「保全対象財産」）については、その保全のため、委託者保護基金に預託すること、商品先物取引業者の固有財産から分離して、信託会社等に信託すること、その他の主務省令で定める措置を講じなければならない（法210条1号）。また外国商品市場取引および店頭商品デリバティブ取引に関しても、委託者等から預託を受けた委託者資産について、商品先物取引業者の固有財産から分離して信託会社等に信託することその他の主務省令で定める措置を講じなければならない（同条2号）。

　この完全分離保管制度は、商品先物取引受託業務により生じた債務の弁済を確保するため、商品先物取引業者が商品市場における取引につき、委託者から預託を受けた財産や委託者の計算に属する財産について、その所在を明確にし、商品先物取引業者の自己資産との混同・流用を防止することをねらいとしたものである。委託者の計算に係る財産が商品先物取引業者のその他の財産と明確に区分されるので、商品先物取引業者が倒産状態に陥ったときでも、委託者が取り戻す財産を確保することが可能となる。

⑵　受託業務保証金

1967（昭和 42）年の商取法の改正により、委託者の債権保全のための制度として、「受託業務保証金制度」が導入された。これは、商品取引員がその倒産等の場合に委託者に提供できる最小限の担保として商品取引所に預託する保証金であった。このように、当初は、委託者が商品取引員に対して有する債権の保全という考え方で制度設計がなされていた。たとえば、1972（昭和 47）年に業界の自主団体として「商品取引受託債務補償組合」が設立されたが、これも受託債務（委託債権）についての補償を目的とする組織であった。もっとも、これは、基金総額 2 億円、最高補償限度額 5,000 万円とする任意組合にすぎず、委託者債権の保全措置としては全く不十分であった。そこで、1975（昭和 50）年の商取法の改正により、後述する「受託業務保証金制度」の強化を目的として、受託業務保証金の預託額の引上げがなされた。ただし、その保証金の額の引上げによって商品取引員の資金繰りの悪化が予想されるとされ、そのため、従来の「受託債務補償制度」を委託者債権の「指定弁済機関」による代位弁済制度として法制化し、それとともに、指定弁済機関と「基金弁済契約」を締結した商品取引員については、受託業務補償金の流動部分の預託率を引き下げることにより、負担の軽減を図った。指定弁済機関の指定は、上場商品ごとにすることも法的には可能であったが、このような業務は全商品取引員が共同で行うのが望ましいという理由から、1975（昭和 50）年に設立された「社団法人商品取引受託債務補償基金協会」が唯一の指定弁済機関として指定され、同協会が全上場商品についてまとめて弁済業務を行うことになった。

他方、委託者からの預託財産等についての保全の必要性も認識されるに至り、1990（平成 2）年の商取法の改正において、委託者財産の分離保管制度が導入され、1998（平成 10）年の商取法改正では、分離保管制度が取次業務に拡張された。

⑶　完全分離保管制度と委託者保護基金の創設

1990（平成 2）年の商取法の改正では、委託者資産の完全分離を求める、いわゆる「分別保管」制度が導入された。立法趣旨は、委託者資産の保全を充実強化し、商品取引員の営業姿勢の健全化および経営の近代化を図るためであったとされる。従来の実務を改めるべきであるというメッセージを感じる。もっ

とも、分離保管となる財産の範囲は、主務省令で定めるものとされ、分離保管の対象とならない財産の範囲は必ずしも明確ではなかった。

2004（平成16）年の商取法改正において、委託者が法律で義務付けられる証拠金を商品取引員に預託し、商品取引員はその一部を取引所に預託せずに手元で保管できるとする従来の制度を改め、委託者が取引の担保として預託する証拠金の確実な保全のため、委託者が法律で義務付けられる証拠金の全額を商品取引所または商品取引清算機関に直接預託する制度が創設された。そして、法律で義務付けられる証拠金以外の委託者からの預り資産については、商品取引員は手元に保管できるが（保管先の分離は未達成）、その際の分離保管義務を厳格化し、義務違反者に対しては罰則を導入した（法361条1号）。加えて、すでに述べた委託者資産保全に万全を期すための従来の「受託業務保証金」と「指定弁済機関」の制度に代えて、安全網（セーフティ・ネット）として「委託者保護基金」の制度が新設された。これは、委託者保護基金の会員である商品取引員の倒産などにより、一般委託者に対する委託者資産の返還に係る債務の円滑な弁済が困難であると認められるときに、一般委託者が委託者保護基金から所定の金額の支払いを受けられるようにしたものである。

⑷　分離保管等の措置
①　商品取引市場における取引に関する保全対象財産の分離保管等の措置
⒜　分離保管の方法

商品先物取引業者は商品先物取引業により生じた債務の弁済を確保するため委託者資産について、次のいずれかの措置を講じなければならない（法210条1号、規則98条）。

第1に、信託会社または信託業を営む金融機関に信託する契約を締結する方法である。信託契約は、商品先物取引業者を委託者とし、信託会社または信託業務を営む金融機関を受託者とし、商品市場における取引等の委託者を元本の受益者とするとともに、当該商品先物取引業者の役職員のうちから指定された者および当該商品先物取引業者が加入している委託者保護基金を受益者代理人とすることが必要である。ただし、当該商品先物取引業者が商先法304条の「通知商品先物取引業者」になったときは、委託者保護基金が特に認める場合を除き、委託者保護基金のみが受益者代理人となる。信託財産の運用は原則と

して金銭信託に限定される（規則98条1項1号）。

第2に、委託者保護基金に預託する方法である（同条同項2号）。

第3に、銀行・保険会社などの金融機関に対し、委託者債務の弁済に必要な額の全部または一部を委託者保護基金に支払うことを委託する契約（「保証委託契約」）を締結する方法である。この場合、あらかじめ金融機関が委託者保護基金に支払うべき「支払保証限度額」を定めておかなければならない（同条同項3号）。

第4に、委託者保護基金に対し、商品先物取引業者が委託者債務の全部または一部を当該商品先物取引業者に代わって弁済することを委託する代位弁済委託契約を締結する方法である。この場合、あらかじめ「代位弁済限度額」を定めておく必要がある（同条同項4号）。

(b) 分離保管措置の対象外となる財産

分離保管措置の対象外となる財産（「分離保管等対象外財産」）は、次に掲げるものの価額の合計額に相当する金銭、有価証券その他の物である（法210条1号、規則97条1項）。それらは、第1に、「委託者未収金」（同条同項1号）であり、本来、委託者が支払うべき損失額を商品先物取引業者が商品取引清算機関に立替払いしていた部分であり、これを分離保管することは実質的には他の委託者財産を分離して保管することになるからである。同様に、委託者の計算による商品市場における決済未了取引に係る差損金（同条同項5号）がある。第2に、すでに商品取引所または商品取引清算機関に預託されて保管されていることから、ことさら分離保管を必要としないものである。具体的には取引証拠金（同条同項2号・4号）、委託証拠金（同条同項3号）、委託者の計算による商品市場における取引に係る受渡しの決済のために商品取引所または商品取引清算機関に預託されている金銭、有価証券その他の物（同条同項6号）である。

② 外国商品市場取引および店頭商品デリバティブ取引に関する保全対象財産の分離保管等の措置

(a) 分離保管の方法

商品先物取引業者は、委託者等の区分に応じ、次のうちのいずれかの措置を講じることによって、委託者財産を保全しなければならない（法210条2号、規則98条の3）。

第1に、個人委託者等は、信託会社または信託業務を営む金融機関に信託す

る契約を締結する。信託契約は、商品先物取引業者を委託者とし、信託会社または信託業務を営む金融機関を受託者とし、「特定行為」（外国商品市場取引の受託など。法2条22項3号〜5号）に係る個人委託者等を元本の受益者とするとともに、受益者代理人を選任することが必要である。受益者代理人のうち少なくとも1人は弁護士・弁護士法人、公認会計士・監査法人、税理士・税理士法人などであることが求められる。また、その信託財産の運用は金銭信託とし、有価証券等の保有、金融機関等への預金または貯金、コールローン、受託者である信託業務を営む金融機関に対する銀行勘定貸、信託業務を営む金融機関への金銭信託で元本補てん契約のあるものに限られる。また、弁護士等である受益者代理人が必要と判断した場合には、個人委託者等の受益権が弁護士等である受益者代理人によりすべての個人委託者等について一括して行使される（規則98条の3第1項1号）。なお、商品先物取引業者が「特定信託」（商品先物取引業者が個人委託者等を相手方とし、または個人委託者等のために行う「特定行為」に係る信託）の措置を講じる場合には、「個別特定信託必要額」および「特定信託必要額」を毎日計算しなければならない（同条2項）。

　第2に、個人委託者等以外の委託者等は、金融機関等への預金または貯金、元本の補てんの契約をした金銭信託または信託会社等への金銭信託で信託財産が安全に運用されるものである信託契約の締結、カバー取引の相手方等への預託、媒介等の相手方への預託を行うことができる（同条1項2号）。カバー取引の相手方等への預託または媒介等の相手方への預託を行う場合には、他の商品先物取引業者等に預託した金銭、有価証券その他の物について、定期的にその価額の確認を行わなければならない（同条3項）。

　第3に、上記の各措置とは別に、商品先物取引業者は、外国商品市場取引および店頭商品デリバティブ取引に関し、委託者等から有価証券等の預託を受けた場合には、自己の固有財産と区分して管理することができる（同条4項）。

　⒝　**分離保管の対象外となる財産**

　分離保管措置の対象外となる財産（「分離保管等対象外財産」）は、次に掲げるものの価額の合計額に相当する金銭、有価証券その他の物である（法210条2号、規則98条の2第1項）。

　①外国商品市場取引については、外国において国内商品市場における委託者等未収金などに相当するもの（同条同項1号）である。他方、②店頭商品デリ

バティブ取引について、預金等の受入れを行う金融機関である場合には委託者等から受け入れた預金等、委託者等未収金等、委託者等の計算による店頭商品デリバティブ取引であって決済を結了していないものに係る差損金、③商品先物取引業者が委託者等との間において「一括清算」（「金融機関等が行う特定金融取引の一括清算に関する法律」2条6項参照）の約定をした基本契約書に基づき店頭商品デリバティブ取引を行っている場合には、当該委託者等に一括清算事由が生じた場合に当該基本契約書に基づいて行われている特定金融取引について当該一括清算事由が生じた時における評価額、契約により商品先物取引業者が消費できる有価証券である（規則98条の2第1項2号）。

⑸　分離保管等に関する報告

　商品先物取引業者は、分離保管等に関する契約を締結しまたは変更したときは、遅滞なく契約書の写しを主務大臣に提出しなければならない（規則98条2項本文）。ただし、信託契約の変更のときは、信託会社等が発行する残高証明書を添付しなければならない（同条同項但書）。商品先物取引業者は当該契約を解除しようとするときは、その30日前にその旨を主務大臣に届け出ることが義務付けられている（同条3項）。商品先物取引業者が分離保管義務を遵守しているか否かを主務大臣が確認するためである。

第6節　委託者保護基金制度

1　委託者保護基金の創設

　委託者保護基金は、2004（平成16）年の商取法改正により、「一般委託者支払」（いわゆる「ペイオフ弁済」）その他の業務を行うことにより、委託者の保護を図り、商品市場に対する信頼性を維持することを目的（法270条）として新設されたものである。同基金の創設により、従来の「受託業務保証金」と「指定弁済機関制度」は廃止された。同改正法により新たに設立された「日本商品委託者保護基金」（日商基金）は、従前の指定弁済機関だった「社団法人商品取引受託債務補償基金協会」の解散を受けて、同改正法附則により、その資産を承継して設立されたものである。委託者保護基金は、商先法に基づく法人

248　第 5 章　商品先物取引の受委託

（認可法人）として、その名称中に「委託者保護基金」という文字を用いなければならず（法 272 条 1 項）、委託者保護基金でない者がその名称中に「委託者保護基金」という文字を用いてはならない（同条 2 項）。これに違反した場合には、6 月以下の懲役もしくは 50 万円以下の罰金に処され、または併科される（同条同項・367 条 1 号）。2011（平成 23）年以降、日商基金は非課税の取扱いを受けている。

2　委託者保護基金の設立手続

委託者保護基金を設立するには、20 人以上の商品先物取引業者（国内商品市場に関わる業者に限られる（法 269 条 1 項））が発起人となり、創立総会において定款・業務規程その他設立に必要な事項を議決しなければならない（法 278 条）。発起人は、創立総会終了後遅滞なく、基金の名称、純資産額、事務所の所在地、役員の氏名・住所、会員の商号を記載した認可申請書を作成し、これに定款、業務規程、創立総会議事録、会員名簿等を添付して（規則 134 条）主務大臣に提出し、設立の認可を受けなければならない（法 279 条）。主務大臣は設立認可の申請が法定の基準に合致していると認めるときは、設立を認可しなければならない（法 280 条）。

【認可基準】
　①設立の手続および定款、業務規程の内容が法令に適合していること、②認可申請書・定款・業務規程に虚偽の記載がないこと、③役員のうちに法定の欠格事由（法 15 条 2 項 1 号イ〜ル）に該当する者がいないこと、④純資産額が 30 億円以上であること、⑤業務の運営が適正に行われることが確実であると認められること、⑥組織が法の規定に適合するものであること
【定款の絶対的記載事項等】
　委託者保護基金の定款には、目的、名称、事務所の所在地、会員資格、会員の加入および脱退、会員に対する監査および制裁、総会関連事項、役員関連事項、運営審議会関連事項、財務会計関連事項、定款変更関連事項、解散関連事項、公告の方法を記載しなければならない（法 283 条 1 項）。定款変更は主務大臣の認可を受けなければ効力を生じない（同条 2 項）。役員の氏名および住所ならびに会員の商号に変更があったときは、遅滞なく、主務大臣に届け出なければならない（同条 3 項）。

設立の認可があったときは、発起人は、遅滞なく、その事務を理事長に引き継がなければならない（法281条）。委託者保護基金は、主たる事務所の所在地において設立登記することで成立する（法282条1項）。委託者保護基金は、登記後遅滞なく、その旨を主務大臣に届け出なければならない（同条2項）。設立の不認可の場合には、会員商品取引所の設立不許可の場合に関する規定が準用される（法280条2項）。

3　会　　員

委託者保護基金の会員は、国内商品市場の取引等に係る商品先物取引業者に限られる（法275条1項）。国内商品市場の取引等に係る商品先物取引業者は、委託者保護基金に加入しなければならない（法276条1項。加入義務）。現在、「日本商品委託者保護基金」（日商基金）のみが認可されているので、商品先物取引業者はすべて、日商基金に加入しなければならないことになる。新たに国内市場の取引等に係る商品先物取引業者になろうとする者は、商品先物取引業者としての許可申請に「先立つて」、委託者保護基金への加入手続を行わなければならない（同条2項）。加入手続をとった後に商品先物取引業者の許可がなされた時点で、その者は委託者保護基金の会員となる（同条3項）。委託者保護基金の会員である商品先物取引業者は、商品先物取引業の許可が取り消され（法235条3項・236条1項）、または失効したときに（法190条2項・197条2項）、委託者保護基金を当然に脱退するが（法277条1項）、許可の取消し・失効または廃業等以外の事由による脱退は認められない（同条2項）。商品先物取引業者には加入義務があるからである。一定の場合には、委託者保護基金は、脱退会員に対して費用負担金を請求することができる（同条4項）。

4　組　　織

委託者保護基金の組織に関しては、会員商品取引所の組織に類似する規律が設けられている。

委託者保護基金は、役員として、理事長1人、理事2人以上および監事1人以上を置かなければならない（法284条）。日商基金の役員は、定款において、理事長1人、理事2人以上10人以内、監事1人以上2人以内となっている（日商基金定款31条1項）。理事長は、委託者保護基金を代表し、その業務を総理

する（法285条1項）。理事は、定款で定めるところにより、委託者保護基金を代表し、理事長を補佐して委託者保護基金の業務を掌理し、理事長に事故があるときはその職務を代理し、理事長が欠員のときにはその職務を行う（同条2項）。委託者保護基金の業務の執行は、原則として理事長および理事の過半数で決する（同条3項）。そして、監事は、委託者保護基金の業務を監査する（同条4項）。役員の選任または解任は総会で決められ（法286条1項本文）、任期は2年以内において定款で定められた期間（同条3項）であり、再任が可能である（同条4項）。役員の選任および解任は、主務大臣の認可を受けなければ効力を生じない（同条2項）。

委託者保護基金の業務の適正な運営を図るために運営審議会が設置される（法296条1項）。理事長は、次の事項についてあらかじめ運営審議会の意見を聴かなければならない（同条2項）。すなわち、①一般委託者債務の円滑な弁済が困難であるかどうかの認定を行う場合、②認定に基づき債権の届出を受けるための公告事項を定める場合、③返還資金融資を行うかどうかを決定する場合、④その他委託者保護基金の業務の運営に関する重要事項を決定する場合、である。運営審議会の委員は8人以内で（同条3項）、委託者保護基金の業務の適正な運営に必要な学識経験を有する者から、主務大臣の認可を受けて、理事長が任命する（同条4項）。商先法上、任期の定めはないが、日商基金の運営審議会の委員の任期は、定款において、2年となっている（日商基金定款47条1項）。

委託者保護基金の役職員および運営審議会の委員に対する刑法その他の罰則の適用については、「法令により公務に従事する職員」とみなされる（法299条）。役職員等またはこれらの職にあった者は、職務に関して知り得た秘密の漏えいまたは盗用をしてはならず、委託者保護基金の業務の用に供する目的以外に利用してはならない（法298条）。

5　財務および会計

委託者保護基金は、その事業年度を原則として4月1日から翌年3月31日までとし（法316条1項本文）、一般委託者支払に係る「委託者保護資金勘定」、保全対象財産の預託の受入れおよび管理に係る「保全対象財産勘定」、迅速な弁済に資するための業務の1つである代位弁済委託契約に係る「委託者債務代

位弁済勘定」および「一般勘定」の4区分で経理しなければならない（同条2項、規則140条1項）。委託者保護基金は、毎事業年度開始前に予算および資金計画を作成し、当該事業年度の開始前に主務大臣に提出しなければならない（法317条前段）。変更の場合も同様である（同条後段）。委託者保護基金は、毎事業年度の開始の日から3カ月以内に、前事業年度の財産目録、貸借対照表、損益計算書、事業報告書および決算報告書を作成し、監事の意見書を添付し、主務大臣に提出して承認を受けなければならない（法318条1項・2項）。主務大臣の承認を受けた財務諸表等は、委託者保護基金の事務所に備え置かれ、公衆の縦覧に供される（同条3項）。

委託者保護基金は、その業務上の余裕金および委託者保護資金を、国債等の有価証券保有、主務大臣が指定する金融機関への預金、信託業務を営む金融機関への信託以外の方法で運用してはならない（法320条、規則153条）。

6　主務大臣の監督

主務大臣は、必要に応じ委託者保護基金とその会員に対し、業務・財産に関し報告または資料の提出を命じることができ、また職員に、事務所等に立ち入り、帳簿、書類等を検査させることができる（法322条1項）。主務大臣は、公益または委託者保護のために必要かつ適当と認める場合は、委託者保護基金に対し、定款、業務規程の変更その他、業務に関して監督上必要な命令をすることができ（法323条）、委託者保護基金が、法令、法令に基づく行政官庁の処分や定款、業務規程に違反した場合、業務・財産の状況により業務の継続が困難であると認める場合において、公益、委託者保護に必要かつ適当であると認めたとき、その設立の認可を取り消すことができる（法324条）。

7　解　　散

委託者保護基金は、総会の議決または設立認可の取消しにより解散する（法325条1項）。総会の議決による解散の場合には、主務大臣の認可を受けなければ、解散の効力は生じない（同条2項）。解散する場合の清算人は、総会の議決による場合は総会で、認可の取消しの場合は主務大臣により、選任される（法326条）。清算人は、委託者保護基金の債務を弁済してなお残余財産がある場合には、他の委託者保護基金に帰属させなければならない（法327条1項）。

252 第5章 商品先物取引の受委託

8 業 務

委託者保護基金の業務は、①一般委託者支払（いわゆるペイオフ弁済）、②返還資金融資、③保全対象財産の預託の受入れおよび管理、④一般委託者債務の迅速な弁済に資するための業務、⑤一般委託者の債権の実現を保全するために必要な一切の裁判上または裁判外の行為、⑥負担金の徴収および管理、および⑦これら業務に附帯する業務に限られる（法300条）。

委託者保護基金は、その業務規程において、業務およびその執行に関する事項および負担金に関する事項その他主務省令で定める事項を記載しなければならない（法301条1項）。主務省令で定める事項は、①一般委託者支払、②補償対象債権の取得、③資金の貸付け、④保全対象財産の預託の受入れおよび管理、⑤一般委託者債務の迅速な弁済に資するための業務、⑥一般債権者の債権保全のために必要な裁判上・裁判外の行為に関する事項、⑦その他必要と認める事項である（規則135条）。

(1) 委託者資産の分別保管

委託者保護基金の主たる業務は、委託者資産を保護する業務である。

商品先物取引業者は、「保全対象財産」を以下の「委託者資産保全措置」により保全しなければならない（法210条1号）。商品先物取引業者が委託者から預託を受けた委託者資産の価額に相当する保全対象財産は、当該商品先物取引業者から委託者保護基金に預託することができる（法309条）。その場合、委託者保護基金は、主務省令で定める方法で、当該保全対象財産を管理する（規則137条。なお規則98条1項2号）。

委託者保護基金は、その委託者資産保全措置である、①信託契約、②委託者保護基金への預託契約、③銀行等保証、④代位弁済委託契約の各措置について、以下のように関与する。

① 「信託契約」の場合

当該商品先物取引業者の役職員のうちから指定された者とともに、信託の受益者代理人となる（規則98条1項1号ロ）。特に、当該商品先物取引業者が「通知商品先物取引業者」になった場合は、原則として、委託者保護基金のみが受益者代理人となる（同号ハ）。信託契約の全部または一部を解約する場合は、

解約事由が限定されるとともに、いずれの場合も、あらかじめ委託者保護基金の承認を受ける必要があるとされ（同号ヘ）、信託契約の変更は、あらかじめ委託者保護基金の承認を受けたときでなければ、行うことができない（同号ト）。また信託契約に係る元本の受益権の行使については、委託者保護基金が取引委託者に対する委託者資産の返還に係る債務の円滑な弁済のために必要と判断した場合には、すべての取引委託者について一括して行使される（同号チ）。信託契約は、その他委託者保護基金が業務規程で定める要件を充たさなければならない（同号リ）。

【日商基金業務規程が定める要件】
　日商基金は、その業務規程で「虚偽申告その他不正な方法により指定信託契約の全部又は一部の解約を行おうとしたときは、受益者代理人である基金は、その全部又は一部の解約を拒否することができること」とする（日商基金業務12条9号）。

②　委託者保護基金への「預託契約」の場合

　委託者保護基金が「預託契約」（「分離保管弁済契約」）を締結するには、次の要件を充たさなければならない（規則98条1項2号、日商基金業務13条・15条〜23条参照）。すなわち、①有価証券の価額は時価とすること（規則98条1項2号イ）、②預託した財産の払出しを行える事由を限定すること（同号ロ）、③「通知商品先物取引業者」になった場合その他委託者保護基金が当該商品先物取引業者の有する委託者債務の円滑な弁済のために必要と判断した場合には、当該預託財産を委託者保護基金が弁済財源に充てることができること（同号ハ）。この場合、当該商品先物取引業者は、委託者保護基金が弁済財源に充てた後の残余財産についてのみ払出しを行うことができる（同号ニ）。④その他委託者保護基金が業務規程で定める要件に従うこと（同号ホ）、である。

【認められる払出し事由】
　①預託財産が預託必要額（保全対象財産の額から他の保全措置額を控除した額）を超過する場合に、その超過額の範囲内での払出し、②他の保全措置に変更するための払出し、③委託者の取引証拠金として商品取引所または商品取引清算機関に預託するための払出し、④委託者の取引差損金または受渡し決済代

金の支払いのための払出し、⑤委託者へ返還するための払出し、⑥委託手数料その他商品先物取引業者の委託者に対する権利を行使するための払出し、の6つの事由に限定される（規則98条1項2号ロ）。

【日商基金業務規程が定めるその他の要件】

業務規程には、①商品先物取引業者が虚偽申告または不正な方法により払出しを行おうとするときは、日商基金はその払出しを拒否できる旨、②委託者債務の弁済のため、必要がある場合は、日商基金が払出しを制限することができる旨、③商品先物取引業者は、基金預託財産の返戻請求権を、他に譲渡し、または担保に供することができない旨、④分離保管弁済契約が解除された場合には、基金分離預託契約を解除することができる旨、が定められている（日商基金業務13条1項8号～11号）。

③ 「銀行等保証」の場合

委託者保護基金は、金融機関（銀行、株式会社商工組合中央金庫、信用協同組合、信用金庫、農林中央金庫、業として預金または貯金の受入れをすることができる農業協同組合および農業協同組合連合会、信託会社、保険会社）に対し、委託者債務の弁済に必要な額の全部または一部を委託者保護基金に支払うことを委託する（保証委託）内容の契約を締結することができる（規則98条1項3号）。その場合、次の要件を充たさなければならない。①保証委託契約の解除または変更は、あらかじめ委託者保護基金の承認を受けたときでなければ行ってはならないこと（同号ロ）、②あらかじめ金融機関が委託者保護基金に支払うべき額の限度額を定めること（同号ハ）、③委託者保護基金が商品先物取引業者の有する委託者債務の円滑な弁済のために必要と判断した場合、金融機関に対し、支払保証限度額を限度として、当該委託者債務の弁済に必要と認められる額を委託者保護基金に支払うことを指示することができること（同号ニ）、④その他業務規程で定める要件（同号ホ）、である。

④ 「代位弁済委託契約」の場合

委託者保護基金は、委託者保護基金に対し、商品先物取引業者が有する委託者債務の全部または一部を当該商品先物取引業者に代わって弁済することを委託することを内容とする契約（「代位弁済委託契約」）を締結することができる（規則98条1項4号）。その場合、次の要件を充たさなければならない。すなわち、①契約の解除または変更は、あらかじめ委託者保護基金の承認を受けなけ

れば行ってはならないこと（同号イ）、②あらかじめ委託者保護基金が代位弁済を行うべき額の限度額を定めること（同号ロ）、③委託者保護基金が商品先物取引業者の有する委託者債務の円滑な弁済のために必要と判断した場合に代位弁済限度額を限度に当該商品先物取引業者に代わって当該委託者債務を弁済するものであること（同号ハ）、④その他委託者保護基金が業務規程で定める要件（同号ニ）、である。

【日商基金業務規程が定める要件】

　日商基金は、その業務規程において、①代位弁済支払いの合計額が代位弁済積立金の残高を超えるときは、代位弁済支払いの合計額は代位弁済積立金の残高を限度とすること（日商基金業務55条1項2号）、②代位弁済を行った場合には、日商基金は代位弁済支払額を当該商品先物取引業者に対して求償し得ること（同条同項3号）、等を定めている。

⑵　一般委託者の債権の保全

　委託者保護基金は、「通知商品先物取引業者」の一般委託者の委託を受けて、当該一般委託者のため、当該一般委託者が当該通知商品先物取引業者に対して有する債権の実現を保全するために必要な一切の裁判上または裁判外の行為をすることができる（法300条5号・311条1項）。その場合、委託者保護基金は、一般委託者のために、公平かつ誠実にその行為をしなければならず（法311条2項）、当該一般委託者に対して、善良な管理者の注意をもってその行為をしなければならない（同条3項）。

⑶　弁済等の業務

①　委託者保護基金への通知

　商品先物取引業者は、商品先物取引業の許可を取り消されたとき、商品先物取引業の許可が効力を失ったとき、破産手続開始、再生手続開始、更生手続開始または特別清算開始の申立てを行ったとき、商品先物取引業を廃止もしくは解散したとき、または廃止もしくは解散の公告をしたとき、業務または財産の状況に照らし支払不能に陥るおそれがあるとして、主務大臣より商品先物取引業の停止命令を受けたとき、商品取引所または商品取引清算機関に対する、金

256 第5章 商品先物取引の受委託

銭債務、決済のための受渡しに係る債務を履行しなかったとき、手形交換所による取引停止処分を受けたときは、直ちにその旨を委託者保護基金に通知しなければならない（法303条1項、令42条）。このような商品先物取引業者を「通知商品先物取引業者」という。当該通知をせず、または虚偽の通知をした場合は、1年以下の懲役もしくは300万円以下の罰金に処し、または併科される（法362条13号）。委託者保護基金は、この通知を受けたときは直ちに主務大臣に報告しなければならず、主務大臣は、許可を取り消し、業務または財務状況に照らし業務停止を命じたとき、許可の効力が失われたときその他必要と認めたときは、その旨を委託者保護基金に通知しなければならない（法303条2項・3項）。

② 弁済難易度の認定

委託者保護基金は、商品先物取引業者または主務大臣より通知を受けた場合には、委託者保護に欠けるおそれがないことが明らかである場合を除き、当該通知商品先物取引業者について、一般委託者に対する委託者資産の返還に係る債務（「一般委託者債務」）の円滑な弁済が困難であるかどうかの「認定」を遅滞なく行わなければならない（法304条）。実務では、日商基金は、その業務規程に基づき、「弁済難易度」を区分し、(i)自主弁済案件、(ii)分離保管弁済案件、(iii)弁済困難の3種類としている（日商基金業務31条）。日商基金は、通知商品先物取引業者の通知を受けた場合には、直ちに当該通知商品先物取引業者に対する立入監査等により、当該業者の分離保管状況その他の財務状況を確認、把握し、それに基づき運営審議会の意見を聴いたうえで、上記(i)～(iii)のいずれに当たるかを認定する（同29条1項・30条1項）。認定結果は、主務大臣に報告されるとともに、当該通知商品先物取引業者・信託機関・保証金融機関・商品取引所等に通知される（同条3項）。認定を受けた通知商品先物取引業者を「認定商品先物取引業者」という（法305条2項）。

(i) 自主弁済案件

自主廃業する場合その他経営が破綻していない場合、一般債権者等との競合がなく、通知商品先物取引業者の分離保管財産であって委託者に弁済されることが確実なものの価額（「有効分離保管額」）から保証金融機関より保証支払を受ける額および「基金代位弁済支払」の額を除いたもの、および当該通知商品先物取引業者が自己資産により自主的に「算定対象債権額」（委託者が商品市場

の取引等につき通知商品先物取引業者に対し有する債権額から当該業者に対し負っている債務の額を控除して得た額のうち、当該委託者が商品取引清算機関に対して有する取引証拠金の返還請求権の額を控除した額）の見込額のすべてを弁済することが可能であると明らかに認められる場合には、日商基金は「自主弁済案件」と認定し（日商基金業務31条1項1号）、当該通知商品先物取引業者が作成し日商基金が認定した「自主弁済計画」に従った処理が行われる（同44条・45条）。

(ⅱ)　**分離保管弁済案件**

　一般委託者が存在しないと明らかに見込まれる場合、および有効分離保管額により算定対象債権額見込額のすべてを弁済することが可能であると明らかに認められる場合（自主弁済案件を除く）には、日商基金は「分離保管弁済案件」と認定し（日商基金業務31条1項2号）、日商基金が作成した「弁済計画」に従って処理が行われる（同40条～43条）。

(ⅲ)　**弁済困難案件**

　上記(ⅰ)または(ⅱ)以外の場合には、日商基金が「弁済困難」と認定し（法304条）、日商基金が作成した「弁済計画」に従って処理が行われる（日商基金業務40条～43条）。

　なお、商先法304条に規定されている「委託者の保護に欠けるおそれがないことが明らかであると認められるとき」について、日商基金は事務的に状況を判断して、「自主弁済案件」と認定している。また、同条に規定されている「円滑な弁済が困難であるかどうかの認定」についても、日商基金は、2段階で認定し、(a) 保全措置された分離保管（保全対象）財産により全委託者債権に対して弁済が完了すると判断される案件を「分離保管弁済案件」、(b) それ以外の案件を「弁済困難」として処理し、後述の「一般委託者支払」であるペイオフ弁済案件とは区分して認定する運用を行っている。

　なお、「分離保管弁済案件」で、「一般委託者が存在しないと明らかに見込まれる場合」と規定しているのは、一般委託者が存在しなければ、弁済困難であっても法で規定されている「一般委託者支払」が発生することがないからである。

③　**認定の公告**

　委託者保護基金は、一般委託者債務の円滑な弁済が困難と認定した場合に

258　第5章　商品先物取引の受委託

は、かかる認定につき、所定の公告をしなければならない（法305条1項）。公告する事項は、届出期間、届出場所、認定商品先物取引業者の商号または名称、請求の方法、支払金額の支払期間、支払場所、支払方法、必要書類等であり（同項、令43条）、実務上、「分離保管弁済案件」の場合を考慮して、「分離保管弁済限度額等」を公告に記載することとしている（日商基金業務36条）。

④　一般委託者支払（ペイオフ弁済案件）

(i)　意　義

委託者保護基金は、業者が破綻した場合や廃業する場合に、「一般委託者支払」に至るまでに業者の保有資産で全委託者債権を弁済できるときは「自主弁済案件」として処理し、業者が保全措置をした分離保管資産で全委託者の債権を弁済する「分離保管弁済」を行い、かりに分離保管弁済で委託者の債権が完済できないとき、つまり弁済が困難な状況に陥っていたときに、「一般委託者」に対してのみ、1000万円を限度としてペイオフ弁済（一般委託者支払）として処理する（法306条・307条、令47条）。

ここに「一般委託者」とは、国内商品市場に係る商品先物取引業者の国内の営業所または事務所の顧客であって国内商品市場における取引等を委託した者のうち、商品先物取引業者、金商法の定める適格機関投資家、商品投資顧問業者、国、日本銀行、委託者保護基金および外国の法令上これらに相当する者、および主務大臣が指定した者を除いた委託者をいう。日本国内の営業所の顧客であれば居住地、国籍を問われることはない（法269条1項、令41条）。なお、「主務大臣が指定した者」とは、金商法2条9項に規定する金融商品取引業者であって、商品ファンド法35条に規定する商品投資販売業者である者および外国の法令上これに相当する者である（平成22・10・15農水・経産告示4号）。

その他、商品先物取引業者Aがその一般委託者Bの計算において他の商品先物取引業者Cに対して、商品市場における取引等を委託しまたは商品清算取引の委託の取次ぎを委託した場合には、AをCの「一般委託者」とみなすとされている（法269条2項）。一般委託者Bを保護する趣旨である。

(ii)　補償対象債権

委託者保護基金が認定商品先物取引業者の財産の状況や保全義務の履行状況に照らして、一般委託者に対し完全な弁済ができないと認められる債権、または弁済に著しく日数を要すると認められる債権を「補償対象債権」という。委

第6節　委託者保護基金制度　259

託者保護基金がその支払いを行う（法300条1号・306条、令45条）。

　実務的には、日商基金は、「分離保管弁済案件」や「弁済困難案件」と認定した場合には、速やかに、委託者債権の届出期間や届出場所等を定め、公告を行っている（日商基金業務36条）。

　「分離保管弁済案件」の場合、弁済の対象となるのは、一般委託者のみならず当該商品先物取引業者（会員）に対して委託者債権を有する全委託者である。委託者保護基金は、公告に基づき届出内容を審査し（同37条）、弁済対象となる委託者債権総額を確定し、「弁済計画」を作成する（同40条）。また、基金預託、信託、銀行保証、代位弁済契約により当該商品先物取引業者が保全措置を講じていた財産を取得・確保して、弁済する（同41条）。全委託者からの請求金額が保全措置財産の額を超える場合には、全委託者に対して、その債権額に比例して配分し、弁済する（同40条3項）。「分離保管弁済」の請求に基づいて、公告日において現に当該一般委託者が当該認定商品先物取引業者に対して有する債権であって委託者保護基金が政令で定めるところにより当該認定商品先物取引業者による円滑な弁済が困難であると認めるもの（「補償対象債権」）については、主務省令で定めるところにより算出した金額の支払いを行う（法306条1項、規則136条）。この場合の「補償対象債権」は、当該一般委託者の委託者資産に係るものに限られる（法306条1項括弧書）。なお、委託者保護基金は、認定商品先物取引業者の役員その他の政令で定める者が当該認定商品先物取引業者に対して債権を有していても、それらの者に対する支払いは行わない（同条2項、令46条）。一般委託者が認定商品先物取引業者に対して債務を負っている場合には、委託者保護基金は、その債務の額を控除した金額を当該一般委託者に対して支払う（法307条1項）。この場合、その金額は1人当たり1000万円を限度とする（同条3項、令47条）。委託者保護基金は、補償対象債権の支払いをしたときは、その支払金額に応じ、政令で定めるところにより、当該支払いに係る補償対象債権を取得する（法307条4項、令48条）。

⑷　返還資金融資

　委託者保護基金は、認定商品先物取引業者を除く通知商品先物取引業者の申込みに基づいて、必要と認められる金額の範囲内において、当該通知商品先物取引業者に対し、一般委託者債務の迅速な弁済に必要な資金の貸付け（「返還

260　第5章　商品先物取引の受委託

資金融資」）を行うことができる（法300条2号・308条1項。日商基金業務46条
〜49条）。返還資金融資の申込みを行う通知商品先物取引業者は、申込みの時
までに、当該返還資金融資が行われることが一般委託者債務の迅速な弁済に必
要であること、また、返還資金融資による貸付金が一般委託者債務の迅速な弁
済のために使用されることが確実であると認められること、のいずれの要件に
も該当することについて、主務大臣の認定（「適格性の認定」）を受けなければ
ならない（法308条2項）。主務大臣は、適格性の認定を行ったときは、その旨
を当該適格性の認定を受けた商品先物取引業者が所属する委託者保護基金に通
知しなければならない（同条3項）。委託者保護基金は、適格性の認定を受け
た通知商品先物取引業者から返還資金融資の申込みがあったときは、返還資金
融資を行うかどうかの決定をしなければならない（同条4項）。そして、決定
したときは、直ちに、その決定に係る事項を主務大臣に報告しなければならな
い（同条5項）。

　委託者保護基金制度が創設されて以降、適格性の認定に係る要件や、通知商
品先物取引業者の財務状況等の条件が難しいこともあり、返還資金融資は発動
されたことはない。

(5)　一般委託者債務の迅速な弁済に資するための業務

　一般委託者債務の迅速な弁済に資するための業務とは、委託者保護基金の会
員である商品先物取引業者の信託管理人業務、信託契約に基づく受益者代理人
としての業務、預託を受けた保全対象財産を原資として預託した当該商品先物
取引業者に代わり当該商品先物取引業者の委託者債務を弁済する業務、保証委
託契約に基づき金融機関から支払いを受けた金銭を原資として商品先物取引業
者に代わって委託者債務の弁済を行う業務、代位弁済委託契約に基づき商品先
物取引業者の委託者債務の弁済を行う業務をいう（法300条4号・310条、規則
139条）。委託者保護基金は、これら迅速な弁済に資する業務の状況に関する報
告書を作成し、主務大臣に対して、毎月、提出するものとされる（法310条、
規則139条2項）。

(6)　負担金の徴収および管理に係る業務

　商品先物取引業者（基金会員）は、委託者保護資金に充てるため、業務規程

で定めるところにより、所属する委託者保護基金に対し、「負担金」を納付しなければならない（法314条1項。日商基金業務7条～9条）。商品先物取引業者（基金会員）は、所属する委託者保護基金を適法に脱退した場合でも、脱退までに当該委託者保護基金の業務に必要な費用のうち、自己の負担すべき費用の額として業務規程で定めるところにより当該委託者保護基金が算定した額を負担金として納付する義務を負う（法277条4項）。負担金の額の算定方法は、委託者保護基金の業務規程に委ねられているが、業務規程の定めは、長期的に委託者保護基金の財政が均衡するものであり、特定の業者に対し差別的取扱いをしないものであるという基準に適合しなければならない（法315条2項1号・2号）。なお、委託者保護基金は、業務規程に定めるところにより、通知商品先物取引業者の負担金を免除することができる（法314条2項。日商基金業務7条6項）。委託者保護基金は、負担金の徴収および管理を行う（法300条6号）。

(7) その他

　委託者保護基金は、上記の委託者財産保全関係の業務や弁済等の業務に附帯する業務を行うことができる（法300条7号）。またこれら業務を行ううえで必要がある場合には、委託者保護基金は、商品先物取引業者に対して、業務および財産の状況に関し報告または資料の提出を求めることができ、商品先物取引業者は遅滞なく報告または資料を提出しなければならない。また、主務大臣は、委託者保護基金から要請があり、その業務を行ううえで特に必要があると認める場合には、委託者保護基金に資料を交付し、またはこれを閲覧させることができる（法302条）。

第6章

紛争の処理

第1節　商品先物取引における紛争

　商品先物取引における紛争とは、債務不履行等が発生したときに生じるトラブルである。

　商品先物取引の契約関係は、2つに分類される。第1に、「商品市場における取引」に関する契約関係であり、これには、受託会員が委託者の計算によって行うもの（委託玉）と、会員等の自己計算によるもの（自己玉）がある。第2に、委託者（顧客）と受託者たる商品先物取引業者との間に形成される受委託に係る契約関係である。この第2の場合に生じる様々なトラブルを一般に「紛議」という。

　商品先物取引に関しては、様々な紛議が頻発し、社会的に非難が高まった時期もあった。また、専門性が高く、仕組みが複雑な商品先物取引（商品デリバティブ取引）はハイリスクであり、構造的にトラブルが発生する可能性が小さくない。商品先物市場の健全な発展のためには、商品先物取引業者と委託者との間の紛議の発生を少しでも未然に防止することが重要になる（法1条参照）。

　そのようなトラブルを防ぐためには、第1に、法令や受託契約準則等の公正なルールの遵守を徹底することである。第2に、商品先物取引業者の経営とその営業姿勢の健全化を図ることである。第3に、顧客と直に接する外務員の資質や専門性の向上を図ることである。**第5章**で見たような、顧客・委託者の保護にもとる行為は、決して許されるものではない。

　しかし、実際に紛議が生じた場合には、事後的に適切な処理がなされることが重要になる。そのため、商先法は、公正かつ中立的な紛争解決機関による具

264　第6章　紛争の処理

体的な紛争（特に紛議）の処理方法として、商品取引所による紛争の仲介（法120条）および商品先物取引協会による苦情の解決とあっせん・調停（法259条以下）を規定している。そして、商品先物取引業者が商品取引事故による損害賠償責任を負う場合に備えて、商品取引責任準備金の積立てを義務付けている（法221条以下）。

【裁判外の紛争解決手続】

　法的紛争には厳格な裁判制度には適さないものも多く、訴訟よりも金銭的・時間的負担が少なく、当事者双方の意向がより尊重される裁判外の紛争解決手続、いわゆるADR（Alternative Dispute Resolution）の需要が高まっている。裁判外の紛争解決手続としては、あっせん、調停および仲裁の3つが重要である。「あっせん」は、第三者（あっせん者）が当事者間を仲立ちし、双方の主張の要点を整理・確認し、あっせん案を出して和解契約の締結を促すなどの方法により、当事者間の合意による紛争の解決を目指すものである。「調停」は、第三者（調停者）が積極的な仲介行為により双方の主張を聞いたうえで調停案を作成し、その受諾を当事者双方に勧告するものであるが、紛争当事者は調停案を受諾する義務はない。「仲裁」は、あらかじめ当事者が第三者（仲裁人）による紛争解決に合意し、仲裁人から提示された仲裁裁定に当事者は拘束される。

　2004（平成16）年に、ADRの制度の利用を促進することを目的として、「裁判外紛争解決手続の利用の促進に関する法律」（ADR法）が制定された。裁判外紛争解決手続とは、訴訟手続によらずに民事上の紛争の解決をしようとする紛争当事者のために、公正な第三者が関与して、その解決を図る手続をいう（1条）。第三者の専門的な知見を反映して紛争の実情に即した迅速な解決を図る手続として、民間紛争解決手続の業務に関し、認証制度を設けるとともに、時効の完成猶予等に関する特例を定めて利便性の向上を図ることにより、紛争当事者が解決を図るのにふさわしい手続を容易に選択できるようにしようというものである。

【金融ADR】

　2009（平成21）年の金商法等の改正により金融分野における裁判外紛争解決制度（金融ADR）が創設された。銀行・証券・保険などの業態ごとに主務大臣が指定する指定紛争解決機関が、中立・公正な立場から簡易で迅速な解決手段を提供するものである。金融機関は、指定紛争解決機関との契約締結が義務付けられる。契約には苦情処理・紛争解決手続の応諾、事情説明・資料提出、

手続実施者の解決案の尊重などの内容が含まれる。全国銀行協会、生命保険協会、日本損害保険協会、証券・金融商品あっせん相談センター（FINMAC）などがある。

第2節　紛争解決機関

1　紛争解決機関の区分

商品先物取引に係る紛争・紛議の処理をする機関は複数存在する。

第1に、商品先物取引協会である。商品先物取引協会は、商品デリバティブ取引等を公正かつ円滑ならしめ、かつ、委託者等の保護を図ることを目的として設立される商先法上の認可法人であり（法241条・245条）、協会員は商品先物取引業者に限られており（法251条）、その紛争・紛議の解決方法として2つのものを定めている。

その1つは、「苦情の解決」である（法259条）。苦情の解決とは、協会員または商品先物取引仲介業者の顧客等から、協会員または商品先物取引仲介業者の行う業務に関する苦情解決の申出がなされた場合に、その相談に応じ、申出人に必要な助言をし、その苦情に係る事情を調査することをいう。そして、協会は、当該協会員または商品先物取引仲介業者に対して、その苦情の内容を通知して、その迅速な処理を求めなければならない（同条1項）。

もう1つは、「あっせん・調停」である（法260条・261条）。商品先物取引協会は、紛争処理規程において、商品デリバティブ取引等に関して、協会員間または協会員等と顧客の間に生じた紛争について、紛争解決のあっせんまたは調停を行うために「あっせん・調停委員会」の設置等を定めなければならない（法260条）。そして、紛争の当事者である協会員、商品先物取引仲介業者または顧客からあっせんまたは調停の申出があったときは、協会は、遅滞なく、紛争処理規程で定めるところにより、あっせん・調停委員会によるあっせんまたは調停を行う（法261条1項）。

第2に、商品取引所である。商品取引所は、当該商品取引所の商品市場における取引に関して、①会員等の間で生じた紛争、②商品先物取引業者の間に生

266　第6章　紛争の処理

じた紛争、③商品先物取引業者と委託者との間で生じた紛争について、その紛争の当事者である会員等、商品先物取引業者、委託者のいずれかから仲介の申出があったときは、紛争処理規程で定めるところにより、紛争処理の仲介を行う（法120条1項）。

　第3に、裁判所による紛争解決がある。商品先物取引の顧客は、裁判所に訴訟を提起して判決または裁判上の和解によって紛争・紛議の解決を求めることも可能である（憲法32条参照）。現実にそうした訴訟も多く見られる。裁判所に訴訟が提起されているときは、取引所や日商協は、苦情処理やあっせん・調停を行わない（東商取紛争処理6条、大商取紛争処理6条、日商協苦情処理8条等）。

　さらに、商品先物取引業者の内部管理体制においても、顧客からの相談・苦情・紛争等（苦情等）に対し、自ら迅速・公平かつ適切に対処することが顧客等による信頼の確保・向上の観点から重要であることはいうまでもない（監督指針Ⅱ-4-3-8）。商品先物取引業者は、その業務の規模や特性に応じて、経営陣の適切な役割・社内規則等の策定や苦情等への対処の実施体制の整備を行うほか、顧客等への適切な対応がなされるとともに、関係者間の情報共有と業務改善等を図り、外部機関等との協力体制も求められる。

【消費生活センター等の苦情相談】

　商品先物取引に関する各種トラブルに関しては、国民生活センターや地方公共団体に設置される消費生活センターの窓口等も一般市民からの苦情相談に応じている。消費者等を保護する施策の一環として、それらの相談機関は重要な意義を有している。商品先物取引協会も、そうした相談機関と種々の側面で協力している（日商協苦情処理14条、日商協苦情処理細則4条、日商協紛争処理28条、日商協紛争処理細則8条）。紛争・紛議の処理についても、それらの相談機関と商品先物取引協会の活動が連動する形で行われることも少なくない。特に近時では、無許可業者の実態把握等について、消費者等からの情報提供への対応の必要性が強く求められている（監督指針Ⅶ-1）。

【弁護士会の紛争解決センター】

　日弁連は、ADR（裁判外紛争解決機関）センターを設立し、34の弁護士会が設置するADR機関の運営について情報共有を図るなど、ADRの在り方について調査研究を行うとともに、ADRを国民により身近で使いやすいものとするために検討を進めている。各弁護士会が運営する紛争解決センターは、2017年10月現在、全国に37センターあり、「紛争解決センター」、「紛争解決

支援センター」、「示談あっせんセンター」、「仲裁センター」、「示談あっせん・仲裁センター」、「民事紛争処理センター」、「あっせん・仲裁センター」、「民間総合調停センター」、「和解あっせんセンター」、「法律相談センター」など、名称は様々であるが、民事上のトラブルを柔軟な手続により、短期間に合理的な費用で、公正で満足のいくように解決することを目的にしている。

2　商品先物取引協会による紛争・紛議の処理

(1)　商品先物取引協会による紛争解決の種類

　商先法は、商品先物取引協会による「紛争の解決」として、「苦情の解決」および「あっせん・調停」について、規定している（法259条〜261条）。それを受けて、日商協の定款では、「紛争の解決」の章を設けて「苦情の解決」と「あっせん・調停」について規定し（日商協定款58条以下）、さらに「苦情処理規則」「紛争処理規程」「あっせん・調停委員会規則」およびそれらの細則において、紛争解決のための詳細なルールを定めている。

　商品先物取引協会による紛争処理は、商品先物市場の分野における裁判外紛争解決手続（ADR）として、裁判とは異なり、迅速性・弾力性が重視されており、時間的・金銭的に負担が少なく、中立性の高い解決手法という点で、顧客・委託者の保護にとって特に重要な意義を有している。

(2)　日商協の苦情処理手続（図Ⅰ）

①　概　　要

　日商協は、協会員または商品先物取引仲介業者（以下、「協会員等」という）の顧客等から、協会員等の行う業務に関する苦情について解決の申出があったときは、その相談に応じ、申出人に必要な助言をし、その苦情に係る事情を調査するとともに、当該協会員等に対し、苦情の内容を通知して迅速な処理を求めなければならない（法259条1項）。さらに、日商協は、顧客等から申出のあった苦情の解決について必要があると認めるときは、当該協会員等に対し、文書や口頭による説明を求め、または資料の提出を求めることができる（同条2項）。日商協から説明や資料提出の求めがあったときは、協会員等は、この求めに応じる義務があり、正当な理由がないのに、これを拒んではならない（同条3項）。

268　第6章　紛争の処理

〈日商協における苦情・紛争処理の手続の流れ〉

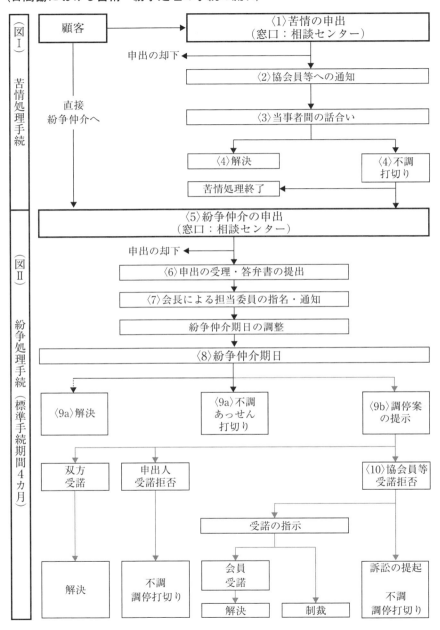

② 日商協の苦情処理手続の流れ

(i) 苦情の申出（図Ⅰの〈1〉）

　日商協は、顧客から苦情の処理について申出を受ける窓口として、「相談センター」を設置して、「相談員」を置いている（日商協苦情処理3条1項）。相談員は、事実の認定、処理の判断および意見の表明にあたっては、常に公正であるよう努めるとともに、関係人の正当な権利を損なうことのないよう注意しなければならない（同条2項）。協会員等は、相談センターの設置について、顧客に周知させることが求められている（同条3項）。

　相談センターは、電話・書面・インターネット等で顧客からの苦情を受け付け、顧客の相談に応じ、必要な助言をし、申出の事情を調査する（日商協苦情処理4条1項）。そのうえで、申出のあった苦情が、①すでに和解契約が締結された紛争に係るものであるとき、②申出に係る取引について決済が終了した日から3年を超える期間を経過したものであるとき、③日商協においてすでに解決した苦情またはすでに処理を終了した紛争に係るものであるとき、④裁判所において、現に訴訟や民事調停が行われ、またはそれらが終了した紛争に係るものであるとき、⑤弁護士会、商品取引所その他の紛争解決機関において、仲裁、あっせんその他の紛争解決手続が現に行われ、またはすでに終了した紛争に係るものであるとき、⑥その苦情の性質上、日商協が処理を行うのが適当でないと認めるとき、⑦不当な目的でまたはみだりに苦情の申出をしたと認めるとき、のいずれかに該当するときは、その申出を却下し、またはその処理を中途で打ち切ることができる（同8条）。

(ii) 協会員等への通知（図Ⅰの〈2〉）

　相談センターは、苦情の処理が必要な案件については、協会員等に対して苦情の内容を通知して迅速な処理を求める（日商協苦情処理4条1項）。協会員等は、日商協に協力し、顧客からの苦情の解決の促進に努めなければならない（同2条）。

(iii) 当事者間の話合い（図Ⅰの〈3〉）

　相談センターから顧客の苦情の処理を求められた協会員等は、申出人と速やかに連絡をとり、誠意をもってこれに対応し、当該苦情の早期解決に努めなければならない（日商協苦情処理4条2項）。そして、相談センターに対し、当該苦情の処理の経緯および結果について、文書や口頭により報告しなければなら

270 第6章 紛争の処理

ない（同6条）。協会員等と申出人との間で苦情が解決されなかった場合には、相談センターは、申出人および当該協会員等の双方から事情聴取を行い、苦情の解決の促進を図る（同4条3項）。相談センターは、必要があると認めるときは、当該協会員等に対し、苦情に係る事情に関する帳簿・書類その他の資料の提出および説明を求めることができ（同5条1項）、協会員等は、相談センターからこのような求めがあったときは、正当な理由なくこれを拒んではならない（同条2項）。なお、相談センターは、あっせん・調停委員会の委員と適宜連携を図るものとし、当該委員から、苦情の迅速かつ円滑な解決を図るために必要な助言等を受けることができる（同条3項）。また、日商協は、苦情処理の円滑な実施を図るため、商品取引所に対し、資料の提出その他必要な協力を求めることができる（同13条）。

(iv) 苦情の解決・不調（図Iの〈4〉）

相談センターは、①苦情が解決したとき、②〈2〉と〈3〉の対応を行ってもなお苦情が解決することができないと判断したとき、または③当該苦情に係る協会員等もしくは顧客から紛争の仲介の申出がなされたときは、苦情の処理を終了（打切り）とする（日商協苦情処理7条1項）。②の判断によって苦情の処理を終了する場合には、相談センターは、申出人に対し、日商協または関係商品取引所へ紛争に係る仲介の申出を行うことができる旨等の必要な助言を行うこととしている（同条2項）。解決の申出のあった苦情に関し、協会員等の行う商品先物取引業務に関して不適正な行為があった等の疑義がある場合には、これを調査し、必要に応じ、協会員等に対し指導または勧告を行う（同10条）。また、解決の申出のあった苦情に関し、協会員等に制裁規程に定める制裁の対象行為に該当する事実が認められる場合には、所要の制裁措置が講じられる（同11条）。

③ 苦情の処理の周知・報告と未然防止

商先法は、商品先物取引協会に対し、苦情の解決の申出、当該苦情に係る事情およびその解決の結果について、協会員等に周知させることを求めており（法259条4項）、日商協は、協会員等にそれらの概要を周知することとしている（日商協苦情処理12条）。類似の紛争・紛議の発生を未然に防止し、各協会員における受託等の業務の適正化に資するために、協会員等に苦情に係る情報を共有させる趣旨である。日商協および協会員等は、解決の申出のあった苦情

第 2 節　紛争解決機関　271

に関し、原因究明のうえ苦情の未然防止に努めなければならない（同 9 条）。

　商品先物取引協会が顧客等からの苦情の相談に応じたときは、毎月末日現在における苦情の処理状況について報告書を作成し、主務大臣に提出する（規則129 条 1 項）。この報告書には、半期ごとに、①苦情処理状況通知書、②商品先物取引業者等別苦情受付処理件数表および③商品取引所別苦情受付件数表を添付しなければならない（同条 2 項）。また日商協は、解決の申出のあった苦情に係る事情および処理の経過等に関する記録を作成し、苦情処理が終了した日から 10 年間保存し（日商協苦情処理 16 条）、苦情処理において当事者双方から提出された資料を苦情処理が終了した日から 10 年間保存する（同 17 条）。

(3)　日商協の紛争仲介手続としてのあっせん・調停（図Ⅱ）
①　概　　要

　商品先物取引協会は、紛争処理規程において、商品デリバティブ取引等に関して、協会員等の間または協会員等と顧客の間に生じた紛争について、紛争解決のあっせんまたは調停を行うために「あっせん・調停委員会」の設置等を定めなければならない（法 260 条）。

　あっせん・調停委員会は、先物取引について学識経験を有することその他主務省令所定の要件に該当する委員をもって組織され（法 260 条）、その委員には、商品取引所・商品先物取引協会の役員等の欠格事由（法 15 条 2 項 1 号イ〜ル）に該当するもの、公務員で 2 年以内に懲戒免職処分を受けたこと、紛争当事者やその親族、商品先物取引業者・商品先物取引仲介業者の役員などの欠格事由の定めがある（規則 130 条）。

　日商協では、先物取引について学識経験を有する法律専門家等のうちから、理事会の議を経て会長が委嘱する（日商協あっせん・調停委員会規則 2 条 1 項）。その任期は 2 年である（同条 2 項）。そして、あっせん・調停委員会の委員として委嘱された委員のうち、会長があっせん・調停委員会規則に基づき事案ごとに指名した委員を「担当あっせん・調停委員」といい、会長が同規則に基づき事案ごとに指名した担当あっせん・調停委員 3 人により組織する合議体を「あっせん・調停委員会」、担当あっせん・調停委員またはあっせん・調停委員会を「担当あっせん・調停委員等」という（日商協紛争処理 2 条 4 号〜6 号）。担当あっせん・調停委員は、法令、紛争処理規程およびあっせん・調停委員会

272 第6章 紛争の処理

規則に従い、独立して、公正かつ迅速な処理を行わなければならない（日商協調停委規4条1項）。

紛争処理規程には、①あっせん・調停の申出手続、②あっせん・調停の方法、③その他あっせん・調停に関し必要な事項を定めなければならない（法261条2項）。日商協の紛争処理規程によると、「あっせん」とは、担当あっせん・調停委員等が紛争の内容並びに当事者の主張および要求等を踏まえ、当事者の互譲の促進を図ることにより紛争の解決を目指すことをいい、「調停」とは、担当あっせん・調停委員等が紛争の解決に資するために適当と認めた場合において、調停案を作成し、これを当事者双方に文書をもって提示してその受諾を勧告することをいう（日商協紛争処理2条2号・3号）。そして、紛争の解決のために行うあっせんまたは調停を「紛争仲介」という（同条1号）。

② 日商協の紛争処理手続の流れ

(i) 紛争仲介の申出（図Ⅱの〈5〉）

商品先物取引協会は、商品デリバティブ取引等に係る紛争について、当事者である協会員等または顧客から「あっせん・調停」の申出があったときは、遅滞なく、紛争処理規程の定めるところにより、あっせん・調停委員会によるあっせん・調停を行うこととされている（法261条1項）。商品先物取引協会は、あっせん・調停の円滑な実施を図るため必要があるときは、商品取引所に対し、資料の提出その他必要な協力を求めることができる（同条3項）。日商協においては、紛争仲介の申出は、協会員等からでも顧客からでもすることができるが、その申出は、所定の事項を記載した申出書を提出して行わなければならない（日商協紛争処理6条1項）。紛争の当事者は、協会の紛争仲介手続に協力する義務を負う（同3条）。顧客が紛争仲介の申出の意向を示したときは、日商協は、当該顧客に対し、紛争仲介の手続に関する注意事項を記載した所定の書面を交付し、説明を行わなければならない（同5条1項）。また、協会員等が紛争仲介の申出をしたときは、日商協は、当該申出を受理する前にあらかじめ相手方顧客に対し、同書面を交付し、説明を行わなければならない（同条2項）。苦情処理の却下事由（前掲(2)②(i)参照）と同様の事由があるときは、紛争仲介の申出は却下される（同7条1項、8条1項）。

(ii) 申出の受理・答弁書の提出（図Ⅱの〈6〉）

日商協は、紛争仲介の申出を受理したときは、当事者双方に通知し、申出人

は、申出の受理の通知到着後 10 日以内に申出手数料を納入しなければならない（日商協紛争処理 10 条 1 項）。申出の相手方に対しては、申出書の写しを添付する（同 7 条 2 項）。日商協が当事者からの紛争仲介の申出を受理した年月日から紛争仲介の手続は開始されるが（同 9 条）、紛争仲介の申出を受理した日から起算して 4 カ月以内に紛争仲介の手続を終了するよう努めることとしている（同 11 条）。申出書の写しの交付を受けた顧客または協会員等は、遅滞なく、当該申出に対する答弁または抗弁の要点を明らかにした答弁書を日商協に提出しなければならない（同 13 条 1 項）。

(iii) 担当あっせん・調停委員の指名（図Ⅱの〈7〉）

日商協の会長は、事案ごとに答弁書が提出された後、遅滞なくあっせん・調停委員の中から「担当あっせん・調停委員」1 人を指名する（日商協紛争処理 12 条、日商協調停委規 5 条）。原則として、その 1 人が当該紛争について仲介を行う（日商協紛争処理 12 条 1 項）。日商協は、紛争仲介の期日を調整して、その期日と担当あっせん・調停委員の氏名を当事者双方に通知する（同 12 条 4 項）。

(iv) 紛争仲介期日（図Ⅱの〈8〉）

担当あっせん・調停委員等は、期日を定めて当事者の出席を求め、事情を聴取する。紛争仲介の期日は、やむを得ない事由があると認められる場合でない限り、当事者双方自らの出席がなければ開催できないが、担当あっせん・調停委員等が許可すれば、代理人出席も認められる（日商協紛争処理 14 条 1 項・3 項）。担当あっせん・調停委員等は、紛争仲介に必要があると認めたときには、利害関係を有しない者から参考意見を聴取することができる（同条 5 項）。担当あっせん・調停委員等は、紛争仲介に必要があると認めるときには、自らまたは日商協の職員をして、①当事者に対する紛争仲介に必要な帳簿・書類その他の資料の提出および説明の請求、またはこれらについての実地調査、②必要と認める鑑定のための鑑定人の委嘱、③その他必要な調査を行うことができ、当事者は、正当な理由なくこれを拒んではならない（同 16 条）。紛争仲介の手続は、非公開である（同 21 条）。なお、当事者の一方が申出をしたとき、または担当あっせん・調停委員が必要と認めたときは、第 2 回目以降の期日において、あっせん・調停委員会規則に基づき会長が指名した担当あっせん・調停委員 3 人による「あっせん・調停委員会」を組織して紛争仲介を行わせることができる（同 12 条 3 項）。

274　第6章　紛争の処理

(v)　あっせんによる解決・不調（図Ⅱの〈9a〉）

　当事者双方があっせんを受け入れ、当事者間において和解が成立すれば、紛争の解決となる。その場合、当事者は和解契約書を作成し、協会員等はその和解契約書の写し1通を日商協に提出しなければならない（日商協紛争処理20条）。担当あっせん・調停委員等は、当事者間に和解が成立する見込みがないと判断するときには、紛争仲介を打ち切る。具体的には、一方の当事者が和解をする意思がないことを明確にしたとき、申出に重大な虚偽が認められたとき、一方当事者の継続的な欠席、訴訟の提起などである（同18条）。また、申出人である顧客は、いつでも取下書を日商協に提出して、紛争仲介の申出を取り下げることができるが（同19条1項）、協会員等が紛争仲介を申し出た紛争については、顧客が紛争仲介の取下げに同意したことを証する取下同意書を提出しなければ、協会員等はその申出を取り下げることができない（同条3項）。また、申出人が紛争仲介中の紛争について、裁判所、弁護士会、商品取引所その他の紛争解決機関に対し、訴訟、仲裁、あっせんその他の紛争解決手続の利用を申し立てようとするときは、申出人は、その提起または申立ての前に紛争仲介の申出を取り下げなければならない（同条4項）。

(vi)　調停案の提示（図Ⅱの〈9b〉）

　担当あっせん・調停委員等は、(3)②(iv)に述べた事情聴取等を行ったうえで、紛争の解決に資するために適当と認めたときは、調停案を作成し、これを当事者双方に回答期限を定めた文書をもって提示して、その受諾を勧告する（日商協紛争処理17条）。双方が調停案を受諾すれば、解決となる。顧客が受諾しないときは、調停打切りとなる。

(vii)　協会員等の受諾拒否（図Ⅱの〈10〉）

　日商協は、協会員等が正当な理由なく(vi)の回答期限を経過し、または調停案の受諾を拒否したときは、当該協会員等に対し、調停案の受諾について、定款の定めるところにより、必要な指示をする（日商協紛争処理17条2項、日商協定款61条）。ここで正当な理由とは、①顧客が調停案を受諾しないとき、②顧客が調停案を受諾したことを協会員等が知った日から1カ月を経過する日までに、協会員等から当該請求に係る訴訟が提起され、かつ、同日までに当該訴訟が取り下げられていないとき、③顧客が調停案を受諾したことを協会員等が知った日から1カ月を経過する日までに、当該紛争仲介が行われている紛争に

ついて、当事者間において当該調停案によらずに和解が成立したときである。日商協は、協会員等が受諾についての指示（日商協紛争処理 17 条 2 項）に従わないとき、または和解契約書に定める事項を遵守しないときは、当該協会員に対し、定款の定めに基づいて過怠金を課すなどの制裁を行う（同 22 条、日商協定款 55 条）。

③　紛争仲介の報告・周知と紛争の未然防止

あっせん・調停の処理状況は、毎月、主務大臣に報告される（規則 131 条）。日商協は、紛争仲介の申出のあった紛争に係る事情および仲介の結果等について、顧客の秘密に関する事項を除き、その概要を協会員等に周知する（日商協紛争処理 26 条）。紛争仲介の申出のあった紛争に係る事情および紛争仲介の経過等に関する記録を作成し、紛争仲介の手続の終了日から 10 年間保存する（同 31 条）。また、紛争仲介の手続において当事者双方から提出された資料も同じく 10 年間保存するが、その期間内は当事者による閲覧・謄写請求が認められる（同 32 条）。

日商協の役員、担当あっせん・調停委員、職員その他紛争仲介の手続に関与する者は、正当な理由なく、紛争の処理に関し知り得た秘密を他に漏らしたり、盗用してはならず、また、紛争の処理に関し知り得た情報を、日商協の業務の用に供する目的以外に利用してはならない。この秘密保持義務は退職後もなくならない（同 33 条 1 項）。

日商協および協会員等は、紛争仲介の申出のあった紛争に関し、原因を究明のうえ、今後類似の紛争が発生しないように未然の防止に努めるものとされている（同 23 条）。日商協は、紛争仲介の申出のあった紛争に関し、協会員等の行う商品先物取引業務に関し不適正な行為があった等の疑義がある場合には、これを調査し、必要に応じ、協会員等に対し指導または勧告を行う（同 24 条）。さらに日商協は、紛争仲介の申出のあった紛争に関し、協会員等に制裁規程に定める制裁の対象行為に該当する事実が認められる場合には、同規程に基づき所要の措置を講じる（同 25 条）。

日商協は、紛争仲介の円滑な実施を図るため、商品取引所に対し、資料の提出その他必要な協力を求めることができる（同 27 条）。日商協が紛争仲介を行った紛争について、商品取引所その他日商協が適当と認める相談機関に対する申出が行われた場合に、当該紛争に関し、当該商品取引所等から要請があっ

276 第6章 紛争の処理

たときは、当該事案の顛末を口頭または書面により通知し、商品取引所等から紛争処理状況およびその結果等について照会があったときは、これに協力することとされている（同28条1項・2項）。そして、紛争仲介業務の円滑な運営を図るため、日商協は、商品取引所その他の機関と連携を図ることとしている（同29条）。農林水産大臣および経済産業大臣から紛争処理状況およびその結果等について報告を求められたときは、日商協は、これに協力する（同28条3項）。

3　商品取引所による紛争の処理

(1)　紛争処理の対象

　商品取引所は、当該商品取引所の商品市場における取引に関し、①会員等の間、②商品先物取引業者の間、③商品先物取引業者と委託者との間のいずれかに生じた紛争について、当事者である会員等、商品先物取引業者または委託者から仲介の申出があったときは、各商品取引所の紛争処理規程の定めるところにより、仲介を行う（法120条1項）。商品取引所の紛争処理規程には、①仲介の申出手続、②仲介の方法、③その他仲介に関し必要な事項が定められる（同条2項）。商品取引所が紛争の仲介を行ったときは、毎月末日現在における当該仲介の処理状況について報告書を作成し、翌月10日までに主務大臣に提出する（規則52条）。

　たとえば、東商取の紛争処理規程では、商品市場における取引に関して、取引参加者間または受託取引参加者と委託者との間に生じた紛争で、商品先物取引協会による紛争処理が行われるもの以外のものが紛争処理の対象となる（東商取紛争処理1条。なお大商取紛争処理5条参照）。2004（平成16）年の商取法改正により、商品先物取引協会による紛争仲介手続に手当てがなされたが、法律上、商品先物取引業者は商品先物取引協会（日商協）への加入が義務付けられていないため、商品取引所の紛争仲介の対象も整理されたのである。

(2)　紛争仲介の申出および紛争解決のあっせん

　商品取引所の紛争仲介手続においては、紛争仲介委員会がその主体になる。東商取の紛争仲介委員会の委員は、5人以上10人以内とし、取締役、取引参加者および学識経験者のうちから代表執行役社長が委嘱する。この場合、学識

経験者のうちから委嘱された委員が過半数を占めなければならない（東商取紛争処理2条1項・2項。大商取定款138条参照）。

　東商取の紛争処理は、その商品市場における取引に関し、紛争当事者である取引参加者間または受託取引参加者・委託者間の紛争がある場合に、当事者からの仲介の申出により開始されるが、受託取引参加者は、東商取の仲介に応じる旨の委託者の同意がなければ、その申出をすることができない（東商取紛争処理5条1項）。反対に、取引参加者が仲介の申出の相手方となったときは、当該取引参加者は、その申出に応じなければならない（同条2項）。ただし、申出に係る紛争が、①東商取のあっせん・仲介、日商協のあっせん・調停または当事者間の和解の成立したものであるとき、②日商協にあっせん・調停の申出がなされ、またはあっせん・調停中のものであるとき、③東商取による仲介または日商協によるあっせん・調停がすでに打ち切られたものであるとき、④申出に係る取引について決済終了日から3年を経過しているものであるとき、⑤訴訟中のものであるとき、⑥その性質上仲介を行うのに不適当と認められるとき、またはあっせんを行うのに不適当な事実が認められたとき、⑦不当な目的でまたはみだりに仲介の申出をしたと認められるとき、⑧申出人が正当な理由なくあっせんに係る事情聴取に応じないときには、東商取は、あっせんを行わなくともよい（同6条）。

　紛争仲介の申出があった場合には、東商取の職員が当事者に出頭を求め、当該申出に係る事情聴取および事情調査等を行い、その結果に基づいて紛争の当事者双方の合意が得られるよう紛争解決のあっせんに努めることとされている（同7条1項）。そのあっせんにより紛争が解決した場合には、その結果を紛争仲介委員会に報告しなければならない（同条2項）。それに対し、あっせんが不調に終わった場合は遅滞なく、仲介手続を開始しなければならない（同条3項）。なお、大商取については、大商取紛争処理第2章参照。

(3)　紛争の仲介

　東商取の紛争仲介委員会は、期日を定めて当事者の出頭を求め、事情を聴取するが、出頭を求められた当事者は、原則として自ら出頭しなければならない（東商取紛争処理8条1項・3項本文）。紛争仲介委員会は、相当であると認めたときは、紛争に関し利害関係を有する者を仲介手続に参加させることができ

278 第6章 紛争の処理

（同9条）、仲介を行うために必要があると認めるときは、①参考人の出頭を求め、その意見を聴取し、またはその報告書の提出を求めること、②鑑定人を委嘱して、必要と認める鑑定を行わせること、③当事者に対し仲介を行ううえで必要な帳簿・書類その他の資料の提出および報告を求め、またはこれらについて実地調査を行うこと、④その他東商取の職員に必要な調査を行わせることといった措置をとることができる（同10条）。紛争仲介委員会は、適当と認めたときは、書面による調停案を作成し、これを当事者に提示しその受諾を勧告する（同13条）。東商取は、受託取引参加者・委託者間の紛争について、その調停案を委託者が受諾したにもかかわらず、受託取引参加者が正当な理由なくその受諾を拒否したときは、当該受託取引参加者に対し調停案の受諾について、必要な指示をする（同14条・16条）。あっせんによる和解が成立したとき、仲介により当事者間に合意が成立したとき、または調停案を当事者が受諾したときは、和解契約書2通を作成し、当事者は各1通を保存する（同15条）。

　東商取は、取引参加者に対し、仲介を適切に行ううえで必要と認める指示、処分その他の措置をとることができる（同16条）。受託取引参加者が調停案受諾についての指示（同14条）に従わないとき、または取引参加者である当事者が和解契約書に定める条項を遵守しないときは、東商取は、当該受託取引参加者または当該取引参加者に対し、業務規程の定めるところにより処分を行う（東商取業務130条1項7号・9号）。なお、大商取については、大商取紛争処理第3章参照。

第3節　商品取引責任準備金

1　商品取引責任準備金の積立義務

　商品取引責任準備金は、商品先物取引業者の財務の健全性を確保するとともに、委託者の保護を図るための制度である。商品先物取引業者は、主務省令で定めるところにより、商品デリバティブ取引の取引高に応じ、商品取引責任準備金を積み立てなければならない（法221条1項）。この準備金は原則として、商品取引事故による損失の補てんに充てる場合のほかには、使用することはできない（同条2項）。商品先物取引業者が純資産額を計算する際には、商品取

第 3 節　商品取引責任準備金　279

引責任準備金は負債の部から控除される（規則 38 条 1 項 7 号）。

【商品取引事故】
　商品取引事故とは、商品先物取引業者の代表者等が、当該商品先物取引業者の業務に関し、次に掲げる行為を行うことにより顧客に損失を及ぼしたものである（法 221 条 2 項、規則 112 条 1 項）。
　①　委託者等の注文内容について確認しないで、当該委託者等の計算による商品デリバティブ取引を行うこと
　②　取引の条件および商品市場における相場等に係る変動について顧客を誤認させるような勧誘をすること
　③　委託者等の注文の執行において、過失により事務処理を誤ること
　④　電子情報処理組織の異常により、委託者等の注文の執行を誤ること
　⑤　その他法令に違反する行為を行うこと

　商品取引事故に関する損失について補てんをする際には、事故の事実を証するために、原則として主務大臣の確認を得なければならない（法 214 条の 3 第 3 項但書。ただ、例外として、裁判所の確定判決を得ている場合等は確認を要しない（規則 103 条の 3 等））。その際、当該確認を受けようとする者は、確認申請書および添付書類を主務大臣に提出しなければならず（法 214 条の 3 第 5 項、規則 103 条の 5・103 条の 6）、商品先物取引協会の協会員の場合には、その確認は、商品先物取引協会を経由しなければならない（法 214 条の 3 第 3 項、規則 103 条の 3 第 3 項・103 条の 4。例外として確認を要しない場合でも主務大臣への報告等が必要である）。

【商品取引事故の確認を要しない場合】
　①主務大臣の確認を受けたとき（法 214 条の 3 第 3 項但書）、②確定判決、裁判上の和解、民事調停法上の調停または決定があり異議申立てがないとき、③商品取引所の仲介による和解、商品先物取引協会による苦情の解決・あっせんまたは調停による和解、主務大臣が指定する団体のあっせんによる和解、弁護士法による和解・弁護士会による仲裁、消費者基本法に基づくあっせんによる和解または合意解決、ADR 法上の認証紛争解決手続による和解などの場合、④弁護士や司法書士が顧客を代理し、和解金額が 1000 万円（司法書士にあっては 140 万円）を超えない和解であって、当該支払いが事故による損失の全部または一部を補てんするものであることを、当該弁護士等が調査・確認したこ

とを証する書面が商品先物取引業者に交付されていることを条件とする和解の場合、⑤商品先物取引業者の代表者・代理人・使用人その他の従業者が、商品取引事故により1日の取引において顧客に生じた損失について顧客に対して、申し込み、約束し、または提供する財産上の利益が10万円を上回らない場合、⑥注文の執行上の過失による事務処理の誤りおよび電子情報処理組織の異常による委託者等の注文の執行の誤りにより顧客に損失を及ぼし（規則112条1項3号・4号）、法定帳簿（法222条）または顧客の注文の内容の記録により事故であることが明白であるとき。

【商品取引責任準備金導入の経緯】

　商品取引事故により顧客に損害が発生した場合、委託者と商品先物取引業者との間で紛争が生じることが多い。その場合に、責任準備金が顧客の損害を円滑に補てんする財源になる。この制度は、商品取引への大衆参加の進展とともに、商品先物取引業者（当時は商品取引員）と委託者との間の紛争が顕著になったことを背景に、1967（昭和42）年の商取法改正により導入された。委託者保護の実効性を高める趣旨で、証券事故に関する証券取引責任準備金制度（現在の金融商品取引責任準備金等。金商46条の5）を参考にして、法制化されたものである。

2　積立金額の算定方法

　日商協は、商品取引責任準備金の積立て等の取扱いについて、「商品取引責任準備金の積立て等に関する規則」を定めており、協会員に対し、取引金額等に応じて積立最高限度額になるまで、当該協会員があらかじめ定めた金融機関に開設した専用口座に積み立てることを原則として求めている（日商協準備金4条以下）。

　商品取引責任準備金として必要とされる金額の算定方法は、主に2つに分かれる。第1に、プロ・ネットの場合（委託者が特定委託者・特定当業者であるか、電子情報処理組織を使用して勧誘を伴わないネット取引での受託の場合）、第2に、アマ対面の場合（委託者が一般委託者であって第1の場合以外の場合）であり、そのなかで先物取引のタイプごとに、現物先物取引（1号先物取引）・現金決済先物取引（2号先物取引）・指数先物取引（3号先物取引）・先物オプション取引（4号先物取引）についてその金額が規定されている（同4条以下）。専門的知識と経験を有するプロからの受託と勧誘のない電子取引によるネット経由の受託

の場合には、アマ対面の場合とは大きく区別され、規制の柔軟化の観点から、実態に合わせて積立率が低く抑えられている。アマ対面の場合における積立額の計算では、「事故率」が委託者保護という観点から重要になる。

【事故率】

　事故率は、商品取引責任準備金の積立額算定の基礎となるものであり、「過去3事業年度でアマ対面の商品取引事故において支払った金額の合計額」を、「過去3事業年度の取引金額（先物オプション取引は、取引の対価の額）の合計額」で除して計算した数である（日商協準備金3条2項）。

3　責任準備金の取崩し

　商品取引責任準備金は、その本来の趣旨から原則として、商品取引事故による損失の補てんに充てる場合のほかには使用することが認められない（法221条2項本文）。ただし、例外的に、主務大臣の承認を受けたときは、それ以外の目的のために使用することができる（同条2項但書）。日商協は、その取崩しが認められる事由を列挙しており、それぞれの事由により提供することとなった財産上の利益の額等が取り崩されることになる（日商協準備金11条1項）。

【責任準備金取崩事由】

　取崩事由は、以下の通りである。①主務大臣の確認を受けたとき（法214条の3第3項但書）、②確定判決、裁判上の和解、民事調停法上の調停または決定があり異議申立てがないとき、③商品取引所の仲介による和解、商品先物取引協会による苦情の解決・あっせんまたは調停による和解、主務大臣が指定する団体のあっせんによる和解、弁護士会による仲裁、消費者基本法に基づくあっせんによる和解または合意解決、ADR法上の認証紛争解決手続による和解などの場合、④弁護士や司法書士が顧客を代理し、和解金額が1000万円（司法書士にあっては140万円）を超えない和解であって、当該支払いが事故による損失の全部または一部を補てんするものであることを、当該弁護士等が調査・確認したことを証する書面が協会員に交付されていることを条件とする和解の場合、⑤協会員の代表者・代理人・使用人その他の従業者が、商品取引事故により1日の取引において顧客に生じた損失について顧客に対して、申し込み、約束し、または提供する財産上の利益が10万円を上回らない場合、⑥注

文の執行上の過失による事務処理の誤りおよび電子情報処理組織の異常による委託者等の注文の執行の誤りにより顧客に損失を及ぼし（規則112条1項3号・4号）、法定帳簿（法222条）または顧客の注文の内容の記録により事故であることが明白であるとき、⑦天災地変等の不可抗力、商品取引事故以外の盗難・横領等により、協会員がその顧客に対する債務の履行が困難になった場合であっても、その準備金の取崩しが必要であると主務大臣が承認したとき。

これらのうち、⑦は①～⑥の事由以外のものを一般的に定めたものであり、特に主務大臣の承認を必要とすることで、過大な目的外の取崩しを防止している。商品取引責任準備金の取崩しは、第1に、商品先物取引業者の役員または使用人による違法または不当行為等の事実が商先法施行規則112条に規定する事故に該当すると認められること、第2に、取崩額が損失の補てんに必要な額に応じた適正な額であること、第3に、商先法214条の3の損失補てん等の禁止に該当しないものであること、という3つの要件を充たす場合に限り認められる（監督指針Ⅱ−11）。

協会員の代表者等が上記金額の全部または一部を負担し、または負担することとなった場合には、取崩額は、その額を控除する（日商協準備金11条2項）。また、毎事業年度終了日において、積立限度額を超えて積み立てられている場合には、その超過額を取り崩すことができる（同12条）。その時点で限度額を超えていたときは、協会員は次の事業年度の終了までの積立てを停止することができるが（同9条）、その後基準額を下回る事態となったときは、当該協会員は、積立ての停止を認められた事業年度末日の翌月の末日までに差額を一括して積み立てなければならない（同10条1項）。

【責任準備金の日商協への預託】
本来、商品取引責任準備金は、商品先物取引業者が自ら積み立てるべきものであるが、日商協は、①商品取引受託業務の廃止等により商品先物取引業者の許可が取り消され、または失効したときに、その者と顧客との間に係争中の商品取引事故があって、かつ、当該顧客から当該事故に係る損金の請求があるとき、②その他協会が必要と認めるときは、責任準備金の全部または一部を日商協に預託させることとしている（日商協準備金15条1項）。日商協から預託指示があった場合、協会員は、当該指示があった日の翌々日（当日が休業日の場合は翌営業日）までに協会に預託しなければならない（同条2項）。日商協は、

協会員の準備金の積立て等の業務の適正な運営を確保し、または顧客を保護するために必要かつ適当であると認めたときは、当該協会員に対し期限を定めて報告もしくは資料の提出を求め、または調査することができる（同16条）。商品取引責任準備金は、かつては商品取引所に預託されていたが、1998（平成10）年の商取法改正により、商品取引所の会員等でなくとも商品取引員（現在の商品先物取引業者）の認可を取得できるようになったことから、日商協がその預託先となった。そして、2005（平成17）年から会員があらかじめ定めた金融機関に開設した専用口座に積み立てる現在の方式となっている。

第7章

国際商品先物取引法

第1節　商品市場の国際化と法規制

1　商品先物取引の国際化と海外先物取引規制法の制定

　1979（昭和54）年頃から金の私設市場が開設され、悪質業者の勧誘に乗って、取引の仕組みも分からないままに取引に参加して被害にあう一般顧客が続出し、社会問題化した。その後、金、銀、プラチナといった貴金属が次々に商品取引所に上場され、また私設市場における先物取引について、これを違法とする判例が続くに従って、私設先物取引業者はしだいに海外先物市場への取次ぎに移行し、海外商品先物取引による被害が続出することになった。そこで悪質業者によるトラブルの多発に対応して、1982（昭和57）年に消費者保護法的色彩の強い「海外商品市場における先物取引の受託等に関する法律」（海先法）が制定された。昭和60年代になって多くの海外商品先物取引業者が刑事摘発を受けるようになってからは、海外先物取引の被害は減少した。

　従来、商品先物取引業者（当時の商品取引員）は、悪質業者と混同されて商品先物取引業の社会的信用が損なわれないように、海外先物取引受託業務を自粛してきたが、商品取引員が海外先物取引受託業務を行うニーズの高まりに応じて、1990（平成2）年改正により、商品取引員にも海外先物取引の受託業務を行う道が開かれた。また、外国為替証拠金取引（FX取引）の受託業務については、1998（平成10）年の外為法改正に伴う外国為替取引の自由化を受け、商品取引員においても兼業業務として行う者が増加しつつあったことから、商品取引員の財務面に影響を及ぼすおそれのある外国為替証拠金取引の運営状況

286 第7章 国際商品先物取引法

を把握するため、2004（平成16）年4月から特定業務に含めることとなった。しかし、その後、外国為替証拠金取引は金商法の規制対象となったため、特定業務の規定は削除された。

2007（平成19）年頃からは、「ロコ・ロンドンまがい取引」と呼ばれる海外商品先物取引や店頭商品先物取引に関して、投資経験のない個人を不当な勧誘によって取引に参加させ、多額の被害を与えるケースが急増した。「ロコ・ロンドン取引」とは、金融機関などの事業者間で行われるロンドン渡しの金現物取引であり、それ自体特に問題はない。それに対して、「ロコ・ロンドンまがい取引」とは、ロコ・ロンドン取引への取次ぎと称して一般顧客を勧誘しながら、実際には取次ぎ等を行わず、証拠金を差し入れさせて商品の売買を差金決済で行う取引所外の取引を一般にいい、このような悪質業者を厳重に取り締まり、透明でトラブルのない商品先物市場を構築することが急務であった。他方で、経済のグローバル化やボーダレス化の進展に伴って、リスク・ヘッジや商品先物取引の現物受渡し機能のニーズが高い事業者にとって、海外商品先物取引や店頭商品先物取引の必要性が高まっており、また大規模な投資家が資産運用手段として市場参加をすすめてもいた。そこで、2009（平成21）年の法改正では、規制一辺倒の海先法を廃止して法律を一本化し、海外商品先物取引業者にとって使いやすく、透明でトラブルのない商品先物市場の実現を目指すとともに、従来は規制のほとんど及ばなかった店頭商品先物取引に関しても厳格な規制を導入して、「商品取引所法」はその名称も「商品先物取引法」と改められた。

2　商品先物取引法と国際市場

海先法が廃止されて、商先法に統合されたことにより、「外国商品市場」は、商品市場に類似する市場で外国に所在するものをいうと定義され（法2条12項）、「外国商品市場取引」は、外国商品市場において行われる取引であって、商品市場における取引に類似するものをいうと定義されている（同条13項）。また、「商品先物取引業」として、「外国商品市場取引（商品清算取引に類似する取引を除く。）の委託を受け、又はその委託の媒介、取次ぎ若しくは代理を行う行為」および「外国商品市場取引のうち、商品清算取引に類似する取引の委託の取次ぎの委託を受け、又はその委託の媒介、取次ぎ若しくは代理を行う

行為」を加え（同条22項3号・4号）、商先法の規制に服するものとした。

　しかし、もっぱら外国商品市場取引について自己取引のみを行う場合や、約定の成立に全く関与しない他者清算のみを行うブローカー行為自体には、保護すべき委託者はいないので、これらの法規制を必要としない。また、①外国商品先物取引業者が、勧誘することなく、国内にある商品先物取引業者、商品投資顧問業者、資本金10億円以上の株式会社等から注文を受けて、外国から当該者のために国内商品市場取引に係る取次ぎを行う場合、②外国商品市場取引について高度の能力を有する者（商品先物取引業者、商品投資顧問業者、資本金10億円以上の株式会社等）を相手方として、または当該者のために、外国商品市場取引等を行う場合、③外国商品先物取引業者が、勧誘することなく、商品先物取引業者による代理または媒介により、外国から国内にある者（個人を除く）を相手方として行う外国商品市場取引に係る受託行為または店頭取引を行う場合にも、保護に欠けるおそれがないので、同様である（令2条2号～4号、規則1条の2・1条の3）。機関投資家として外国商品市場の取引資格をもつ外国商品先物取引業者にオムニバス口座を開設し、国内市場取引については、商品先物取引業者に取り次ぐ例が多いことや、外資系金融機関が分業体制をとって、外国商品市場の取引資格をもつ外国法人が国内に居住する顧客から外国商品市場取引の委託を受けて直接取引の相手方となり、他方、国内の顧客に対する営業活動は内国法人が行う場合などを想定したとされている。

　経済の国際化が高度に進んでいる現在では、国際的な規模で市場間競争が激しくなっており、世界の主要な取引所は、証券（株式・債券等）・金融（通貨・金利等の金融デリバティブ取引）分野と商品分野が統合され、総合取引所化が進んでいる。わが国でもグローバルな市場間競争の中で、商品デリバティブ取引の活性化の促進のため、証券・金融分野と商品分野との接近が図られており、法理論上は、証券・金融と商品の統合は可能になっている。

3　商品先物取引の国際ネットワークの進展

　世界的な取引所のネットワークやクリアリングのネットワークが進展している。

288 第7章 国際商品先物取引法

(1) Euronext（ユーロネクスト）

Euronext とは、フランスのパリ、オランダのアムステルダム、ベルギーのブリュッセル、ポルトガルのリスボン、アイルランドのダブリンにある証券取引所の総称（欧州多国籍取引所）である。現物取引およびデリバティブ取引のシステムを統合することでクロスボーダー取引を容易にすると共に、複数の取引所から注文を1カ所に集めることで流動性の向上を図ることを目的に、2000年9月に、パリ証券取引所、アムステルダム証券取引所、ブリュッセル証券取引所の3つの取引所が合併して設立され、設立後、各証券取引所は、ユーロネクスト・パリ、ユーロネクスト・アムステルダム、ユーロネクスト・ブリュッセルに改称した。2002年には、ポルトガルのリスボン証券取引所とロンドン国際金融先物取引所（London International Financial Futures and Options Exchange：LIFFE）が加入し、リスボン証券取引所はユーロネクスト・リスボンに改称され、またユーロネクストのデリバティブ取引部門は LIFFE 傘下に統合された。2007年にユーロネクストは、ニューヨーク証券取引所を運営する米国の NYSE グループと合併して、初の大西洋をまたぐ国際的な証券取引所グループが誕生し、会社名が「NYSE ユーロネクスト」となった。本部は米国のニューヨーク、欧州本部はフランスのパリにあり、LIFFE は NYSE Liffe に名称変更した。その後、2013年に NYSE ユーロネクストが、米国のインターコンチネンタル取引所（ICE）に買収され、さらに2014年に ICE が収益性の高いデリバティブ取引に経営資源を集約するため、現物株取引主体のユーロネクストを IPO で分離・独立させ、再びユーロネクストに戻った。

(2) インターコンチネンタル取引所（Intercontinental Exchange：ICE）

ICE とは、米国ジョージア州アトランタに本部を置く、エネルギー関連や農産物、貴金属、排出権、株価指数、外国為替、金利、CDS など、多様なデリバティブ取引（先物・オプション等）を主力とする電子取引所、および取引所の運営会社である。2000年にエネルギー関連デリバティブの店頭取引市場として設立され、最新鋭の高速売買システム（電子取引プラットフォーム）の提供と顧客需要に適したデリバティブ商品の開発を強みに、2001年にロンドン国際石油取引所（International Petroleum Exchange：IPE）、2005年にニューヨーク商品取引所（New York Board of Trade：NYBOT）、2007年にウィニペグ商

品取引所（Winnipeg Commodity Exchange：WCE）、2010 年にシカゴ気候取引所（Chicago Climate Exchange：CCX）とヨーロッパ気候取引所（European Climate Exchange：ECX）などを次々に買収していき、世界有数の取引所グループとなった。2013 年に取引所運営会社の NYSE ユーロネクストを買収し、世界最大の株式市場であるニューヨーク証券取引所（New York Stock Exchange：NYSE）を傘下に収めた。アトランタ、ニューヨーク、シカゴ、ヒューストン、ロンドン、アムステルダム、カルガリー、ウィニペグ、シンガポールなどに拠点を置き、デリバティブと現物の多様な取引所を運営するほかに、クリアリングハウスも運営する。取引所は、ICE と NYSE の 2 つの市場に分かれている。

(3) CME グループ

　米国イリノイ州シカゴの商品取引所シカゴ・マーカンタイル取引所（Chicago Mercantile Exchange：CME）を母体とする持株会社である。グループ内の取引所としては、CME のほか、シカゴ商品取引所（Chicago Board of Trade：CBOT）、ニューヨーク・マーカンタイル取引所（New York Mercantile Exchange：NYMEX）などがある。グループ全体のクリアリングは、CCP（セントラル・カウンター・パーティー）となる CME Clearing が行っており、取引所上場銘柄だけでなく、CME ClearPort を通じて店頭デリバティブ取引についても清算と決済が行われている。CME Clearing は、1 日 2 回の値洗いを行っており、損失または債務が拡大することを予防し、証拠金の徴収と保管業務や受渡業務などを行い、膨大な取引データ等の情報をインターネットを通じて発信している。また、米国内外の取引所との提携も盛んに行っており、サンパウロ証券取引所、マレーシア証券取引所（デリバティブ部門）、ドバイ・マーカンタイル取引所（CME と現地ファンドなどとの合弁）、ヨハネスブルグ証券取引所、韓国取引所、メキシコ証券取引所（デリバティブ部門）、ミネアポリス穀物取引所、インド・マルチ商品取引所、インド・ナショナル証券取引所、日本取引所グループ大阪取引所、モスクワ取引所、シンガポール取引所との業務提携や指数・決済値などの利用許諾契約の締結のほか、FTSE ラッセル指数、NASDAQ、S&P ダウ＝ジョーンズ・インデックス、日本経済新聞社（日経 225 先物・先物オプションを上場するための利用許諾）などとの提携を行っている。

第2節　諸外国の商品先物取引法規制

1　米　　国

(1)　米国における商品先物取引法規制

　米国の商品先物取引の歴史は1840年代のシカゴに始まるとするのが通説的理解である。それ以前には、たとえば、1700年代末には自主的な「商品市場」が生まれ、鶏卵・バター・野菜・穀物等が取引されていた。もっとも、この当時は、現物受渡しの現金決済取引（cash markets for "spot" delivery）であり、先物取引は行われていなかったようである。その後、価格変動リスクを回避し、農業生産者が作物（穀物）を売るタイミングをコントロールできる先物取引が注目されるようになり（日本の商品先物取引がモデルとされたとする説もある）、1848年に先物やオプション取引を扱うシカゴ商品取引所（Chicago Board of Trade：CBOT）が設立された。CBOTを契機に、米国では先物取引を行う商品取引所（穀物商品取引所など）が設立されていった。他方、商品先物取引をめぐるトラブル（詐欺や買占め等による操作など）が生じたことから、各州政府は、商品取引を規制する法律（州法）を設けるようになった。連邦政府も同じく対応を余儀なくされるに至り、1883年になり、商品取引を規制する立法の検討が開始された。その後数多くの法案が提出されたが、いずれも成立には至らなかった。これらの法案は、その沿革的理由から、商品先物取引を厳しく制限する、あるいは全面禁止とする内容であり、商品先物取引における思惑売買などで価格が乱高下することにより生じる商品の相場変動により商品の生産者が被るおそれのある損害の発生を防止することに主眼が置かれていた。

　商品先物取引に関わる重要な連邦法として、ようやく1921年に「先物取引法（Futures Trading Act）」が制定された。しかし、同法は1922年に連邦裁判所において「違憲」と判示された。同法は、法認の商品取引所以外の場所でなされた穀物の先物取引に課税するという内容であったため、課税権限をめぐって「違憲」とされたのである。そこで、同じ1922年に「穀物先物法」（Grain Futures Act of 1922）」が制定されることとなった。同法はその後改正がなされ、1936年には「商品取引所法（Commodity Exchange Act of 1936）」となった。こ

の 1936 年法では、規制当局の権限や規制対象となる商品が拡大された。具体的には、価格操作および買占めに対する規制強化、大口トレーダーの投機活動についての制限の設定、農業生産者協同組合の権利保護規定の強化、詐欺的行為および相場操縦からの保護、取引所の立会場ブローカーと先物手数料承認の年次登録と活動規則、顧客資金の保護などが定められた。また、同法は、商品先物取引が有する、価格変動リスクの管理機能、価格発見機能、そして価格情報の発信機能を重視し、取引所と市場参加者の自治を基本的に尊重した。同法の規制監督権限は農務省（商品取引所監督局）に置かれていた。農産物先物取引が主要な取引であったからである。

　しかし、その後、先物取引対象商品の多様化が進み、たとえば外国産農産物や工業品、金融商品の先物取引などが行われるようになり、連邦法の規制対象外にあったこれら商品をめぐるトラブルも生じたため、その対応が必要となってきた。1974 年の商品取引所法の改正はこのような議論の中でなされたものである。法案審議において、下院案は農務省の権限を大幅に残し、非常勤の委員会を創設するものであったのに対し、上院案は中立的な独立行政機関の設置を提案するものであった。取引対象が農産物に限らなくなっていた点や高度な金融市場の発展に対応する必要がある点などが考慮されて、上院案に従い、商品取引所法の修正として、1974 年に「商品先物取引委員会法（Commodity Futures Trading Commission Act）」が制定され、翌年 4 月に規制権限が農務省から、新たに設置された商品先物取引委員会（Commodity Futures Trading Commission：CFTC）に移管された。

　その後、主要な法改正だけでも、「1978 年先物取引法」により農産品のオプション取引の禁止、仲介業者破綻時の顧客資産保全手続の整備、自主規制機関（登録先物協会。後の全米先物協会（National Futures Association：NFA））の設置と CFTC の権限の一部委譲、「1982 年先物取引法」により CFTC と SEC の権限範囲の明確化、試験上場制度（パイロット・プログラム）の創設、登録先物協会の組織体制の明確化、「1992 年先物取引実施法（Future Trading Practices Act）」により CFTC への相対デリバティブ取引（スワップなど）の適用除外権限の付与、取引追跡監督システム（audit trail）導入義務化、法令違反者への罰則強化、「1986 年先物取引法」により商品オプションのパイロット・プログラム、「2000 年商品先物現代化法（Commodity Futures Modernization Act：

292　第7章　国際商品先物取引法

CFMA）」により適用除外商品・農産品・適用免除商品の区分による異なる規制方式の採用、店頭デリバティブ取引の適用除外基準の明確化、個別株式先物などについてのSECとの共管、プリンシプル・ベースの規制体系の導入、「2008年食物・エネルギー保存・エネルギー法」による「CFTC再授権法」に基づき、ECN（Electronic Communications Network）市場に対する規制強化、取引所外での個人向け外国通貨先物に関するCFTCの規制権限の明確化などが立法化された。定期的に改正がなされてきたのは、後述するように、CFTCの設置にはいわゆる「サンセット条項」が付されており、定期的に権限や予算措置についての再授権が必要とされていたためであり、その再授権に際して権限等の見直しがなされた結果である（この間、再授権が滞った期間もあった）。

(2)　**商品取引所法**（Commodity Exchange Act：CEA）

　現行の連邦法である商品取引所法は、商品先物取引が頻度の高い、州際・国際的な取引となっていることを捉え、それが「公益」にかかわるものであるとし、流動的で公正で財務上健全な取引施設を通じて、価格変動リスクの管理・価格形成・価格情報の発信を提供することが重要であるとしている（7USCA§5⒜）。そして、そのような「公益」を、CFTCの監督下にある、取引所の効果的な自主規制、クリアリングシステム、市場参加者などの自主規制を通じて、保護することが法目的であるとする。その法目的を実現するために、価格操作その他の市場の誠実性を害することの防止、対象となる取引の財務上の誠実性とシステム上のリスクの回避を確実にすること、あらゆる市場参加者を詐欺その他の不当な売買慣行・顧客資産の濫用から保護すること、公平な競争を促進することを行うとする（7USCA§5⒝）。同法において特徴的なのは、同法の下では商品先物取引を行うことは原則として禁止されている点である。そして、公益適用除外（7USCA§6⒞）等によって除外される場合を除き、一定の要件を充たす場合のみ、商品先物取引を行うことが認められているのである。その一定の要件とは、CFTC規則や商品取引所規則に従った取引であること、「認められた取引所」での取引であること、書面でその内容（日付・契約当事者・受渡しまでの期間等重要事項）が記録されており一定期間（3年もしくはCFTCがそれ以上の期間を命じている場合には命じられた期間）保存がなされ、CFTCや司法省の調査に対していつでも開示できる状況であること、が明示

されている（7USCA§6⒜）。

⑶ 規制主体

　米国の商品先物取引法規制においては、商品取引所法（CEA）を基礎としながらも、同法の中でCFTCに幅広い権限を認め、これと同時に各商品取引所および全米先物協会（National Futures Association：NFA）の自主規制権限を容認し、さらにCEAによってCFTCに付与された権限のうちの一部を各商品取引所やNFAに委任等を行っている。いわば重層的な規制構造となっている。

① 商品先物取引委員会（CFTC）

　CFTCは、商品先物・オプション取引についての排他的管轄権を有する連邦の独立行政機関である（7USCA§2）。その組織構成等については、1974年に制定された連邦法である「商品先物取引委員会法（Commodity Futures Trading Commission Act of 1974）」に詳細に規定されている。CFTCは、5人の委員（委員長を含む）で構成され、委員と委員長は上院の同意を得て大統領が指名する（同一政党からは3人以下でなければならない）。本部は、ワシントンD.C.に置かれ、ニューヨークなどに支局がある。その組織は、委員長室のほかいくつかの部局で構成され、各部局はそれぞれの管轄業務を行っている。特に、規制部局はさらに清算・仲介の監視、市場監視、法執行に分かれている。

　CFTCの権限については、第1に、業者等の登録がある。取引所や先物取引業者、仲介ブローカー、商品投資顧問業者、フロアー・ブローカー、フロアー・トレーダー等はCFTCへの登録が義務付けられている。6カ月を超えない期間での臨時登録の制度もある（7USCA§12a⑴）。第2に、CEAの規定を達成するための規則（CFTC規則）の制定権限がある（7USCA§12a⑸）。たとえば、相場操縦等を防止するための市場監視プログラムを有しており、そのために情報を収集し様々な報告書を市場参加者に課している。また、不合理で不当な価格変動を引き起こしかねない過度の投機から先物市場を保護するために、先物市場における投機的な持ち高数に制限を課する権限も、法定権限である。特に近時では、いわゆるマネーロンダリングの防止も政策目標とされ、顧客の身元確認や一定額以上の外貨や金融商品の国際的な移動についての調査への協力を取引参加者に求めている。第3に、CEAおよびCFTCの規則違反等についての懲戒、処分、緊急事態対応、裁判所への請求等（7USCA§6b）の

権限がある。

② SEC との権限範囲の調整

1970 年代に株価指数先物などのハイブリッド型金融商品が出現したことにより、CFTC と SEC の管轄権を明確にする必要が生じた。1981 年、両委員会の委員長の間で管轄権に関する行政協定（シャッド＝ジョンソン協定（Shad-Johnson Accord））が締結され、協定の内容は後に 1982 年改正において法律に取り込まれた（Futures Trading Act of 1982）。その結果、CFTC には、株式先物取引を除き、原則的にあらゆる商品先物取引に対する排他的な管轄権が認められた（§2(a)(1)(C)(ii)）。他方、SEC は、原則的に、証券先物、証券先物オプションに関して管轄権を有することとなった（§2(a)(1)(C)(i)）。

③ 自主規制機関――全米先物協会（National Futures Association：NFA）と各商品取引所

米国の商品先物取引における自主規制機関には、NFA と各商品取引所がある。いずれも商品取引所法によって自主規制権限が認められている。

NFA は、CFTC 規則により、登録業務や権限の一部を委任され、同協会員に対する規則制定権を有している。NFA 規則では、登録会員の監督・規則違反者への懲戒・販売勧誘に関する規則等が定められている。CFTC は、これらの NFA 規則に従って行われた懲戒処分等について審査する権限を有しており、また NFA 規則の訂正をすることもできる。

他方、各商品取引所は、各種取引規制や市場監視、規則違反者への懲戒等を各取引所規則で制定している。しかし、CFTC は各商品取引所に対して取引所の指定・取消権限を有しているので、取引所規則の訂正権も CFTC が有し、また市場運営の監督も行っている。

⑷ 規制客体

① 指定契約市場・登録スワップ実施機関

指定契約市場（Designated Contract Market：DCM）とは、CFTC により、あらゆる種類の商品についての先物取引およびオプション取引を扱うことができ、かつ、リテール取引先を含むすべての種類のトレーダーが参加することが可能な取引所として指定されたものをいう。日本の商品取引所に相当する。法定の条件を充たさない限り指定はなされない。DCM の中には、先物取引所と

して長年の歴史を持つものもあれば、近年 CFTC によって指定されたものもある。

DCM には、規則の制定や改正を行う権限があり、定期的変更等の場合には、1週間の周知期間のみで改正ができる。他方、農業商品の先物取引契約の要件等の重大な変更等の重要な規則変更については、事前に CFTC の承認が必要である。

スワップ取引については、DCM またはスワップ実施機関（Swap Execution Facilities：SEF）として CFTC に登録されない限り、スワップ取引またはスワップ処理のための機関を運営することは許されない。

② 登録デリバティブ・クリアリング機関

デリバティブ・クリアリング機関（Derivatives Clearing Organization：DCO）として先物取引、先物オプション、スワップに関するクリアリング・サービスを行うためには、事前に CFTC に登録しなければならない。その登録には、CEA に規定されている基準の遵守が求められる。その基準は、財務上・運営上・経営上いかなる状況下であっても適時に清算を結了する能力があること、十分な規則制定および紛争解決のための手続があること、コンピュータ類のシステムの防衛や災害復旧等の態勢が十分かつ適切であること等である（7USC §7a-1）。

③ 登録スワップ・データ保管者

2010年の金融規制改革法（いわゆるドッド=フランク法（Dodd-Frank Wall Street Reform and Consumer Protection Act：DF 法）により、スワップ・データ保管者（Swap Data Repositories：SDR）制度が創出され、すべてのスワップ取引が、清算の成否にかかわらず、「登録 SDR」に報告されなければならないこととなった。登録された SDR は、反トラストへの配慮、ガバナンスの整備、利益衝突という重要な3点についての原則を遵守しなければならず、それができないときは、登録が取り消される。

④ 仲介者（Intermediaries）の登録制度

米国の商品先物業の中には、様々な種類の仲介者が存在する。それらもまた CFTC への登録が求められている。いずれも、それぞれの資格に要求される財務要件、開示要件、記録保管要件等を充たさなければならない。

296　第7章　国際商品先物取引法

(a)　Futures Commission Merchant（FCM）

　先物取引や先物オプション取引の売買注文、場外為替契約やスワップ取引の小売の勧誘または受託を行い、それらの注文の証拠金としての金銭その他の財産を預かる主体である。

(b)　Introducing Broker（IB）

　FCMと類似した業務を行うが、異なる点は証拠金を預かることができないことである。

(c)　Commodity Pool Operator（CPO）

　集団の投資の運営を行う。

(d)　Commodity Trading Advisor（CTA）

　先物や商品オプション等の取引について、直接または著作物等を通じて投資者に助言等を行う。

(e)　Swap Dealer（SD）

　自身で「スワップ・ディーラー」と表示している者であり、自己の計算において、カウンターパーティとスワップ取引を行う。

(f)　Major Swap Participant（MSP）

　CFTCによって定められた主要スワップ分類のいずれかのスワップ取引で、主要な持ち高を保持している者などをいう。ただし、商業上のリスク・ヘッジのため、リスク軽減目的のために当該持ち高を保持している者や従業員福利制度によっている場合など、一定の適用除外がある。

(5)　近時の動向

　米国においては、2007年頃から「サブプライム・ローン」問題が露呈し始め、その後、リーマン・ブラザーズやAIGの破綻等のいわゆる金融危機（リーマン・ショック）が起こった。サブプライム・ローン問題が表面化する以前からも、米国においては、ブッシュ政権の下、金融自由化の流れの中で金融改革が検討されていた。その議論の中心は米国の国際競争力の維持・強化と、より効率的な規制・監督構造の構築が中心であった。そして、財務省が2008年3月に示した改革草案「金融規制構造の現代化のための青写真（Blueprint for a Modernized Financial Regulatory Structure）」（以下、「ブループリント」）では、規制の効率性向上のためにSECとCFTCを統合することによる、業者の行為

の監督機能の強化が述べられていた。

しかし、金融危機が深刻化する中、2009年1月に成立したオバマ政権の下では、従来の金融自由化の流れではなく、金融危機の再発を防止するという視点での新たな方針の規制改革が検討されることとなった。同年6月に財務省が示した「金融規制改革、新たな基盤：金融監督および規制の再構築（Financial Regulatory Reform：A New Foundation：Rebuilding Financial Supervision and Regulation）白書」においては、金融改革は国際競争力の維持・強化という視点ではないこと、監督機能の強化は既存機関の強化であることが示され、先の「ブループリント」で提案されていたSECとCFTCの統合案は消えていた。政権交代を契機として、商品取引の規制方針が大きく変化したのである。

リーマン・ショックへの対応策として、2010年7月21日に先に述べたDF法（ドッド＝フランク法）が成立した。DF法は、主に金融分野を対象としたものであるが、商品先物についての新規制も規定された。商品取引規制との関係では、店頭（OTC）デリバティブ取引に対する規制の強化がなされた点等が重要である。OTCデリバティブ取引は、従来、証券の形態をとらず、機関投資家や富裕層が取引当事者である限りにおいて、商品取引所法の適用およびCFTCの監督の対象外とされていた。これは、2000年12月に成立した前述の「商品先物現代化法（CFMA）」によるものであり、デリバティブ市場の育成と米国市場の競争力強化が目的とされていた。しかし、その結果、その後に拡大したデリバティブ取引を規制当局が把握することが困難となり、規制・監督の抜け穴となってしまった。これが金融危機拡散の一因と考えられ、特にエネルギー商品などが該当する「適用免除商品」については、「エンロン・ループホール」として知られ、元凶の1つとされた。DF法においては、店頭デリバティブ取引に関して、SECおよびCFTCの監督権限を強化した。具体的には、①取引に標準化の概念を導入し、SECやCFTCに登録された取引所や電子プラットホーム等での取引や清算機関での清算を義務化し、②ディーラーや主要な取引参加者等のSEC・CFTCへの登録を制度化し、③取引総額やポジション等の報告義務を課し、また④規制による資本やマージンの要求などを明記した。このようなDF法を受けて、CFTCは、2011年1月までに新たな規制を導入しなければならなかったが、意見調整に手間取り、同年10月になりようやく、原油など28商品に係る新規制を成立させた。たとえば報告義務に関し

298 第7章 国際商品先物取引法

て、デリバティブ成約後約15分以内にCFTCに報告するという即時報告制度
や、全取引の明細などの報告義務が課されることとなった。これは、日本企業
であっても相手方が米国企業であれば従わなければならない報告義務である。
建玉制限も新たに導入された。これは、投資マネーによる投機的取引を防ぐ狙
いがあり、現物取引に関連した当業者は規制対象外とされた。これ以外にも、
決済について、清算機関（クリアリングハウス）の活用が義務付けられた。

　金融危機以後は規制強化を進めていた米国であったが、2017年に発足した
トランプ政権の下では、逆に、規制緩和への動きが生まれている。トランプ大
統領は、大統領選の中でDF法を「経済活動の停滞につながる」と、その廃止
を主張し、大統領となった翌月（2017年2月3日）にDF法の見直しに関する
大統領令に署名した。また、2018年5月にはDF法を大幅に見直す内容の連
邦法案が連邦議会で可決され（翌月、大統領は署名）、米国の金融規制の動きが
注目される。

⑹　米国の主要な商品先物取引所

①　シカゴ・マーカンタイル取引所（Chicago Mercantile Exchange：CME）

　CMEは、米国イリノイ州シカゴ市にある世界最大級のデリバティブ（金融
派生商品）取引所である。1898年に、現在はCMEグループの傘下にあるシカ
ゴ商品取引所（CBOT）から「シカゴ・バター・卵取引所（Chicago Butter and
Egg Board）」として独立し、その後、1919年にシカゴ・マーカンタイル取引
所（Chicago Mercantile Exchange）に改組した。株価指数先物取引や先物オプ
ション取引を創始し、また為替の売買や通貨先物取引を行う国際通貨市場
（IMM：International Monetary Market）を開設するなど、新種商品や新市場を
展開し、また海外の取引所との提携を進める一方で、伝統的なオープン・アウ
トクライによる立会場方式から電子取引システム、電子取引プラットフォーム
（CME Globex）を開発して24時間取引を実現するなどの取引手法等の改革も
進め、現在では、原油、穀物、畜産物、金、不動産、天候デリバティブ、株価
指数、金利、外国為替などの先物やオプションを扱う世界最大級のデリバティ
ブ（金融派生商品）取引所となっている。その組織形態としては、2000年に従
来の会員組織から株式会社に変更し、2002年に株式公開した。2007年には
CBOTを買収してCME Group, Inc. を組織し、自らはその子会社の1つとなっ

た。CME グループは、2008 年には後述の NYMEX を、2012 年にはカンザス
シティー商品取引所（Kansas City Board of Trade：KCBT）を買収した。さら
に 2013 年にはロンドンにヨーロッパ顧客向け取引所（CME Europe Ltd：
CMEEL）を開設（ただし、2017 年 CFTC から「海外取引所 FBOT」の登録が取り
消された）するなど、世界市場争奪戦で主導的地位を保っている。

② シカゴ商品取引所（Chicago Board of Trade；Board of Trade of the City of Chicago：CBOT）

CBOT は、1848 年に、米国イリノイ州シカゴ市に開設された米国で最初の
穀物先物取引所である。当初は、シカゴ市の穀物商人らの現物取引を行う自主
的な組織であったが、1859 年にイリノイ州議会から穀物の品質管理権が与え
られるなどの変遷を経て、先物取引が行われるようになった。現在も、トウモ
ロコシ、大豆、小麦など農産物の世界的な価格指標を提供している。2005 年
に持株会社 CBOT ホールディングズを組織し、自らはその子会社となった。
その市場では、伝統的な穀物の先物取引のほか、1975 年には金融先物取引、
1982 年には先物オプション取引、1997 年には株価指数先物オプション取引が
行われるなど、同じシカゴ市にある CME とは競争関係にあったが、2007 年
に CBOT 持株会社と CME 持株会社が合併して CME グループとなり、現在は
その傘下にある。

③ ニューヨーク・マーカンタイル取引所（New York Mercantile Exchange：NYMEX）およびニューヨーク商品取引所（New York Commodity Exchange：COMEX）

NYMEX は、米国ニューヨーク州ニューヨーク市にあるエネルギーや金属
などの先物取引・オプション取引を行っている商品取引所である。上場商品で
ある WTI（West Texas Intermediate）は原油価格に関する重要な世界指標と
なっている（いわゆる「ニューヨーク原油相場」）。前身は 1872 年設立のニュー
ヨーク・バター・チーズ取引所（The New York Butter and Cheese Exchange）
である。2008 年に CME グループに買収された。

COMEX は、NYMEX の先物部門であり、1933 年に当時のナショナル金属取
引所（The National Metal Exchange）、ニューヨーク・ゴム取引所（The Rubber
Exchange of New York）、ナショナル生糸取引所（The National Raw Silk Exchange）、
ニューヨーク・ハイド取引所（The New York Hide Exchange）が合併して総合

300 第7章 国際商品先物取引法

商品取引所である Commodity Exchange Inc. となっていたものが、1994 年に NYMEX と合併して NYMEX の一部門となった。その後、2008 年に NYMEX が CME グループに買収されたことに伴い CME グループの傘下の商品取引所となって現在に至っている。COMEX では、金・銀・銅・アルミニウムなどの先物市場が開設され、特に金（きん）先物の相場は世界の金価格の指標的な存在である。

2 欧　　州

⑴ EU の近時の状況

1990 年代半ばまでは、米国の CBOT や CME、英国のロンドン金属取引所（London Metal Exchange：LME）などの古い歴史を誇る米英の取引所が現物商品取引を出発点として 100 年以上にわたり世界の先物市場をリードしてきた。1990 年代後半になり、相次いで実現した取引所の株式会社化によって、欧米取引所の体質は飛躍的に強化され、効率化、透明性の向上も進んだ。同時に、通貨・国債・金利・株価指数の先物やオプションなどの金融先物商品が上場商品の大勢を占めるようになると、ロンドン国際金融先物取引所（London International Financial Futures and Options Exchange：LIFFE）、ドイツ取引所（Deutsche Börse AG：DB）、フランス国際先物取引所（Marché A Terme International de France：MATIF）、スイス・オプション先物取引所（Swiss Options and Financial Futures Exchange：SOFFEX）などといった英国やヨーロッパ大陸諸国の新興取引所が、注文の大量処理や 24 時間アクセス可能な電子取引を武器として、急速に出来高を増やしてきた。この動きは 1998 年 EUREX（DTB（Deutshe Terminbörse：ドイツ金融先物取引所）と SOFFEX が統合）、2002 年 EURONEXT. LIFFE（MATIF などが合併した EURONEXT が LIFFE を買収）の誕生など、欧州系を中心とする取引所間の合従連衡によってさらに加速された。

EU は、1993 年に制定された投資サービス指令（Investment Services Directive：ISD）を規制環境の変化とテクノロジーの進展に対応させるために抜本的に見直し、EU 域内における証券市場および投資サービスを規定する規制として、2004 年に金融商品取引指令（Markets in Financial Instruments Directive：MiFID）を採択した。そして、これを大幅に改正した第 2 次金融商品取引指令

（MiFID2）が 2018 年から施行された。MiFID2 は、これまで例外的に適用除外とされてきたエネルギーと商品のデリバティブ市場も規制対象に加えて、監督を強化している。2016 年には英国の EU 離脱（Brexit）の是非を問う国民投票が行われ、離脱支持が僅差で上回ったが、その後の推移によっては欧州の証券・商品市場にも大きな影響が出ることが予想される。

⑵　ド　イ　ツ

①　法　状　況

　ドイツでは、1896 年に初めて取引所法が制定された。ドイツでは、銀行が銀行業務と証券業務の全般を兼営する独自のユニヴァーサル・バンク制度が古くから定着しており、資本市場よりも銀行の影響力が強かった。しかし、農業社会から産業社会への転換、鉄鋼・鉄道などの巨大産業の発達による資本需要、取引所取引への大衆参加の増加などによって資本市場の重要性が増す一方で、銀行の不祥事による大規模な投資被害が社会問題化し、それらを背景として、取引所法制定の機運が生まれた。取引所法は、証券取引所および穀物取引所の両方を適用対象としており、その点では、ベルリン取引所規則をもモデルとして 1893 年に制定された日本の旧取引所法と同様である。しかし、ドイツ取引所法は、穀物・製粉等の「取引所定期取引」を禁止していた。さらに、取引所法制定の約 2 カ月後に制定された民法典（BGB）によると、物品や有価証券を提供するという内容の契約を締結しながら、実際には差金の授受だけで決済するという取引は仮装取引にすぎず、賭博と同一視された結果、当該契約に基づく債務は自然債務とされた。また無効主張は「差額の抗弁」といわれ、民法による取引所法の大幅な制約を目的としていた。

　このような大きな制約があったが、その後の市場の劇的な変革にもかかわらず、取引所法は今日でもなおドイツ資本市場制度の中核をなしている。現在では、欧州指令の影響のもとで、包括的な資本市場法に近づくために、取引所法は大きく変容している。また先物取引との整合性がかねてから問題視されていた差額の抗弁は、2002 年の第 4 次資本市場振興法（das vierte Finanzmarktförderungsgesetz）によって、廃止された。

②　主要な商品取引所

⒜　ドイツ取引所株式会社（Deutsche Börse AG：DB）

302　第7章　国際商品先物取引法

　DB は、フランクフルト証券取引所（Frankfurter Wertpapierbörse AG）の運営および関連する金融サービスの提供を行う企業である。企業としての正式名称は Deutsche Börse AG（ドイツ取引所株式会社）であるが、通称として Deutsche Börse Group、Gruppe Deutsche Börse（ドイツ取引所グループ）の呼称を用いている。DB は、1990 年代以降、企業買収や子会社の設立により、金融サービス企業としての強化を行ってきた。1998 年に EUREX を設立、2002 年にルクセンブルクを本拠とする欧州最大の証券決済機関であるクリアストリーム（Clearstream）を買収、2015 年にスイスのインデックスプロバイダーである STOXX を完全子会社化した。2001 年、自ら株式を上場し、2002 年にドイツ株価指数（DAX）の構成銘柄となった。

⒝　Eurex（ユーレックス）

　ドイツのエシュボルンに本拠を置く、DB グループの世界有数のデリバティブ取引所である。これは、世界中からアクセスされる、先物やオプションなどのデリバティブ取引を提供する「電子取引市場」であり、一般的にはメイン市場の「Eurex Exchange」のことを指す。1998 年に DB 傘下のドイツ金融先物取引所（DTB）とスイス証券取引所（SIX Swiss Exchange）傘下のスイス・オプション・金融先物取引所（SOFFEX）の統合により、持株会社の「ユーレックス・チューリッヒ（Eurex Zurich）」が設立され、さらに 2007 年には世界最大級の株式オプション市場である米国のインターナショナル・セキュリティーズ取引所（International Securities Exchange：ISE）を買収した。一方、2011 年に、ユーレックス・チューリッヒの全株式は DB により買収され、DB の完全子会社となった。現在、ユーレックスは、株式や株価指数、金利、ボラティリティ、FX、コモディティ、プロパティーなどの多様なデリバティブ商品を取り扱っている。

⑶　英　　　国

①　法 状 況

⒜　2000 年金融サービス・市場法（Financial Services and Markets Act 2000：FSMA）と金融サービス機構（Financial Services Authority：FSA）による統合アプローチ

　英国では、2000 年に金融サービス・市場法（Financial Services and Markets

第2節　諸外国の商品先物取引法規制　303

Act 2000：FSMA）が制定された。同法によって、銀行、証券、保険等あらゆる業態を包括的に単一的な金融規制・監督当局（金融サービス機構（Financial Services Authority：FSA））が監督する「統合アプローチ」がとられ、先物市場も証券市場などと同様にFSAの監督下に置かれた。従来、FSAの組織は、オペレーション、個人市場（Retail Markets）、法人・機関投資家市場（Wholesale & Institutional Markets）という3つの部門を中心に組織されていたが、分野横断的なものを含む柔軟な組織対応と情報共有を可能にする組織構成に改められた。

　FSAは、法律上、公的な監督機関として位置付けられたが、政府機関ではなく保証有限責任会社（company limited by guarantee）の形態をとっており、その運営費用は主に認可業者からの手数料で賄われた。しかし、FSAには、財務省が任免する理事長および理事会が置かれ、財務省や議会への年次報告書の提出を義務付けられた。また、財務省はFSAの運営に関する調査権も有した。

　FSAの規制目的として、「市場の信頼確保」、「金融の安定」、「消費者の保護」、「金融犯罪の削減」の4項目が規定された。これらの目的達成のために、FSAには、規則制定・ガイダンスの提示、業者の認可、業務行為の監視、業者や消費者の教育・啓蒙、違反行為への制裁、消費者の救済、といった広範な権限が与えられた。単一的な法廷外紛争解決機関（金融オンブズマン）、単一的な損害補償機構が整備され、金融サービスの消費者に対して無料の紛争の解決や補償制度を提供したのみならず、消費者教育や啓蒙活動まで政府機関のFSAが責任を持って実施してきた。執行権限については、FSAは、FSMAやFSAの規則等の違反に対して刑事・民事上の制裁を課すことができた。たとえば、認可・承認の取消しや金融サービス業への従事禁止、無制限の制裁金、違反行為の公表などであり、また裁判所に阻害行為の差止請求および原状回復を求めることもできた。

⒝　2013年のFSA解体とツインピークス・アプローチ

　2013年4月に金融の規制監督を担ってきたFSAが解体され、プルーデンス政策を担う健全性監督機構（Prudential Regulatory Authority：PRA）と、行為規制を担う金融行為監督機構（Financial Conduct Authority：FCA）へと分割された。金融に関する規制監督の手法が統合アプローチからツインピークス・アプローチへと大きく方針変換されたのである。FSAが解体されたのは、FSA

が昨今の金融危機を防ぐことができなかったことが理由とされる。従来の統合アプローチによる金融監督体制の下では、FSAには消費者保護、公衆の啓蒙、市場の信頼、金融犯罪の削減を含む幅広い責務があったが、金融の安定の問題には重点が置かれていなかった。一方で、イングランド銀行が金融の安定に対する法的な責任を有していたが、その責務を果たすための手段が限られていた。その結果、企業レベルの安定と金融システムの安定の連関の問題が監督機関の隙間に落ちてしまい、非常に重要な問題であるにもかかわらずこれに対処する権限をもつ監督機関が不存在であるという問題点があったことが報告されている。

FSAの解体によって、PRAは、プルーデンス政策を担うものとされ、政策上重要な金融機関の健全性確保に責任を負うこととなった。PRAはイングランド銀行の子会社とされたことから、金融監督権限のイングランド銀行への再移譲を意味する。他方、FCAは、すべての金融機関の行為規制を担うものとされた。先物市場についてもその監督はFCAが管轄し、個人向け業務や法人向け業務を扱う様々な金融サービス会社の業務行為や、市場サービスを提供する法人（取引所など）を監督する。ただし、FCAは、PRAが対象としない金融機関など（投資会社など）については業務行為に加えて健全性についても監督権限を有し、プルーデンス政策を担っている。市場関連では、取引所市場、機関投資家間での店頭市場、市場で取引される金融商品や各種取引行為を規制監督する。また、所管範囲における規則制定権も付与される。したがって、ツインピークス体制の下でも実際にPRAとFCAの両者からなる規制監督を受けるのは、プルーデンス政策上重要な機関（預金取扱機関、保険会社、一部の投資会社）のみである。

上記に加えて、イングランド銀行内にマクロプルーデンス政策を担う金融安定委員会（Financial Policy Committee：FPC）が新たに設置された。FPCは、金融システム全体に関わるリスクを横断的に監視する役割を担い、マクロプルーデンスの観点からPRAおよびFCAに指示・監督を行う。この点に関しては、ツインピークス・アプローチとはいいながら、実際にはイングランド銀行に金融システム全体の安定を図る責任と権限を集中させる、統合アプローチであるとの見方もある。また、実際には財務省の権限が強いとの評価もある。

② **主要な商品取引所**

ロンドン金属取引所 （the London Metal Exchange : LME）

1877 年に設立された LME は、設立当初から銅と錫を、1920 年から公式に鉄と亜鉛を、1978 年からアルミニウムを、1979 年からニッケルを、1992 年からアルミニウム合金を、2015 年から金を、2017 年から銀を取り扱う世界的な金属取引所である。その端緒は、43 年のローマ人侵略にまで遡るとされるが、LME の起源は、エリザベス 1 世の時代の 1571 年に開設されたロンドン王立取引所（the Royal Exchange in London）である。その後、産業革命によってイギリスは世界最大量の金属取引の場となった。1869 年にはスエズ運河が開かれたことによりマラヤからの錫、チリからの銅が 3 カ月で届くようになり、現在でも存在する LME 独自のシステムである "daily prompt dates for up to three months forward" が生まれた。LME は、株式資本をもつ保証有限会社という法形態をとる。上述したように対象となる金属は当初よりその種類が増加している。また、2000 年から取り扱われている 6 つの主要金属を基礎とするインデックス契約（LMEX）など新しい契約も増加している。このような歴史を有する LME は、2012 年に香港交易結算所（Hong Kong Exchanges and Clearing Ltd : HKEX）に買収された。しかし、LME は　物理的な金属産業に関係する契約を請け負うことにより、そのコアユーザーの傍に居続けている。2014 年にはクリアリングハウスとして LME Clear が設立された。

3　アジア

⑴　概　　説

アジアでは、中国・香港・シンガポール・マレーシア・タイ・インド・パキスタン・韓国・台湾など多くの国々で、商品先物を行う取引所が存在する。アジア経済の進展・グローバル化の過程において、先物取引の経済的機能等が認知されてきたからである（各取引所の HP に掲げられている「ミッション」等参照）。アジアの商品先物取引所を全体として見れば、香港やシンガポールなどのように、証券・商品を共に上場する取引所（あるいは持株会社の下での証券取引所と商品先物取引所）が少なくない。また、商品先物取引に関する法規制に着目すれば、どの国でも概ね先物取引に係る法典（証券などとの単一法典も含む）が整備されているが、商品先物取引に係る統一的な成文法典を有しない国もある。

306 第7章 国際商品先物取引法

(2) 中　　国

①　商品先物取引所とその法規制

　中国では、1994年に、国務院がそれまで50近くあった地方の先物取引所を15大都市の地域取引所に再編した。現在、上海・大連などの商品取引所で活発に取引が行われている。それら取引所は、中国証券監督管理委員会（証監会：CSRC）の監督下にある。

　法典としては、以前から「商品先物取引法」の立法が構想されてきたが、いまだ実現していない。したがって、国法レベルの商品先物取引に関する規律は、1999年に国務院から出された「先物取引管理暫定条例（期貨交易管理暫定条例）」（2007年改正により「暫定」を削除）と、これに基づいてCSRCが制定した「先物取引所管理方法」などを中心とした諸規則ということになる。これに加えて、各取引所の定款・規約（これらはCSRCの監督下にある）などにより商品先物取引の実務は規律されており、このほか、中国先物業協会（「中国期貨業協会」。「社会団体登記管理条例」と「先物取引管理暫定条例」に基づいて設立された中国の先物業界における自主規制機関。本部は北京）の自主規制ルールもある。

②　主な商品取引所

(a)　上海先物取引所（「上海期貨交易所」：SHFE）

　中国最大の先物取引センターの1つである。1999年に、上海金属交易所、上海商品交易所および上海糧油商品交易所の合併により設立された取引所である。子会社に、原油先物などを上場している上海国際エネルギー取引所（Shanghai International Energy Exchange：INE）などをもつ。上場商品は、2017年末現在で14種、各種の鉄金属類（鉄筋など）、非鉄金属類（銅、アルミニウム、亜鉛、鉛、ニッケル、錫）、貴金属類（金、銀）、燃料油、アスファルト、天然ゴムなどであり、そのうち、銅の先物は世界的に重要な市場となっている。取引所組織は、会員総会、理事会、監事会のほか、各種委員会（コンプライアンス・取引・会員資格など）と各部門で構成され、会員数約200、1600以上の海外のリモート・メンバーがいる。受渡場所としては、国内に86倉庫、160貯蔵庫がある（2017年末）。市場情報はリアルタイムで提供されている。

(b)　大連商品交易所（「大連商品交易所」：DCE）

　1993年に設立された中国の主要な先物取引センターの1つである。大豆、大豆ミール、トウモロコシ、コーンスターチ、卵などが上場され、農産物先物

市場としては世界的な規模の取引所である。それ以外にも、石油、石炭、ポリビニル＝クロライド（PVC）などが上場され、2017 年末現在で 16 の先物契約、1 のオプション契約（大豆ミール・オプション）の取引を行っている。会員数165、246 の指定倉庫、14 の証拠金預託銀行を有している（2017 年末）。

(c) 鄭州商品取引所（「鄭州商品交易所」：ZCE）

農産物先物として、綿、ジャポニカ米、早生長粒米、菜種、菜種油、菜種ミール、小麦（強グルテン小麦・通常小麦）、白砂糖などを上場し、それ以外に、非農産物先物としてガラス、熱石炭、メタノール、ケイ素鉄などを上場している。2017 年末時点で、会員数は 164（うち、149 が先物業者である）。国際化に力を入れており、海外の取引所との提携・覚書交換などが盛んである。電子化も進んでおり、たとえば売買注文も長距離取引システムを通じて会員・投資者が直接インプットすることで行うことができる。市場情報は、ロイターなどを通じて提供されている。取引所組織は、会員総会、理事会などで構成され、理事会には様々な委員会が設けられている点は他の取引所と同様である。

(3) 香　　港

① 法 状 況

香港の商品先物に係る法規制は、1973 年の「商品取引所（禁止）条例」、1975 年の「商品取引条例」、そして上述の香港商品取引所の自主ルールの時代があったが、その後、1989 年に「証券・先物委員会条例（Securities and Futures Commission Ordinance)」に基づく独立行政機関である「証券・先物委員会」（Securities and Futures Commission）が設置され、同委員会が証券と商品等を横断した形で管轄することとなり、現在に至っている。さらに法典としては、2002 年に既存の「証券条例（Securities Ordinance)」などと統合した「証券・先物条例（Securities and Futures Ordinance：SFO)」が制定された。

② 総合取引所としての香港交易及結算所

香港では、商品先物は、香港交易及結算所（Hong Kong Exchanges and Clearing Ltd.：HKEX）において、「上場デリバティブ」の 1 種として、証券・通貨などの現物取引・先物取引と並んで取引されている。同交易及結算所は、1999 年の香港の包括的市場改革により、①「香港先物取引所（Hong Kong Futures Exchange：HKFE)」（1976 年設立の綿花・砂糖・大豆・金を上場していた「香港商品取引所」

308　第 7 章　国際商品先物取引法

が 1985 年に改称し、ハンセン指数先物などを上場）と、②「香港証券取引所
（Stock Exchange of Hong Kong Limited：SEHK）」（1891 年設立の香港株式仲買人
協会（Stockbrokers' Association of Hong Kong。1914 年に香港証券取引所と改称）
と 1921 年設立の香港株式仲買人協会（Hong Kong Stockbrokers' Association）とが
1947 年に合併して成立した香港証券取引所（Hong Kong Stock Exchange）がさら
に他の証券取引所を統合し 1980 年に成立）、③「香港証券クリアリング会社
（Hong Kong Securities Clearing Company Limited：HKSCC）」（1989 年設立）が統
合するかたちで 2000 年に設立された、香港会社法上の株式会社（株式公開会社
（the public company limited by shares））である「持株会社」であり、自身の株
式を HKEX 株式市場に上場している。HKEX は、その後、2012 年にロンドン・
メタル取引所（London Metal Exchange：LME。英国法上の「株式資本を有する無
限責任会社」）の株式資本を取得して傘下に収め、ロンドン・メタル・アルミ市
場などを開設している。最近は、中国本土との関係を強めており、2014 年 11
月には上海証券取引所との間の株式取引の連携「滬港通（上海・香港ストッ
ク・コネクト）」が開始し、また証券取引の電子化も進んでおり、2017 年 10
月には立会場が廃止された。

(4)　シンガポール
①　沿　　革
　シンガポールでは、古くは、タイなどの天然ゴムの産地を背景にしたゴム市
場が発達し、1962 年には、シンガポール商業会議所・ゴム協会（Singapore
Chamber of Commerce Rubber Association：SCCRA）とシンガポール・ゴム取
引協会（Rubber Trade Association of Singapore：RTAS）が合同して、「シンガ
ポール・ゴム協会（Rubber Association of Singapore：RAS)」が誕生した。その
後、同協会は、「ゴム協会商品取引所（Rubber Association of Singapore Commodity
Exchange：RASCE)」、さらに「シンガポール商品取引所（Singapore Commodity
Exchange Limited)」と名称を変更していくとともに、取引対象商品の拡大が
図られていった（コーヒーなど）。
②　法 状 況
　香港に競う形でアジアの金融センターの一翼を担っているシンガポールも総
合取引所形態が一般的である。そして、規制当局も、1970 年制定の「シンガ

ポール通貨庁法」により 1971 年に設立されたシンガポール通貨庁（Monetary Authority of Singapore：MAS。シンガポールの中央銀行でもある）が、その後その権限を拡大していき、現在では、フィナンシャルサービス全般（金融・証券・商品・保険など）を規制し、管轄している。商品先物取引を規制する法律は、証券と一体化した単一法典である「証券・先物法（Securities and Futures Act：SFA）」と同法に基づく規則群に含まれ、これ以外に、勧誘規制等に関しては「金融助言者法（Financial Advisors Act）」もある。

③ 承認された取引所

SFA の管轄下の業態は、いずれも MAS のライセンスが必要であり、取引所も同様である。

MAS のライセンスを得た「承認取引所」は 3 つある。そのうち 2 つは、「シンガポール証券取引所会社（Singapore Exchange Limited：SGX）」が設置する「シンガポール取引所・証券取引リミテッド」と「シンガポール証券取引所・デリバティブ取引リミテッド」である。したがって、それらの持株会社である SGX をもって「総合取引所」と理解するのが一般的である。

SGX は、1999 年の設立であるが、従前の「シンガポール証券取引所（Stock Exchange of Singapore：SES）」、1984 年に設立されドバイ原油等の先物取引を開始していた「シンガポール国際金融商品取引所（Singapore International Monetary Exchange：SIMEX）」、そして「証券クリアリング・コンピューター・サービス（Securities Clearing and Computer Services Pte. Ltd.：SCCS）」が統合して生まれた「持株会社」である。持株会社である SGX は、現在、子会社として世界で唯一の海事取引所であるバルチック取引所（Baltic Exchange）やシンガポール・エネルギー取引所（EMC）などを有しており、商品デリバティブ市場としては、鉄鉱石、ゴム、貴金属、石油化学品と並んで、バルチック市場やエネルギー市場に関連する商品（運送料、電力、ガスなど）も上場している。

もう 1 つの承認された取引所は、世界的な取引所ネットワークである ICE（Intercontinental Exchange）のシンガポール持株会社である「ICE 先物シンガポール Pte. Ltd.（ICE Futures Singapore）」傘下の市場である。ICE は SGX と同様に「総合取引所」である。商品先物取引としては、キロ金、ブレント石油ミニなどが上場されている。

310　第 7 章　国際商品先物取引法

(5)　マレーシア

①　法 状 況

マレーシアの商品先物取引に係る法規制としては、従来の「商品取引法」に代わり 1993 年に制定された「先物取引業法（Futures Industry Act）」とこれに基づく規則群がある。先物取引に係る規制当局は、財務大臣とその下に位置付けられる証券委員会（Securities Commission）であり、証券と商品は一体的に規制されている。

②　主な商品取引所

1964 年設立の「クアラ＝ルンプール証券取引所 BHD」を前身とする「総合取引所」である「マレーシア取引所（Bursa Malaysia Berhad：BM）」は、「クアラ＝ルンプール証券取引所（Kuala Lumpur Stock Exchange：KLSE）」が「マレーシア・デリバティブ取引所（MDEX）」を 2004 年に買収し子会社化した際に名称変更したものである。MDEX は、「マレーシア商品・金融取引所（COMEX）」が 1996 年に金融先物取引を行う子会社取引所「マレーシア金融取引所」を設立すると同時にこれを統合し、さらに 2000 年に「クアラ＝ルンプール・オプション・金融先物取引所（KLOFFE）」を吸収したものである。証券だけでなく、金（きん）や天然パーム油などの先物取引を行っている総合取引所である。

(6)　タ　イ

①　法 状 況

タイにおける商品先物に係る制定法としては、1999 年「農産物先物法」（現在、廃止）と 2003 年「先物売買契約法」があった。農産物先物については、個別法である前者の農産物先物法に拠っており、同法 5 条以下に定める「農産物先物取引委員会」が管轄していた。しかし、後述するように、タイ農産物先物取引所がタイ先物公開株式会社に吸収される際に、農産物先物取引法は廃止され、現在は、先物取引に係る業規制（取引所・清算機関を含む）については、先物売買契約法 9 条以下に基づき、「証券取引委員会」が管轄している。

②　主な商品取引所

タイ先物公開株式会社（Thailand Futures Exchange Plc.：TFEX）は、タイ証券取引所（Stock Exchange of Thailand：SET）の子会社であり、2006 年 4 月に

創設された比較的新しい取引所（タイ会社法上の公開株式会社）である。当初は
タイ証券取引所上場企業の指数をもとにした「SET50 指数先物」「SET50 指
数オプション」や「個別株先物」を上場していたが、2009 年からは金（地金）
の先物取引を始め、2011 年に銀、原油の先物、2016 年にはゴムの RSS3 と
RSS3D の先物を上場している。これ以外に、農産物、エネルギー、通貨など
のデリバティブ商品を上場している、証券・金融・商品の「総合取引所」であ
る。

　なお、ゴム・コメ・タピオカチップなどが主要商品であった「タイ農産物先
物取引所」（Agricultural Futures Exchange of Thailand：AFET）は、農産物先物
売買法に基づき、2001 年に設立され、予算はタイ王国政府が負担する王立取
引所であったが、2015 年に、TFEX と合併した。また農産物先物売買法も廃
止された。

(7)　インド

①　法 状 況

　インドの商品先物の歴史は数千年前に遡るともいわれるが、現代的な商品市
場は 1875 年のボンベイ綿花取引協会のそれを嚆矢とする。その後、オイルシー
ド、ジュート、穀物などの取引が行われるようになっていったが、1952 年
「フォーワード取引（規制）法」や 1956 年「証券契約（規制）法」が制定され
た後（両法典名に規制（regulation）が括弧書で記されている点に同法の特徴が示さ
れているといえよう）、1960 年代の先物取引禁止の時期を経験した（例外的にコ
ショウとターメリックの取引は許容されていた）。その後、経済危機やインド経済
のグローバル化などが進展した 1990 年代末になってようやく価格変動リスク
を回避する手段として先物取引が注目されるようになり、取引禁止リストが廃
止され、現代的な商品先物取引所が認められるに至った。

　法制度としては、上述の証券契約（規制）法（2017 年最終改正）がある。現在、
商品は、デリバティブの 1 つとして、同法で規律されている。また 1992 年制
定の「証券取引理事会法（Securities and Exchange Board of India Act：SEBI。
最新改正 2017 年）」により設置された証券取引理事会（SEBI）内の「商品取引
デリバティブ市場規制部門（CDMRD）」が商品先物・デリバティブ取引に関す
る管轄権を有している（さらに 1953 年設置の「フォーワード取引委員会

（FMC）」は 2015 年に同理事会に吸収された）。証券と商品の一体化が進んでいる国の 1 つであるが、以下に見るように、取引所レベルでは証券と商品はそれぞれ別の取引所で取引されている。なお、SEBI の 2016〜17 年度年次報告書によれば、インドでデリバティブ取引の対象として通知された商品は 91 品目で、この年度に新たにダイヤモンド・真鍮・銑鉄・卵・ココア・茶が追加された。

② **主な商品取引所**

(a) **インド国立商品・デリバティブ取引所（National Commodity & Derivatives Exchange Ltd.：NCDEX）**

1956 年会社法に基づき 2003 年に設立された公開有限責任会社であり、主たる所在地はムンバイにある。2003 年に「事業開始証明書」を取得し、事業活動を行っている。SEBI の直接の監督下にあり、オンライン取引を採用している。設立者には、ICICI 銀行、国立証券取引所、国立農業開発銀行などが名を連ね、農産物、金属など多様な商品を上場している。

(b) **ナショナル・マルチ商品取引所（National Multi-Commodity Exchange：NMCE）**

1999 年からのインドでの商品先物取引自由化の流れの中で政府から初めての設立認可を受け、2002 年から事業を開始した商品取引所である。SEBI の監督下にある。商品関係業者らによって設立され、パンジャブ国立銀行が支援して、大豆油などの油、香辛料、ゴムなどを上場している。2017 年にインド商品取引所（Indian Commodity Exchange Ltd.：ICEX）を吸収合併した。

(c) **マルチ商品取引所（Multi Commodity Exchange of India Ltd.：MCX）**

2002 年に設立され、2003 年から事業を開始した商品取引所である。2012 年にインドで初めて自社株式を上場した取引所でもある。2014 年 Kotak Mahindra Bank Ltd. が 15 ％の株式を保有している。SEBI の監督下にある。オンライン取引が採用され、金塊・エネルギー・農産物などが上場されている。

(8) **パキスタン**

① **法 状 況**

法制度としては、1969 年証券取引委員会条例（Securities and Exchange Ordinance）があり、これに基づく取引所の自主的な規則群がある。

② **主な商品取引所**

パキスタン商品取引所（Pakistan Mercantile Exchange：PMEX）は、2002 年に 1984 年会社条例（the Companies Ordinance）に基づいて設立され、2007 年から事業開始している株式会社形態の取引所である。株式は、約 34 ％をパキスタン銀行、約 28 ％をパキスタン証券取引所、約 18 ％を ISE タワーズ・リート・マネージメントが保有する。このように株主構成は機関保有がほとんどであり、個人株主は 0.0001 ％にすぎない。同取引所は、パキスタン証券取引委員会（SECP）により最初に、かつ、唯一ライセンスが与えられている商品取引所であり、貴金属、エネルギー関連商品、綿花などを上場する。しかし、株価指数なども上場する総合取引所的側面ももつ。

(9)　韓　　国

①　法 状 況

商品先物に係る制定法としては、2007 年「資本市場と金融投資業に関する法律」（2009 年 2 月 4 日施行）がある。これは韓国の金融産業を規律していた法律のうち、証券取引法、間接投資資産運用業法、先物取引法、信託業法、総合金融会社に関する法律、韓国証券先物取引所法を統合するものであり、商品先物は現在、同法により規律されている。自主規制機関も、同法により、証券業協会、資産運用協会、先物協会が統合されて金融投資協会となっている。

②　総合取引所としての韓国取引所

2004 年に成立した「証券先物取引法」（組織形態が民法上の法人などと異なっていたため、3 取引所の再編を目的の 1 つとして制定された法律）に基づき、先物取引所であった 1999 年設立の KOFEX、証券取引所であった 1956 年設立の KSE と店頭市場の 1996 年設立の KOSDAQ が合併して、「韓国株式先物取引所」となった。その後、同取引所は、2009 年に「韓国取引所（Korea Exchange：KRX）」に名称変更した。KRX は、明らかに「総合取引所」を志向したものであるが、実際には上記 3 取引所がそれぞれ KRX の「業務部門」として機能しており、デリバティブ商品を扱う業務部門において、株価指数、SSF、エクイティオプション、金利先物、外国為替証拠金取引と並んで、商品先物として、金の先物とミニ、豚赤身肉の先物が上場されている。

⑽ **台　　湾**

① **法 状 況**

1997 年に「先物取引法」が制定された。

② **総合取引所としての台湾先物取引所**

台湾先物取引所（「台湾期貨交易所」：TAIFEX）は、上記先物取引法に準拠して設立され、先物・証券・銀行・証券＝先物関連事業者の 4 者がそれぞれ 25 ％ずつの持分を保有する「総合取引所」である。同取引所では、株式指数先物などと並んで商品関連の上場商品もあるが、2006 年からの US ドル建金先物、2008 年からの新台湾ドル建金先物、2009 年からの新台湾ドル建金オプションがある。

事 項 索 引

欧 文

ADP ··156
ADR ······································264, 267
cash settlement ················1, 12, 132
CFD（Contract for Difference）取引
···15
Circuit Breaker ··························108
CME ······································289, 298
COD（Cash on Dlivery）···········16
DCB ···108
delivery ································13, 155
Delivery vs. Payment ················131
EFP 取引 ·······································14
EFS 取引 ·······································14
Euronext ·····································288
forward ··2
futures ·································1, 2, 12
FX 取引 ·································15, 285
ICE ···288
IOSCO ··217
JPX グループ ·······························39
leverage ··2
LG 契約 ·································150, 151
LME ···305
margin ··12
margin transaction ···············2, 143
payment ·····································155
SPAN 証拠金 ·······························147
speculator ·····································6
Suitability Rule ·························203
volatility ·······································4

あ

アウトハウス型クリアリング ···········129
アウトハウス型クリアリングハウス
··59, 135
預り証拠金 ···································213
あっせん・調停 ·····························265
あっせん・調停委員会 ···················271
委託
　——の代理 ······························177
　——の取次ぎ ··························177
　——の取次ぎの受託 ···············179
　——の媒介 ···························177
委託受渡計算書 ····························215
委託玉 ··································185, 263
委託者
　——の取戻権 ··························242
　——の預託必要額 ···················149
委託者財産（の）保全 ············240, 242
委託者資産 ··························242, 252
委託者証拠金 ·······························154
委託者保護 ···································215
委託者保護基金 ······················46, 243
委託証拠金 ··························154, 199
委託手数料 ···································211
委託売買 ·····································208
板寄せ ··································102, 207
「一上場商品・上場商品指数、一商品
　市場」の原則 ···························65
一任売買 ···························209, 220, 232
一連の取引 ···································105
一体的不法行為論 ·························232
一般委託者 ····································46
一般委託者債務 ····························260

事項索引

一般委託者支払 ……………… 252, 258
一般顧客 …………………………… 237
違約 ……………………… 131, 160
違約受渡玉 …………………… 161, 162
違約玉 ……………………………… 160
違約者 ……………………………… 160
違約処理 …………………………… 131
違約中間玉 ………………………… 160
違約中間玉引受履行者 …………… 161
インハウス型クリアリングハウス
……………………………… 58, 138
受方会員等 ………………………… 156
受渡し ……………………………… 13
受渡供用品 ………………………… 155
受渡対当玉 ………………………… 161
売建玉 ……………………………… 1
大口建玉 …………………………… 111
大阪堂島商品取引所（大商取）……… 57, 91
オプション ………………………… 13
オプション取引 …………………… 13

か

会員 ……………… 43, 84, 165, 249
──になろうとする者 ………… 82
会員商品取引所 ……… 51, 57, 78, 96
──の設立許可 …………… 63, 79
──の役員 ……………………… 89
会員商品取引所登記簿 …………… 84
会員総会 …………………………… 89
会員等 ……………………………… 43
海外商品市場における先物取引の受託
　等に関する法律（海先法）……… 48, 94, 285
外国為替証拠金取引（FX 取引）…… 15, 285
外国商品先物取引規制当局 ………… 48
外国商品市場 …………………… 93, 286
外国商品市場取引 ……………… 94, 286
解散（商品取引所の）……………… 76
買建玉 ……………………………… 1
外務員 ………………………… 45, 191

外務員講習 ………………………… 195
外務員登録 ……………………… 192, 194
外務員登録業務 …………………… 56
外務員登録資格試験 ……………… 195
外務員登録等資格委員会 ………… 56
価格変動 …………………………… 4
格付 ……………………………… 100
格付先物取引 …………………… 12, 100
格付人 …………………………… 100
格付表 …………………………… 100
仮装（の）取引 ………………… 104, 105
片建玉 …………………………… 104
合併（商品取引所の）…………… 75, 92
過当な数量の取引 ………………… 107
加入 ……………………………… 85
加入金 …………………………… 86
株価指数先物取引 ………………… 13
株式会社商品取引所 …………… 57, 65
──となるときの許可 ………… 63
──の許可 ……………………… 66
──の「役員」…………………… 70
株式取引所条例 …………………… 20
仮監事 …………………………… 42
仮理事 …………………………… 42
勧告 ……………………………… 190
完全分離保管 ……………………… 243
勧誘方針 …………………………… 236
議決権 …………………………… 89
ギブアップ ………………………… 142
強制脱退 …………………………… 87
競争売買 …………………………… 102
業務改善命令 ……………………… 188
業務規程（商品取引所の）…… 50, 58, 94
業務方法書 ……………………… 133, 138
虚偽の名称等による取引 …………… 105
許認可権限 ………………………… 41
金融指標 …………………………… 33
金融商品 …………………………… 34
苦情処理手続 ……………………… 267

事 項 索 引　317

区分経理 ································· 75, 185
倉荷証券 ······························ 151, 215
クリアリング ····························· 130
クリアリングハウス ················· 58, 128
クリアリングハウス業務 ··············· 136
経済産業省関係商品 ····················· 40
計算区域 ································· 130
契約締結前交付書面 ··············· 204, 205
決済業務責任者 ························· 140
決算関係書類 ···························· 91
現受渡し ································· 156
兼業業務 ································· 180
現金決済 ··························· 1, 12, 132
現金決済型先物取引 ····················· 13
限月 ······························· 3, 14, 100
現実価格 ·································· 12
現実数値 ·································· 13
限日（げんにち）取引 ·················· 101
現物先物取引 ······················· 1, 7, 12
現物取引 ······························ 15, 99
現物の受渡し ······················ 7, 12, 156
広告等の規制 ···························· 186
公定相場 ·································· 3
コール・オプション ····················· 13
石建米商内 ······························ 20
個別競争売買 ···························· 102
米商会所条例 ···························· 20
固有業務 ································· 58

さ

サーキット・ブレーカー制度 ············ 108
最終決済 ························· 130, 132, 155
最終決済価格 ···························· 155
裁定取引 ·································· 4
裁判外紛争解決手続 ················ 264, 267
債務不履行リスク ······················ 129
先物オプション取引 ················ 13, 117
先物取引 ··························· 1, 12, 116

先物取引（に）類似（する）取引
··································· 10, 112, 116
差玉向かい ······························ 207
先渡取引 ································· 132
差金決済 ····························· 1, 132
差換預託 ································· 154
指値遵守義務 ···························· 210
指値注文 ································· 210
鞘取り取引 ······························ 10
ザラバ ································· 102
残高照合通知書 ························· 213
事業報告書 ······························ 184
仕切り拒否 ······························ 223
仕切注文 ································· 199
仕切売買 ································· 208
試験上場 ······························ 98, 99
自己玉 ································· 263
自己建玉 ································· 111
事故率 ································· 281
資産の国内保有 ························· 183
自社清算参加者 ····················· 134, 139
自社清算資格 ···························· 139
自主規制 ································· 40
自主規制委員会 ······················ 60, 70
自主規制規則 ······················ 55, 202
自主規制業務 ···························· 59
自主弁済案件 ···························· 256
市場集中義務 ······················ 208, 226
市場集中原則 ···························· 112
市場取引監視委員会 ············· 62, 70, 110
市場取引監視委員会規程 ··············· 110
事前預託金 ······························ 144
指定市場開設者 ························· 140
指定商品市場 ···························· 142
指定清算参加者 ················· 135, 141, 147
支払不能清算参加者 ···················· 163
集団競争売買 ···························· 102
充用有価証券 ···························· 151
受託会員 ································· 166

事項索引

受託会員等 …………………… 166
受託業務保証金 ………………… 243
受託許可 ………………………… 177
受託契約 ………………………… 167
受託契約準則 …………………… 200
受託取引参加者 ………………… 277
主務大臣 …………………………… 40
主要株主 …………………………… 72
純資産額規制比率 ………… 139, 181
承継者 …………………………… 158
証拠金 …………………………… 12, 143
　——の返還 …………………… 150
証拠金取引 …………………… 2, 143
上場 …………………………… 98, 99
上場商品 …………………… 10, 98, 121
上場商品構成品 …………………… 10
上場商品構成物品 ………………… 10
上場商品指数 ……………… 98, 121
上場商品指数対象品 ……………… 11
消費生活センター ……………… 266
商品 …………………………… 1, 8, 116
商品関連市場デリバティブ取引 ……… 32
商品先物取引 ………………… 1, 165
商品先物取引業 …………… 170, 171
　——の許可 …………………… 174
　——の停止 …………………… 181
商品先物取引協会 ………… 52, 265
商品先物取引業者 ……… 96, 166, 170
　——の合併・会社分割・事業譲渡
　　……………………………… 187
　——の業務停止命令 ………… 189
　——の許可等 ………………… 174
　——の商号 …………………… 185
商品先物取引業停止命令 ……… 182
商品先物取引業務に関する規則 …… 202
商品先物取引仲介業 …………… 190
商品先物取引仲介業者 ………… 190
商品先物取引仲介業者登録簿 …… 191
商品先物取引法 ………………… 8, 21

商品市場 …………………… 92, 94, 114
　——における取引 …………… 58, 94
　——における取引等 …………… 99
　——の開設 ……………………… 64
　——の取引資格 ……………… 95, 97
商品市場開設業務 ………………… 58
商品市場類似施設の開設 ……… 112
商品指数 ……………… 11, 98, 117
商品指数スワップ取引 …………… 14
商品スワップ取引 ………………… 13
商品清算取引 ……………… 134, 175
商品デリバティブ取引 …… 11, 99, 278
商品投資顧問業者 ……………… 231
商品投資顧問契約 ……………… 231
商品取引員 ……………… 173, 174
商品取引契約 ………… 167, 198, 204
商品取引債務引受業 …………… 136
商品取引事故 …………… 183, 279
商品取引所 ………… 41, 50, 57, 276
商品取引所関連会社 …………… 77
商品取引所法 …………………… 8, 21
商品取引所持株会社 …………… 44, 77
商品取引清算機関
　………… 44, 134, 149, 155, 175, 199, 211
商品取引責任準備金 ……… 183, 278
商品仲買人 ……………………… 173
所属商品先物取引業者 ……… 45, 190
除名 ………………………………… 87
新規上場 …………………………… 98
申告受渡し ……………………… 156
信託契約 ………………………… 244
信認金 ……………… 75, 85, 145
数量制限 ………………………… 107
ストラドル ………………………… 10
スペキュレーター ……… 6, 16, 38
スワップ取引 ……………………… 14
清算参加者 ………… 134, 139, 141
清算参加者契約 ………………… 140
清算受託契約 …………… 134, 139

事 項 索 引　319

清算対象取引 ……………………………… 142
清算取次委託者 …………………………… 152
清算取次者 ………………………………… 151
清算取次証拠金 …………………………… 152
清算預託金 ………………………………… 146
誠実かつ公正の原則 ……………………… 217
節 …………………………………………… 102
説明義務 ………………………… 206, 207, 234
総合取引所 …………………………… 32, 38
相互決済結了取引取決め ………………… 158
総解合い …………………………………… 160
総取引高 …………………………………… 110
相場 ………………………………… 110, 111
　　──による賭博行為の禁止 ………… 118
組織変更（商品取引所の）………… 75, 92
損失てん補準備金 ………………………… 91
損失の補てん ……………………………… 163
損失補てん ……………………………… 227, 228
損失保証 ………………………………… 227, 228

た

第一種特定施設開設者 …………………… 120
第一種特定施設取引参加者 ……………… 122
第一種特定商品市場類似施設
　　………………………………… 113, 120~122
対象外店頭商品デリバティブ取引
　　……………………………………… 47, 124
対象議決権 …………………………… 71, 77
対象議決権保有者 ………………… 44, 72
対象議決権保有届出書 …………………… 72
代替受渡し ………………………………… 156
第二種特定施設開設者 …………………… 121
第二種特定商品市場類似施設
　　………………………………… 113, 120~123
他社清算参加者 ………………… 134, 139
立会 ………………………………………… 102
　　──の臨時開閉・一時中断 ………… 109
立会外取引 ………………………………… 103
建玉 ………………………………………… 104

──の移管 ………………………………… 141
建玉制限 …………………………………… 108
断定的判断の提供 ………………… 207, 220
帳合米商内 …………………………………… 20
帳入差金 …………………………………… 131
帳入値段 …………………………………… 131
直接預託 …………………………………… 154
追加証拠金 ………………………………… 131
追加預託 …………………………………… 150
通知書 ………………………………… 199, 209
通知商品先物取引業者 …………… 244, 259
付合せバイカイ …………………………… 103
定期取引 …………………………………… 21
適合性の原則 ………………… 201, 203, 216
手仕舞い …………………………………… 104
店頭商品デリバティブ取引 ……… 46, 205
　　──の債務引受業務 ………………… 143
店頭商品デリバティブ取引業 ………… 175
電力 ………………………………… 8, 10, 11
問屋 ………………………………… 170, 171, 211
当業者 ……………………… 16, 37, 80, 119, 122
当業者主義 ……………………… 16, 37, 174
東京商品取引所 ……………………………… 57
当月限納会日 ……………………………… 100
登録外務員 ………………………… 45, 192
特定委託者 ………………… 216, 236, 240
特定株式会社商品取引所 ………… 60, 70
特定店頭商品デリバティブ取引
　　………………………………… 47, 118, 124
特定店頭商品デリバティブ取引業者
　　………………………………… 47, 124, 230
特定当業者 ……………… 216, 232, 236, 239, 240
特定投資家 ………………………………… 236
特定保有者 …………………………… 44, 71
特定保有団体等 …………………………… 72
特定持株会社 ……………………………… 77
特別清算預託金 …………………………… 110
特別担保金 ………………………………… 145
特別売買 …………………………………… 103

320 事 項 索 引

特別利益提供 ……………………………222
解合い …………………………159, 160
取次委託者 ……………………………97
取次者 ……………………………………97
取次証拠金 ……………………152, 199, 211
取引
　——の開始と終了 ………………101
　——の成立 ………………………212
　——の停止 …………………107, 109
取引受渡証拠金 ………………………151
取引参加者 ………………………73, 95, 121
取引証拠金 ……………109, 143, 199, 211
取引証拠金維持額 …………………147, 148
取引証拠金維持必要額 ………………148
取引証拠金所要額 ……………………148
取引所金融商品市場 …………………117
取引所法 …………………………………21
取引対象商品 …………………………11
取引態様の事前明示義務 ……………208
取引高 …………………………………111

な

仲間市場 ………………………………118
成行注文 ………………………………210
なれ合い取引 …………………………104, 105
日商協の自主規制規則 ………………226
日本証券取引所法 ……………………21
日本商品委託者保護基金（日商基金）
　………………………………………247
日本商品先物取引協会（日商協）
　………………………………………52, 202
日本取引所（JPX）グループ …………39
認定商品先物取引業者 ………………259
値洗い …………………………………130
値洗損益金通算額 ……………………149
値幅制限 ………………………107, 108
農林水産省関係商品 …………………40
のみ行為 ………………………208, 226

は

バイカイ付出し ………………………102
売買計算書 ……………………………214
売買差損益金 …………………………149
売買報告書 ……………………………214
バスケット条項 ………………………14
早受渡し ………………………………156
反対売買 …………………………1, 4, 127, 199
非会員等 …………………………165, 166
標識の掲示 ……………………………185
標準品 …………………………………100
ブールス条例 …………………………21
フォーワード …………………………2
附加賠償額 ……………………………161
不招請勧誘の禁止 ……………216, 218
負担金 …………………………………261
普通取引約款 …………………………200
プット・オプション …………………13
物品 ……………………………………8
不当勧誘 ………………………217, 232, 233
不当な価格の形成 ……………………107
フューチャーズ ………………………2
プロ・アマ規制 ………………………216
フロントランニングの禁止 …………221
紛議 ……………………………………263
紛争処理規程 …………………265, 266, 276
紛争仲介委員会 ………………………276
分別保管 ………………………………252
分離保管 ………………………………242
分離保管弁済案件 ……………………257
返還資金融資 …………………………252, 259
弁済困難案件 …………………………257
補償対象債権 …………………252, 258, 259
保全対象財産 …………………………242, 252
保有基準割合 …………………………71
ボラティリティ ………………………4
本上場 …………………………………98

事 項 索 引　321

ま

マージン取引 ……………………………… 7
向かい建玉 ……………………………… 222
向かいバイカイ ………………………… 103
無断売買 ………………………………… 222
銘柄別先物取引 …………………… 12, 100
名義貸しの禁止 ………………………… 185

や

約定価格 …………………………………… 12
約定差金 ………………………………… 131
約定数値 …………………………………… 13
約諾書 …………………………… 199, 209
預託契約 ………………………………… 253

ら

ラップ口座 …………………………… 221, 231
利益追加 ………………………………… 228
利益提供 ………………………………… 228
利益保証 …………………………… 227, 228
履行期の繰延べ ………………………… 131
リスク・ヘッジ機能 ……………………… 38
両建て …………………………… 104, 221
両建玉 …………………………… 104, 161
レバレッジ ………………………………… 2, 7
ロールオーバー ………………………… 101
ロコ・ロンドン取引 …………………… 286

わ

渡方会員等 ……………………………… 156

〔著者紹介〕

河 内 隆 史（かわち たかし）
　昭和46年中央大学法学部卒業，同53年同大学
　院博士課程単位取得満期退学。産業能率大学
　助教授，神奈川大学法学部教授，明治大学法
　学部・法科大学院教授を経て，現在，明治大
　学名誉教授。

尾 崎 安 央（おさき やすひろ）
　昭和53年早稲田大学法学部卒業，同58年同大
　学大学院法学研究科博士後期課程退学。早稲田大
　学法学部助手，専任講師，助教授を経て，現
　在，同大学法学学術院教授。

新版　商品先物取引法

2012年 5 月30日　初版第 1 刷発行
2019年12月31日　新版第 1 刷発行

著　　者　　河 内 隆 史
　　　　　　尾 崎 安 央

発 行 者　　小 宮 慶 太

発 行 所　　㈱商 事 法 務
　　　　　　〒103-0025 東京都中央区日本橋茅場町3-9-10
　　　　　　TEL 03-5614-5643・FAX 03-3664-8844〔営業部〕
　　　　　　TEL 03-5614-5649〔書籍出版部〕
　　　　　　　　　　　　　　　　https://www.shojihomu.co.jp/

落丁・乱丁本はお取り替えいたします。　　　　印刷／中和印刷㈱
©2019 T. Kawachi, Y. Osaki　　　　　　　　　Printed in Japan
　　　　　　　　Shojihomu Co., Ltd.
　　　　　　ISBN978-4-7857-2756-7
　　　　　＊定価はカバーに表示してあります。

[JCOPY]＜出版者著作権管理機構　委託出版物＞
本書の無断複製は著作権法上での例外を除き禁じられています。
複製される場合は，そのつど事前に，出版者著作権管理機構
（電話 03-5244-5088，FAX 03-5244-5089，e-mail: info@jcopy.or.jp）
の許諾を得てください。